Kritische Psychologie

Gerald Abl

Kritische Psychologie

Eine Einführung

Reihe
Theorie.org

Schmetterling Verlag

Bibliografische Informationen *Der Deutschen Bibliothek*
Die Deutsche Bibliothek verzeichnet diese Publikation
in der Deutschen Nationalbibliografie;
detaillierte Daten sind im Internet über
http://dnb.ddb.de abrufbar

Schmetterling Verlag GmbH
Lindenspürstr. 38b
70176 Stuttgart
www.Schmetterling-Verlag.de
Der Schmetterling Verlag ist Mitglied von aLiVe,
der assoziation Linker Verlage

ISBN 3-89657-662-3
2., durchgesehene und erweiterte Auflage 2010
Printed in Germany

Satz und Reproduktionen: Schmetterling Verlag
Druck: GuS-Druck GmbH, Stuttgart
Binden: IDUPA, Owen

Inhalt

Vorwort

Als ich Ende August 2002 mit einer Handvoll entsprechend Interessierter in Berlin den so genannten «Fenichel-Kreis» ins Leben rief, sah ich die Perspektive dieses Kreises hoffnungsvoll, wenn auch skeptisch. Die Gemeinsamkeit bestand vor allem im gemeinsamen Wunsch, sich vertieft mit der gesellschaftskritischen Tradition in der Psychoanalyse zu beschäftigen. Nach einigen ausführlicheren Diskussionen in diesem Kreis ergab sich schließlich auch mein Kontakt mit dem Schmetterling Verlag, der Interesse an der Publikation einer Einführung in kritische Psychologie hatte. Gerade angesichts der eingeschränkten Möglichkeiten, für fortschrittliche Inhalte eine größere Öffentlichkeit zu erreichen, erscheint mir diese Gelegenheit als sehr willkommen.

Durch den Zusammenbruch stalinistischer Strukturen, die immer offenkundigere Stoßrichtung sozialdemokratischer Politik gegen ihre eigene soziale Basis, die Perspektivlosigkeit anarchistischer und autonomer Konzepte, den immer weiter gehenden Ausverkauf sozialer Errungenschaften durch Gewerkschaftsführungen, die Krise zahlreicher linker Organisationen und die umfassenden Durchsetzungsmöglichkeiten neoliberaler Ideologien entstand die mittlerweile fast paradox wirkende Situation massiver Auseinandersetzungen vor Ort und großartiger Bewegungen im internationalen Rahmen und einer ausgesprochen kleinen und gering verankerten Linken. Die Empörung gegen den Abbau der mühevoll erreichten sozialen Errungenschaften entfaltet sich immer wieder impulsiv und gelegentlich auch so massenhaft, dass auch im längerfristigen historischen Vergleich nur wenige Bewegungen ähnliche Ausmaße erreichen konnten. Allerdings setzt sich die hierin entfaltete Kraft bislang kaum in realen Veränderungen um, was auf eine wesentliche Schwäche in diesen imposanten Auseinandersetzungen hinweist. Die Schwäche dieser Mobilisierungen liegt offenkundig vor allem in ihrem Mangel an weiterführenden Organisierungsstrukturen. Aber es zeichnet sich darüber hinaus eine riesige Kluft ab zwischen objektiver Situation und subjektiven Faktoren. Eine Psychologie, die sich kritisch nennen möchte, wird sich an ihrem Beitrag zum Verständnis dieser Kluft und zu ihrer Verringerung messen lassen müssen.

Dieses Buch richtet sich vor allem an die engagierte Jugend, an SchülerInnen und StudentInnen, die sich für Psychologie interessieren und hierin eine gesellschaftskritische Anschauung vertiefen wollen, sowie an politisch aktive KollegInnen in sozialen Berufen, denen an einer politischen Reflexion ihrer praktischen Tätigkeiten liegt. Es richtet sich darüber hinaus allgemein an LeserInnen, die einfach an einer einführenden Zusammenstellung zu kritischer Psychologie interessiert sind.

Es soll ein Buch sein, das ich am Beginn meiner Orientierung auf psychologische Aspekte selber gerne vorgefunden hätte – gewissermaßen als Wegweiser und Abkürzung eines relativ langwierigen Weges. Mein Weg führte mich über verschiedene Auseinandersetzungen mit aktuellen theoretischen Strömungen zu den klassischen Schriften. Hier wird zur besseren Darstellung die Entwicklung aus der Vergangenheit in die Gegenwart veranschaulicht. Anstelle einer Rundschau über die verschiedenen gegenwärtigen psychologischen Ansätze mit einem kritischen Selbstverständnis soll also die historische Herausbildung veranschaulicht werden, um gewissermaßen aus dem Blick in die historische Tiefe einen Beitrag zum Verständnis der aktuellen Breite zu schaffen. Die hierin dargestellte Nachzeichnung der Entwicklungsgeschichte theoretischer Problemstellungen und Vermittlung verschiedener Kontroversen soll aber keineswegs den Eindruck entstehen lassen, dass damit der zurückgelegte Weg nicht immer wieder von neuem nachvollzogen werden muss. Wesentliches Ziel ist es dementsprechend, hiermit zu einer weitergehenden Auseinandersetzung anzuregen. Das Wichtigste ist für mich schließlich auch nicht, eine für alle LeserInnen zufriedenstellende Auswahl kritischer Inhalte zu treffen, sondern vielmehr die Vermittlung einer kritischen Methode im Rahmen einer Darstellung verschiedener Entwicklungsstränge zu leisten.

1. Einleitung

Ausgestattet mit dem Vorsatz, die Psychologie von ihrer interessanten Seite her kennen zu lernen, stellt sich zunächst die Frage nach dem dafür verfügbaren Material. Ein erster Versuch zur Beschaffung psychologischer Literatur kann beispielsweise beginnen in den Buchhandlungen zwischen den Regalen für Medizin und Esoterik oder Wellness. In den feilgebotenen Publikationen drängen sich dann die verschiedenen Titel vor wie Botschaften in einem stillen Wettbewerb um die Vermittlung erlösend erscheinender Heilsbotschaften oder um die Bestätigung einer Anschauung, die sich durch eine Lektüre besser ausdrücken lassen möchte. Selbst wenn sich hier anfänglich der Eindruck aufdrängt, dass psychologische Bücher besonders persönliche oder reflektierte Bücher sind, wird spätestens nach der Lektüre das etwas ungreifbare Gefühl entstehen, bloß theoretisches Fastfood genossen zu haben.

Bei einer etwas eingehenderen Beschäftigung mit der Psychologie, wie durch ein Studium, stellt sich dann zunehmend heraus, dass die schulische Vermittlung psychologischen Wissens regelmäßig der Sichtweise einer bestimmten Schule der Psychologie entspringt. Soweit eine wissenschaftliche Pluralität dargestellt wird, hat dies in der Regel weniger zu tun mit tatsächlicher wissenschaftlicher Vielfalt, sondern hat vor allem die Funktion, die vorherrschende psychologische Schule von anderen abzugrenzen und sich ihnen gegenüber als bestmögliche zu präsentieren. Indem auf diese Weise gewissermaßen jeder Lehrbetrieb das Bestmögliche lehren möchte, erscheint die Versorgung der Interessierten als geradezu ideal. Dass dies trotz unterschiedlicher Methoden, Inhalte und Begriffe geschieht, lässt zumindest die Vermutung entstehen, dass die jeweils vorherrschende Psychologie eben bloß vorherrschend und nicht zwangsläufig die bestmögliche ist.

Die Orientierung in der Einschätzung der jeweiligen Psychologie wird sich also auch an anderen Maßstäben als jenen messen lassen müssen, die sie selbst vorgibt. Indem die Psychologie als Wissenschaft vom so genannten Seelenleben die Menschen in einer sehr direkten Weise betrifft, kann dieses Betreffen einen ersten Hinweis auf die psychologische Schulrichtung ergeben. An solcher Betroffenheit in allgemeiner Form kommt immerhin nicht einmal die simpelste Verhaltensforschung vorbei. Wer sich also mit Psychologie befassen und dabei eine Beschäftigung mit sich selbst vermeiden möchte, muss sich zumindest in der Erwartungshaltung dementsprechend bescheiden erweisen. Eine dafür eingerichtete Psychologie ist nämlich eine empfindlich zurechtgestutzte, in der psychologisch Interessantes schlichtweg fehlt.

Am Beginn einer Annäherung an die Psychologie scheint diese sich jedenfalls dementsprechend aufzuspalten in eine sehr persönliche Themen berührende und eine eher technisch anmutende Veranstaltung. Soll Psychologie als die Lehre von psychischen Vorgängen Wesentliches aussagen, soll sie mehr als eine bloße Beschreibung und Klassifizierung beobachtbarer Erscheinungen sein, soll sie also Erklärungen anbieten und unser Verständnis für Psychisches verbessern, dann muss sie sich zwangsläufig mit persönlichen Fragestellungen beschäftigen. Und wenn die Aussagen nicht nur irgendwie gehaltvoll, sondern auch noch kritisch sein sollen, dann wird die Psychologie kaum an unpersönlichen Erscheinungen orientiert bleiben können und sich uneingeschränkt der Erkenntnis des Wesentlichen widmen müssen.

Solche Eindrücke und Erfahrungen ergaben sich für mich am Beginn meiner Auseinandersetzung mit der Psychologie in den frühen 1980er-Jahren. Die damaligen Ereignisse am Institut für Psychologie an der Universität in Salzburg lehrten mich in kürzester Zeit, wofür eine bloß literarische Beschäftigung sehr viel längere Zeit in Anspruch genommen hätte. Der Konflikt entzündete sich um die Einführung eines neuen Studienplanes und vor allem anhand der Frage der Nachbesetzung des Lehrstuhles von Igor A. Caruso. Die Studierenden versuchten ihre erreichten Freiräume zur Entfaltung kritischer Wissenschaft zu verteidigen und erlebten, wie rasch sie vor Gericht gebracht und ihre Zeitungen beschlagnahmt werden können. Die Ereignisse erreichten durch ihre Zuspitzung eine ausgesprochen große Öffentlichkeit. Die letztlich unterlegenen StudentInnen ahnten, dass beispielsweise zum Ausdruck ihrer Ansprüche und Erhalt der Erfahrungen eine Organisation mit einem klaren politischen Selbstverständnis erforderlich ist, orientierten sich in ihren Reflexionen dazu aber überwiegend an psychologischen Fragestellungen. Ein wesentliches Resultat dieser Auseinandersetzungen war schließlich die Gründung der «Werkstatt für Gesellschafts- und Psychoanalyse», die abseits des Salzburger Instituts für Psychologie einen eigenen Unterrichtsbetrieb eröffnete und mit eigenen Veranstaltungen und Publikationen an die Öffentlichkeit ging.[1]

Dieser Versuch zum Erhalt des Standes der von den StudentInnen gemeinsam gemachten Erfahrungen und deren Erweiterung durch eine Errichtung eines eigenständigen Lehrbetriebes erwies sich zwar für einige Zeit als hervorragender Rahmen zur Entfaltung des erreichten Potenzials. Langfristig erwies sich die durchgeführte Auslagerung aber auch als Sackgasse, weil der erforderliche Bezug auf die eigene Institution so viel Kapazitäten absorbierte, dass für das Standbein an der Universität wenig übrig blieb. Dadurch begann über die weiteren Jahre der Zustrom von entsprechend interessierten StudentInnen zunehmend zu versiegen.

Durch diese Entwicklung gesellte sich zu meinem Eindruck, dass die besten psychologischen Theorien eine eingehende Selbstreflexion einfordern, auch noch die Erfahrung, wie bestimmte Lehrmeinungen trotz eines ausgesprochen breiten studentischen Widerstandes beseitigt und andere eingesetzt werden können. Das Bild eines Wettbewerbes der besten Theorien mag sich als Verpackung gut machen, aber wenn es um die Besetzung wichtiger Posten geht, zeigt sich nicht nur das reale Gewicht verschiedener Interessensgruppen, sondern auch eine Auswahl von Mitteln zur Durchsetzung, deren Wissenschaftlichkeit schlichtweg gleichgültig scheint. Es wäre jedenfalls naiv, eine universitäre Personalbesetzung nicht aus ihren tatsächlichen Beweggründen verstehen zu wollen.

Ein Studium wird aber nicht nur durch die universitäre Personalbesetzung bestimmt. Die an den Universitäten lehrenden und forschenden Angestellten werden nämlich auch dafür bezahlt, verschiedene Gremien zu besetzen, die das konkrete Studium entscheidend bestimmen. Auch in diesem Rahmen gelten nicht unbedingt Kriterien einer Beförderung und Verbreitung von Wahrheiten, sondern vor allem Vorgaben spezieller Interessen, die es durchzusetzen gilt. Im Ergebnis entsteht daraus jedenfalls ein Sachzwang, der dem Studium Anforderungen und Begrenzungen vorgibt. Freilich gibt es auch noch die Möglichkeit einer Mitbestimmung bei der Gestaltung des Studiums durch die Studierenden. Allerdings sind diese Möglichkeiten so angelegt, dass keine wesentlichen Entscheidungen hiervon ausgehen oder behindert werden können. Struktur und Inhalte eines Psychologiestudiums drücken jedenfalls insgesamt das

---

1 Vgl. Institutsgruppe Psychologie 1984: 8, 21, 275 ff.

Ergebnis einer Koordinierung bestimmter gesellschaftlicher Interessen aus.

Zu dieser Reglementierung des Studiums kommt schließlich noch eine Auswahl der Studierenden. Und wer es dann geschafft hat, an der gewünschten Universität das gewünschte Fach zu studieren, muss sich spätestens jetzt fragen, wodurch der Lebensunterhalt finanziert werden kann. Dass hier eine deutliche Sozialauswahl stattfindet, ist klar. Und wenn diese Hürde nicht hoch genug ist, kommt eine weitere hinzu, wenn sich beispielsweise PsychologiestudentInnen entscheiden, therapeutisch arbeiten zu wollen. Dann müssen sie gewissermaßen außeruniversitär ihr Fachgebiet nochmal studieren und dafür erstens die Zeit und zweitens das erforderliche Geld aufbringen können.

Aufgrund solcher Bedingungen bleibt dann nur noch festzustellen, dass die an den Universitäten und darüber hinaus vorherrschende Psychologie jene ist, die am besten zu den gegebenen gesellschaftlichen Verhältnissen passt. Indem jede Gesellschaftsform daran interessiert ist, möglichst reibungslos zu funktionieren und sich zu reproduzieren, kann sie auch nur jene Psychologie besonders unterstützen, die hierfür bestmöglich dienlich ist. Eine kritische Positionierung einer Psychologie zu bestimmten Dysfunktionen im sozialen Kontext ist selbstverständlich erwünscht, aber keine Kritik, die dazu übergeht, gesellschaftliche Verhältnisse als solche in Frage zu stellen.

Eine kritische Psychologie, die sich als gesellschaftskritisch versteht, wird also damit rechnen müssen, am Rande des psychologischen Mainstreams zu existieren und eher Gegnerschaft als Unterstützung zu erhalten. Und es wäre illusionär, die Entfaltung der Möglichkeiten einer solchen Psychologie von einzelnen VertreterInnen zu erwarten. Ohne eine organisierte Kooperationsform bliebe ihre Entwicklungsfähigkeit eingegrenzt auf die Leistungsfähigkeit einzelner kritischer PsychologInnen.

Jetzt mag man sich vielleicht die Frage stellen, was überhaupt als «kritisch» verstanden werden kann. Allgemein kann Kritik ja beispielsweise im Gegensatz zu einer Würdigung verstanden werden, als die negative Seite einer Beurteilung. Umgangssprachlich gilt sie in der Regel als Äußerung einer Unzufriedenheit. Wenn sich nun ein spezielles wissenschaftliches Fachgebiet wie die Psychologie mit dem Zusatz «kritisch» ausstattet, dann kündigt sie damit an, mit den ansonsten üblichen psychologischen Aussagen nicht zufrieden zu sein. Es geht für sie nicht nur darum, dass sie auf einige Mängel und Problemstellen an besonderen Theorien hinweist, sondern sie muss ihre Kritik in systematischer Weise entwickeln und die Zusammenhänge des Kritisierten erfassen.

Damit ihre Kritik aber überzeugend ist, genügt es nicht, bestehende Psychologien zu kritisieren, eine bloße Kritik der Psychologie zu formulieren oder einfach eine andere Psychologie zu schaffen und diese als kritische auszugeben. Sie muss vielmehr ihre Kritik daraus entwickeln können, dass sie selbst Psychologie ist – und zwar eine kompetentere als die übrigen. Sie muss schlichtweg besser sein als die anderen, indem sie dort weiterforscht, wo andere aufhören und sich dabei weitestgehend von deren Einschränkungen befreit.

Um das leisten zu können, benötigt sie ein klares Bild der gegebenen gesellschaftlichen Verhältnisse und der daraus für sie sich ergebenden Bedingungen. Eine solche Klärung beginnt bei der einfachen Frage, wer diese Wissenschaft finanziert und reicht bis zur erforderlichen Reflexion der eigenen Position im gesamtgesellschaftlichen Zusammenhang. Jede wissenschaftliche Forschung benötigt zu ihrer Realisierung eine materielle Basis und verfolgt letztlich einen praktischen Zweck. Wer beispielsweise eine spezielle Forschung und Lehre finanziert, wird auch entsprechenden Wert darauf legen, dass die eigenen Erwartungen auch erreicht werden. Und die Psychologie steht wie jede andere Wissenschaft in einem gesellschaftlichen Gefüge, das sich bestimmend auswirkt auf die Ausgestaltung und Entwicklung des Wissenschaftsbetriebs. Soweit sie eine bewusste Reflexion dazu ausspart, bleibt sie im Rahmen einer Theorie, die bestenfalls eine Erhabenheit gegenüber ihren praktischen Beweggründen darstellen möchte. Eine kritische Psychologie muss Klarheit über die Bedeutung ihrer praktischen Ausgangslage und ihrer gesellschaftlichen Funktion haben. Dazu benötigt sie ein Verständnis der Wirkungsweise gesellschaftlicher Zusammenhänge und der mit der eigenen Position verbundenen Möglichkeiten. Das in der Psychologie angestrebte Selbstverständnis verlangt also ein Verständnis der gesellschaftlichen Voraussetzungen und Entwicklungen.

Kritisch zu sein bedeutet für die Psychologie also nicht bloß eine Bewertung anderer, sondern verlangt eine Kenntnis der Bedeutung der eigenen materiellen Grundlagen und der eigenen gesellschaftlichen Position. Durch die Einbeziehung dieser bestimmenden Momente klärt sich letztlich auch die Frage der Parteilichkeit. Denn auch wenn sich eine Psychologie als wertfrei und neutral darstellen möchte, ist sie niemals unabhängig von der gesellschaftlichen Wirklichkeit, aus der sie entsprungen ist, die sie am Leben erhält und für die sie eine bestimmte Funktion erfüllt. Eine unparteiische Haltung erweist sich regelmäßig entweder als verborgene oder zumindest nicht bewusste Parteinahme. Hingegen kann eine bewusst parteiliche Ausrichtung diesen «blinden Fleck» durch eine bewusste Handhabung reflektierbar machen und damit nicht zuletzt den wissenschaftlichen Wert ihrer Aussagen verbessern.

Damit ergibt sich für eine kritische Psychologie, dass sie über eine gegenüber der Mainstream-Psychologie bessere Kompetenz in der Durchdringung der Erscheinungen zur Erfassung des Wesentlichen im menschlichen Erleben und Verhalten verfügen sollte, wozu sie ein methodisches Inventar benötigt, das eine Orientierung in umfassenden Zusammenhängen ermöglicht und ausreichende Möglichkeiten zur Selbstreflexion in persönlichem und gesellschaftlichem Rahmen bereitstellt. Indem für sie eine bewusste Parteilichkeit in der Forschung und Lehre von zentraler Bedeutung ist, erfordert sie umfassende Kenntnisse über die Bedeutung der materiellen Ausgangssituation und die konkreten praktischen Bedingungen. Schließlich benötigt sie darüber hinaus eine organisierte Kooperationsform.

1.1 Zur Geschichte der Psychologie

Angesichts der Tatsache, dass die Psychologie ein relativ junges Fachgebiet innerhalb der Wissenschaft ist, wirkt es imposant, mit welchen Ansprüchen sie gelegentlich präsentiert wird. Sie erhält manchmal sogar die Erscheinung einer zentralen Wissenschaft, der tendenziell die Schöpfung des Weltganzen zugemutet wird. Mit solchem Imponiergehabe sieht sie sich jedoch keineswegs alleine, sondern umringt von anderen Fachgebieten, die mehr oder weniger alle auf ihre Weise ihre hervorragende Bedeutung anpreisen. In diesem allgemeinen Markt des Wissens will offenkundig jeder Fach-Handel besonders lukrativ erscheinen und dabei den Preis der eigenen Angebote hochhalten. Indem die Psychologie als wichtigstes Fachgebiet erscheinen möchte, verspricht sie eine ideale Welt bei ausreichender Berücksichtigung ihrer Lehre und warnt vor weiterem Unheil, wenn sie ignoriert zu werden droht. Möge doch die Psychologie die menschlichen Geschicke bestimmen, sollen doch endlich die PsychologInnen an die Macht kommen. Wie einst

Philosophen Könige sein wollten, ringen heute die unterschiedlichen Fachkräfte um eine möglichst bestimmende Rolle in der Gesellschaft – oder zumindest um einen möglichst hohen Preis für ihre Leistungen.

Die Entstehung der Psychologie als eigenständiges Fachgebiet liegt dabei noch nicht allzu lange zurück. Und sie entstand nicht einfach, weil jemand plötzlich die Idee hatte, dieses Fach zu schaffen, sondern weil gesellschaftliche Prozesse eine besondere und systematisierte Beachtung des Psychischen erforderlich machten.

Die Geschichte der Psychologie ist auch keine bloße Abfolge von bedeutenden PsychologInnen oder Entwicklung ihrer unterschiedlichen Schulen. Sie ist vielmehr Ausdruck eines gesellschaftlich entstandenen Bedarfes nach einer Erklärung und Beeinflussung des menschlichen Erlebens und Verhaltens.

Besonders auffällig erscheint in der Psychologiegeschichte ihre Uneinheitlichkeit und ihre von Beginn an bestehende immanente Konflikthaftigkeit. Und dieser innere Streit lässt sich keineswegs einfach auf die Bezüge auf die Geisteswissenschaft auf der einen und die Naturwissenschaft auf der anderen Seite reduzieren. Eine Zuordnung zu einem Zeitgeist, zu verschiedenen Menschenbildern oder Paradigmen kann zwar eine geordnete Übersicht schaffen, aber keine zufriedenstellende Erklärung erreichen. Letztlich sind die Kontroversen innerhalb der Psychologie nur zu verstehen als spezifischer Ausdruck gesellschaftlicher Zusammenhänge in ihrem historischen Kontext. Wenn sich also beispielsweise Kopf- und Handarbeit in einer komplexer werdenden Arbeitsteilung voneinander entfernen und damit die subjektiven Dimensionen als eigenständige Problembereiche deutlicher hervortreten, werden psychologische Fragestellungen in gesellschaftlichem Maßstab interessanter. So entwickelt sich eine bestimmte Psychologie jeweils aus einem besonderen gesellschaftlichen Hintergrund, der psychologische Problemstellungen schafft und dazu passende Erklärungs- und Lösungsansätze benötigt.[1]

Indem die aktuelle Gesellschaftsformation eine ist, die sich nicht nur die Konkurrenz als Motto vorgibt, sondern auch soziale Interessenskonflikte hervorbringt und austrägt, erhalten diese Konflikte zwangsläufig eine Repräsentanz in den Sozialwissenschaften. Wenn sich dann innerhalb der Psychologie so viele gegensätzliche Schulen und Strömungen entwickelten,

1 Vgl. Geuter 1981: 827–835

dann drückt dies eben vor allem die gegensätzlichen gesellschaftlichen Interessenlagen aus. Insgesamt bedeutet das, dass jede Gesellschaft jene Psychologien hervorbringt, die in ihr benötigt werden.

Im historischen Maßstab erhält die Psychologie jetzt noch eine zusätzliche Bedeutung, weil die Rolle des Bewusstseins in der gegenwärtigen Epoche im Unterschied zu früheren Möglichkeiten für grundlegende gesellschaftliche Veränderungen besonders wesentlich ist. Denn nur wenn heute die Lehren aus der Vergangenheit bekannt, die Verhältnisse in ihren Zusammenhängen erfasst und die möglichen gesellschaftlichen Perspektiven erkannt sind, können diese Veränderungen als bewusste Aktion geschehen. Bucharin spitzte das einmal zu, indem er meinte, dass eine Revolution eine «ideologische Revolution», bzw. eine «Revolutionierung des Bewußtseins» voraussetzt.[1]

Die gestiegene Bedeutung des Bewusstseins beginnt schon damit, den Zusammenhang zwischen der sozialen Situation und den gesellschaftlichen Verhältnissen zu erkennen. War beispielsweise dem Sklaven klar, wie er von seinem Herren ausgebeutet wird und war auch noch in feudalen Gesellschaften die Ausbeutung unmittelbar sinnlich erfassbar, so genügen solche einfachen Wahrnehmungen nicht mehr, um die Ausbeutung in der bürgerlichen Epoche deutlich zu machen. Eine bewusste Erfassung der gesellschaftlichen Verhältnisse ist hierzu erforderlich. Nur durch das Bewusstsein über gesellschaftliche Verhältnisse ist eine Aufklärung der gegenwärtigen Unterdrückungsmechanismen und Ausbeutungsverhältnisse möglich. Aber dieses Bewusstsein kann nicht einfach durch besondere psychologische Verfahren erreicht werden. Es ergibt sich vielmehr aus einer umfassenden Auseinandersetzung mit politischen Verhältnissen und ökonomischen Strukturen. Die Psychologie kann also eine umfassende Aufklärung über gesellschaftliche Verhältnisse nicht unmittelbar aus sich heraus erreichen. Sie kann allerdings durchaus wesentliche Beiträge dazu leisten. Sie kann die Verankerung und Wirkungsweise gesellschaftlicher Strukturen im Bereich des Psychischen aufzeigen und vor allem jene wirksamen Faktoren aufspüren, die sich bei der Schaffung dieses Bewusstseins als psychische Hindernisse und Problemstellungen entgegenstellen. Soweit eine Ideologie zur Stabilisierung oder Veränderung gesellschaftlicher Verhältnisse ent-

1 Vgl. Bucharin 1969: 249

scheidend ist, wird sich somit zwangsläufig ein Konflikt um die Kontrolle jener psychischen Faktoren ergeben, von denen eine bestimmende Wirkung auf das Bewusstsein zu erwarten ist.

Da die weitestgehenden und konsequentesten Beiträge zur Schaffung eines Bewusstseins dieser Verhältnisse allgemein aus der marxistischen Tradition stammen, wird eine Psychologie, die dazu einen Beitrag leisten möchte, sich besonders hierzu positionieren müssen. Diese Tradition ist nun wiederum keineswegs – wie das Außenstehenden vielleicht erscheinen möchte – eine besonders einheitliche. Vielmehr gibt es darin zahlreiche Kontroversen und Gegensätze, die sich in der Regel mehr oder weniger direkt aus den Fragen der politischen Praxis ergeben. Um die unterschiedlichen Positionen und ihre Implikationen für die Psychologie nachvollziehbarer zu machen, wird es also zunächst erforderlich sein, sich mit dem marxistischen Weltbild zu befassen. Dabei soll die folgende Darstellung der Weltanschauung des Marxismus´ nicht einen besonderen Gesichtspunkt hervorheben und in einer zu einer speziellen Interpretation passenden Weise veranschaulichen, sondern zunächst in knapper Form die grundlegende philosophische Ausgangsbasis skizzieren. Und vor diesem Hintergrund wird dann der Weg in die Psychologie beschritten.

2. Zur Philosophie des Marxismus

Die Grundlage der marxistischen Weltanschauung kann in einer ersten Annäherung mit folgender Zusammenfassung vorgestellt werden: Sie ist dialektisch, materialistisch und parteilich. Das muss jetzt freilich noch ausführlicher erläutert werden.

Zahlreiche Kontroversen und Missverständnisse gibt es bereits zur Dialektik. Das Verständnis der Dialektik umfasst ein Spektrum, das von Bemühungen in begrifflichen Entwicklungen oder einer speziellen Denkmethode bis zur allgemeinsten Wissenschaft reicht, die prinzipiell alle Prozesse und Zusammenhänge betrifft. Der Begriff der Dialektik stammt ursprünglich aus der griechischen Philosophie der Antike, wo er zunächst zur Beschreibung eines Selbstgespräches und schließlich eines Dialoges verwendet wird. Bei Platon wird sie als eine spezielle Methode des Sprechens entwickelt, in dem Zusammenhänge erkannt und Wesentliches erklärt werden kann. Während für ihn die Sophistik nur eine allgemeine Kunst des Widerspruches ist, ist die Dialektik eine Kunst, eine Gegensätzlichkeit in zweckmäßiger Weise zur optimalen Entfaltung des Wissens zu entwickeln.[1]

Platons Methode, sich durch eine gezielte Polarisierung im Dialog seinen Ideen anzunähern, ist ein Versuch, durch eine Bewegung des Gespräches eine als unbeweglich angenommene Wahrheit besser zu erfassen. Dieses Verhältnis findet bei Hegel eine Umkehrung, da er die Bewegung der Wahrheit erkennt und damit zu einer Methode findet, die das auszudrücken vermag. Geht es bei Platon also um die Entwicklung eines philosophischen Gespräches, so erkennt Hegel diese Entwicklung in der gesamten Geschichte der Philosophie. Den Verlauf der Philosophiegeschichte versteht er damit als eine Art weltgeschichtlich angelegtes Gespräch, in dem sich die Philosophien über die Jahrhunderte hinweg aufeinander beziehen. Eine Abgrenzung zur Sophistik besteht für ihn hierbei darin, dass seine Dialektik das in ihr absolut Getrennte wieder ineinander übergehen lassen kann. Indem er damit allerdings auch eine Identität zwischen Vernunft und Welt annimmt, gilt ihm schließlich

1 Vgl. Abl 1993: 56 f.

die erkennbare begriffliche Entwicklung als die Entwicklung der Wirklichkeit. Sein Verständnis der Begriffe als «das an und für sich Seiende» beruft sich auf die Gemeinsamkeit der allgemeinen Gesetze des Geistes und der Natur.[1]

«*Denken* ist ein Ausdruck, der die ihm enthaltene Bestimmung vorzugsweise dem Bewußtsein beilegt. Aber insofern gesagt wird, daß *Verstand, daß Vernunft in der gegenständlichen Welt ist,* daß der Geist und die Natur *allgemeine Gesetze* habe, nach welcher ihr Leben und ihre Veränderungen sich machen, so wird zugegeben, dass die Denkbestimmungen ebensosehr objektiven Wert und Existenz haben.»[2]

Nach Hegel plädiert Feuerbach zunächst wieder für eine widerspruchslose Wahrheit und für eine Dialektik nur noch zur Beschreibung eines Dialogs zwischen Menschen. Gegenüber dieser Verweigerungshaltung in der Annahme der philosophischen Errungenschaften Hegels im Bereich der Dialektik zeigt dann Marx die Möglichkeit, sie mit einem materialistischen Verständnis zu erhalten. Anstatt die Denkbestimmungen als objektive zu erfassen, erkennt Marx die Gedanken als Ausdruck der Wirklichkeit. «Das Bewußtsein kann nie etwas Andres sein als das bewußte Sein, und das Sein der Menschen ist ihr wirklicher Lebensprozeß.»[3]

Damit stellt Marx sozusagen die Dialektik Hegels vom Kopf auf die Füße und zeigt die Begriffsdialektik Hegels als Ausdruck realer Bewegungsformen und Verhältnisse. Er fasst diesen Schritt folgendermaßen zusammen: «Meine dialektische Methode ist der Grundlage nach von der Hegelschen nicht nur verschieden, sondern ihr direktes Gegenteil. Für Hegel ist der Denkprozeß, den er sogar unter dem Namen Idee in ein selbständiges Subjekt verwandelt, der Demiurg des Wirklichen, das nur seine Erscheinung bildet. Bei mir ist umgekehrt das Ideelle nichts andres als das im Menschenkopf umgesetzte und übersetzte Materielle.»[4]

In genereller Weise beschreibt dann Engels die Dialektik als «die Wissenschaft von den allgemeinen Bewegungs- und Entwicklungsgesetzen der Natur, der Menschengesellschaft und des Denkens».[5]

1 Vgl. Hegel 1983 a: 19, 43, Abl 1993: 58 f.

2 Hegel 1983 a: 45

3 MEW 3: 26, vgl. 30, Feuerbach 1985 b: 156, 1985 d: 99

4 MEW 23: 27 vgl. 27 f., 20: 10, 21: 293

5 MEW 20: 131 f.

2.1 Aspekte der Dialektik

Wenn von Dialektik gesprochen wird, dann wird damit in der Regel auf einen Zusammenhang verwiesen, der komplexer ist, als es eine Erfassung mithilfe der elementaren Logik erlauben würde. Zur wissenschaftlichen Erforschung einfacher Bereiche der Wirklichkeit reicht oftmals auch eine formallogisch konzipierte Methodik, mit der verschiedene Aussagen zu verknüpfen sind. Sofern allerdings Bewegung in die Sache kommt und diesen theoretischen Rahmen zu sprengen droht, innere und äußere Zusammenhänge ihre Berücksichtigung verlangen und die inhaltliche Seite einen angemessenen Ausdruck fordert, wird ein dialektisches Verständnis erforderlich. Am deutlichsten wird dies stets dann, wenn sich der Forschungsgegenstand in einer widersprüchlichen Form zeigt. Wie sich also die mit Hilfe der Regeln elementarer Logik operierenden Forschungen auf die widerspruchsfrei erfassbaren Gesichtspunkte der Wirklichkeit konzentrieren, richtet sich die Aufmerksamkeit dialektischer Wissenschaft gerade auf die in Widersprüchen sich ausdrückenden Gesichtspunkte.[1]

Die Zusammenhänge und Bewegungsformen sind im Sinne eines materialistischen Verständnisses als objektive zu verstehen und nicht als bloßer Ausdruck subjektiver Bemühungen. Sie lassen sich darum nicht auf die Funktion einer besonderen Darstellungsform reduzieren. Wenn Marx und Engels bei zunächst unvermittelt erscheinenden Gegenständen ihre Untersuchung beginnen, dann die damit zusammenhängenden verschiedenen Formen der Entwicklungen und Beziehungen aufspüren und die Ergebnisse daraus in ihrer Dialektik darstellen, dann bedeutet das weder, dass sie von einer bewegungslosen Welt mit zusammenhangslosen Verhältnissen ausgehen, noch, dass sie etwa aus ästhetischen Gründen eine dialektische Darstellungsweise bevorzugen.[2] Engels beschreibt die Dialektik der äußeren Welt und des menschlichen Denkens als «zwei Reihen von Gesetzen, die der Sache nach identisch, dem Ausdruck nach aber insofern verschieden sind, als der menschliche Kopf sie mit Bewußtsein anwenden kann, während sie in der Natur und bis jetzt auch großenteils in der Menschheitsgeschichte sich in unbewußter Weise, in der Form der äußern Notwendigkeit, inmitten einer endlosen Reihe scheinbarer Zufälligkeiten durchsetzen».[3]

---

1 Vgl. Abl 1993:1

2 Vgl. MEW 23: 27, 21: 294, Heinrich 2004: 35 f.

3 MEW 21: 293

Das Dialektische kann sich dabei auf unterschiedliche Aspekte beziehen: den Aspekt der Bewegung und Entwicklung und den Aspekt des Zusammenhangs und der Totalität. Der Entwicklungsaspekt drückt den historischen Bezug aus und konzentriert sich auf die Erfassung des Gegebenen als Gewordenes und sich weiterhin Bewegendem. Er betont das Werden von den einfachsten Bewegungsformen als quantitative Veränderungen bis hin zur Erfassung von Entwicklungsstufen als qualitative Veränderungen. Die Bedeutung dieses Aspekts ist in der antiken griechischen Philosophie bekannt, in der die Welt als eine gewordene verstanden wird und Heraklit zu seiner berühmten Feststellung kommt, dass alles fließt. Für Hegel ergibt sich sein Wert aus dessen Konzept der dialektischen Methode als einer der Reflexion entspringenden notwendigen Bewegung der Begriffe bzw. hegelianischer ausgedrückt des «Bewußtseins über die Form der inneren Selbstbewegung ihres Inhalts».[1]

Engels stellt ihn entsprechend des Konzeptes einer «Wissenschaft von den allgemeinsten Gesetzen aller Bewegung» materialistisch dar: «Bewegung in dem allgemeinsten Sinn, in dem sie als Daseinsweise, als inhärentes Attribut der Materie gefaßt wird, begreift alle im Universum vorgehenden Veränderungen und Prozesse in sich, von der bloßen Ortsveränderung bis zum Denken.»[2]

Dabei betont er diesen Aspekt nicht nur in einer unverbindlichen Allgemeinheit, sondern auch für die Untersuchung konkreter Veränderungen und Entwicklungen. «Der große Grundgedanke, daß die Welt nicht als ein Komplex von fertigen *Dingen* zu fassen ist, sondern als ein Komplex von *Prozessen*, worin die scheinbar stabilen Dinge nicht minder wie ihre Gedankenabbilder in unserm Kopf, die Begriffe, eine ununterbrochene Veränderung des Werdens und Vergehens durchmachen, in der bei aller scheinbaren Zufälligkeit und trotz aller momentanen Rückläufigkeit schließlich eine fortschreitende Entwicklung sich durchsetzt – dieser große Grundgedanke ist, namentlich seit Hegel, so sehr in das gewöhnliche Bewußtsein übergegangen, daß er in dieser Allgemeinheit wohl kaum noch Widerspruch findet. Aber ihn in der Phrase anerkennen und ihn in der Wirklichkeit im einzelnen auf jedem zur Untersuchung kommenden Gebiet durchführen, ist zweierlei.»[3]

---

1 Vgl. Hegel 1983 a , 1973: 18, 78, 160, 1983 b: 47, 1971: 62, MEW 20: 20, 315

2 MEW 20: 354, vgl. 55, 355, 505 f., 513, 575, 2: 135, 4: 128

3 MEW 21: 293

Der Totalitätsaspekt wiederum hat seine Aufmerksamkeit auf die Erfassung von konkreten Zusammenhängen und den vielseitigen Wirkungsmechanismen gelegt. Wie der Aspekt der Entwicklung die Dinge als Gewordene und in ihrer Bewegung erfasst, konzentriert sich der Aspekt der Totalität auf die Verhältnisse der Dinge zu ihrer Umwelt. Was dies bedeutet, zeigt Hegel bereits bei einer einfachen Ortsbestimmung: «Das *aufgezeigte Hier*, das ich festhalte, ist ebensosehr ein *dieses* Hier, das in der Tat *nicht dieses* Hier, sondern ein Vorn und Hinten, ein Oben und Unten, ein Rechts und Links ist. Das Oben ist selbst ebenso dieses Vielfache Anderssein in oben, unten usf. Das Hier, welches aufgezeigt werden sollte, verschwindet in anderen Hier, aber diese verschwinden ebenso; das Aufgezeigte, Festgehaltene und Bleibende ist ein *negatives Dieses*, das nur so *ist*, indem die *Hier,* wie sie sollen, genommen werden, aber darin sich aufheben; es ist eine einfache Komplexion vieler Hier.»[1]

So ergibt sich aus der einfachen Aufgabe der Bestimmung eines Ortes eine Bezugnahme auf die Relationen zu anderen Orten. Marx stellt der bei Hegel letztlich in Gedanken entwickelten Totalität eine konkrete der Wirklichkeit gegenüber. In dieser tatsächlichen Totalität wird für ihn das jeweils Wesentliche durch einen Bezug auf Äußeres deutlich. Und Engels, der die Dialektik als die «Wissenschaft des Gesamtzusammenhangs» beschreibt, kehrt ausdrücklich auch die Natur als einen systematischen Gesamtzusammenhang hervor.[2]

Ebenso betont beispielsweise Lenin die Totalität als die mannigfaltigen Beziehungen der Dinge zueinander und beschreibt das Wesen der dialektischen Erkenntnis als «die Entfaltung der gesamten Totalität der Momente der Wirklichkeit». [3]

Als Maßstab der Erkenntnis und allgemein wissenschaftliches Ideal beschreibt Kautsky diesen Aspekt: «Je umfassender die Kette der Zusammenhänge, mit denen wir ein Ding, eine Idee, einen Vorgang, einen Zusammenhang in Verbindung bringen, desto klarer wird das Objekt der Untersuchung erkannt. Das wissenschaftliche Ideal besteht in der Aufdeckung des Universalzusammenhanges aller Erscheinungen.»[4]

Für Lukács ist der Gesichtspunkt der Totalität einerseits die einzige Methode zur Erfassung der Wirklichkeit und andererseits

1 Hegel 1973: 89 f.

2 Vgl. MEW 13: 632 ff., 20: 307, 355, 451, 21: 295, 306, EB I: 578

3 Lenin 1981 b: 89, 93, 136 f., 148, 186, 213

4 Kautsky 1988: 88 f.

seits das zentrale Unterscheidungsmerkmal zwischen Marxismus und bürgerlicher Wissenschaft. Auch stellt er dazu ausdrücklich fest, dass damit keine schlichte Zusammenfassung gemeint ist, sondern wesentlich eine Dynamik von wirksamen Momenten in ihren Beziehungen zueinander. «Die Kategorie der Totalität hebt ... keineswegs ihre Momente zu einer unterschiedslosen Einheitlichkeit, zu einer Identität auf. Die Erscheinungsform ihrer Selbständigkeit, ihrer Eigengesetzlichkeit, die sie in der kapitalistischen Produktionsordnung besitzen, enthüllt sich nur insofern als bloßer Schein, daß sie in eine dialektisch-dynamische Beziehung zueinander geraten, daß sie als die dialektisch-dynamischen Momente eines – ebenso dialektisch-dynamischen – Ganzen begriffen werden.»[1]

Die beiden aufgezeigten Aspekte können nun keineswegs insofern vereinfacht werden, dass der Bewegungsaspekt für die zeitliche und der Zusammenhangsaspekt für die räumliche Dimension gelten sollen. Immerhin beinhaltet eine Bewegung auch eine räumliche Veränderung und im Rahmen einer Entwicklung sogar eine qualitative Veränderung, die ein bloßer Zusatz von Zeit nicht erfasst. Und ein Zusammenhang umfasst Objekte, die nur als gewordene und vergängliche zu erfassen sind.

So weist Engels nachdrücklich auf die Notwendigkeit der Verbindung des Aspektes der Entwicklung mit dem der Totalität hin. Für ihn ist es die Dialektik, «die die Dinge und ihre begrifflichen Abbilder wesentlich in ihrem Zusammenhang, ihrer Verkettung, ihrer Bewegung, ihrem Entstehn und Vergehn auffaßt, ...»[2]

Die Geschichtsauffassung von Marx und Engels konzentriert sich allgemein nicht nur auf die verschiedenen Entwicklungsprozesse, sondern bezieht auch die jeweils wirksame Totalität mit ein. Grundlegende wissenschaftliche Fortschritte, wie etwa Darwins Beweis des Zusammenhangs allen Lebens aus dem einheitlichen Ursprung, zeigen die Bedeutung der Verbindung der Aspekte der Entwicklung und des Zusammenhanges.[3]

Als kurze Zusammenfassung ist die Dialektik somit die Wissenschaft von den universellen Zusammenhängen und allen Bewegungsformen. Einer dialektischen Philosophie würde da-

---

1 Lukács 1983: 76, vgl. 71, 78 f., 94, 97, 161

2 MEW 19: 205 f., vgl. 20: 22, 318, 451

3 Vgl. MEW 3: 37 f., 21: 294 f., Plechanow 1957: 137, Trotzki 1981 i: 415

mit nichts Geringeres als die Aufgabe zufallen, an einem Weltmodell zu arbeiten, das der realen Entwicklung und Totalität entspricht. Darin verweisen die vielfältigen Verhältnisse auf die geschichtliche Dimension und die verschiedenen Bewegungsformen auf die allseitigen Zusammenhänge.

Die Spezialisierung und Auffächerung der Wissenschaften, ihre Sonderung verschiedener Vorgänge und Erscheinungen, brachte das Problem mit sich, dass der Bezug zum Gesamtzusammenhang und die Berücksichtigung der Veränderungen immer mehr verloren zu gehen drohen, aber die Forschung wird auch von ihren zu erforschenden Gegenständen selbst zur Dialektik gedrängt. Lukács weist aber auch auf einen ergänzenden Drang durch eine entsprechende Kraft aus der gesellschaftlichen Entwicklung als solcher hin. Indem nämlich das geschichtliche Werden die «Erkenntnis dazu zwingt, die Begriffsbildung auf das Inhaltliche, auf das qualitativ Einzigartige und Neue der Erscheinungen aufzubauen, zwingt es sie zugleich, kein solches Element in seiner bloßen konkreten Einmaligkeit beharren zu lassen, sondern weist ihm als methodischen Ort der Begreifbarkeit die konkrete Totalität der geschichtlichen Welt, den konkreten und totalen Geschichtsprozeß selbst zu».[1]

Die häufig zu findende Einteilung der Philosophie des Marxismus´ in einen dialektischen und einen historischen Materialismus ist eher irreführend als hilfreich. Sie geht aus von einem dialektischen Materialismus als Weltanschauung und Methode zur Erforschung der Erscheinungen der Natur und versteht dann den historischen Materialismus als eine Ausdehnung seiner Leitsätze auf die Erforschung der Lebenserscheinungen und Geschichte der Gesellschaft.[2]

Zunächst ist daran falsch, wie hierin die Entwicklung der marxistischen Philosophie dargestellt wird. Tatsächlich hat sich nämlich zuerst Marx auf die gesellschaftlichen Erscheinungen konzentriert und erst danach begann Engels, auf die Dialektik in der Natur hinzuweisen. Aber vor allem wirft diese Einteilung die Frage auf, ob denn die menschliche Geschichte nicht auch dialektisch und die Natur nicht auch historisch zu verstehen ist – was nur eine unnötige Verwirrung bereitet. Der Zweck dieser

---

1 Lukács 1983: 261, vgl. MEW 19: 203, Deborin 1969 c: 110, 1969 a: 178, Fogarasi 1954: 25, Holz 1983: 78

2 Vgl. Stalin 1945: 3, 7 f., 13, 32, Deborin 1969 b: 209, 1969 c: 94 f., 100 f., 106 f., 133 f., 1969 d: 170, Autorenkollektiv Redlow u.a. 1972: 267 f., Autorenkollektiv Steußloff u.a. 1989: 27, 34, Bartsch u. Klimaszewsky 1973: 23, Gropp 1970: 13

Einteilung ist aus ihrem Entstehungshintergrund offensichtlich. Sie drückt nämlich den Versuch einer Naturalisierung der Geschichte und Darstellung gesellschaftlicher Gesetzmäßigkeiten als unabänderlich aus. Die Wissenschaft von der Geschichte der Gesellschaft soll beispielsweise genauso exakt werden wie die Biologie. Die menschliche Gesellschaft wird hierbei schlichtweg zu einem «Produkt der Natur» und soziale Auseinandersetzungen werden zu «völlig natürlichen und unvermeidlichen Erscheinungen» erklärt.[1]

Wenn dann die Entwicklungsgeschichte der Gesellschaft vor allem als die Entwicklungsgeschichte ihrer Produktion dargestellt wird, bleibt nur noch zuzufügen, dass die jeweils neuen Produktivkräfte und Produktionsverhältnisse aus der alten Gesellschaftsordnung ohne Vorsatz entstehen, ohne Bewusstsein und unabhängig vom Willen der tätigen Menschen.[2]

Für eine bewusste Gestaltung der Geschichte oder eine selbständige, vorsätzliche Aktion bleibt in diesem Konzept wenig Raum. Und der noch verbleibende Raum wird von einer Parteibürokratie entsprechend ihrer Interessen von möglichen Störungen freigehalten: «Die Partei entlarvt und entblößt bis zur Wurzel alles, was es in der Theorie wie in der Praxis an unmarxistischen, unleninistischen, unbolschewistischen Erscheinungen gibt.»[3]

Entsprechend ihrer Ausarbeitung in der stalinistisch beherrschten Sowjetunion drückt das die Interessen einer herrschenden Bürokratie aus, für welche die Geschichte vorzugsweise als unabänderliches Naturschauspiel gilt, in dem die eigenen Produktionsverhältnisse mit den beschleunigt wachsenden Produktivkräften selbstverständlich völlig übereinstimmen.[4]

2.2 Aspekte des Materialismus

Als materialistisch gilt umgangssprachlich meistens ein Mensch, der keine höheren Ideale als Ziel seines Handelns anstrebt und nur niederen und egoistischen Motiven folgt. Idealistisch sei dementsprechend, wer uneigennützig sich für andere und ideelle Werte einsetzt. Als Weltanschauung wird dem Materialismus unterstellt, dass er die Menschen für Maschinen ohne psychische Vorgänge und persönliche Erlebnismöglichkeiten

1 Vgl. Bucharin 1969: 225, Stalin 1945: 9, 13

2 Vgl. Stalin 1945: 21 f., 28

3 Mitin 1969: 334

4 Vgl. Stalin 1945: 23, 27, Negt 1969: 33, 36 f., 48

halte oder deren Bewusstseinsvorgängen nur die Bedeutung von Randerscheinungen zumesse. Und weil diese irrationale Anschauung die humane Ethik untergräbt, soll sie überwunden werden.[1]

Um das zusammenzufassen, was das marxistische Verständnis des Materialismus´ bedeutet, sollte zunächst der hierin verwendete Begriff der Materie geklärt sein. Als philosophischer Begriff ist er nämlich zunächst eine Abstraktion ohne Festlegung auf konkrete Existenzformen. Zu Zeiten von Engels gehörte dazu zwar noch die Vorstellung einer körperlichen Existenz, aber indem er die Bewegung als die Daseinsweise der Materie erkennt, gelangt dieser zu einer darüber hinausgehenden Beschreibung: «Die Bewegung der Materie ..., das ist nicht bloß die grobe mechanische Bewegung, die bloße Ortsveränderung, das ist Wärme und Licht, elektrische und magnetische Spannung, chemisches Zusammengehn und Auseinandergehn, Leben und schließlich Bewußtsein.»[2]

Lenin fasste diesen Begriff angemessener zusammen als «die unabhängig vom menschlichen Bewußtsein existierende und von ihm abgebildete objektive Realität».[3]

Materie ist somit das Objektive, das unabhängig vom Subjekt real existiert. Die einzige Eigenschaft, die ihr zukommt, ist also, dass sie keine subjektive Einbildung ist, sondern außerhalb des Bewusstseins als Wirklichkeit besteht. Die Hoffnung, den Materialismus durch eine weitergehende Erforschung der Materie beseitigen zu können, ist damit eine vergebliche.[4]

Als die wesentlichsten Aspekte in der Darstellung des Materialismus erscheinen mir die Positionen zu folgenden vier Fragestellungen:

1) Anerkennen wir die Existenz einer realen Welt unabhängig von unserem Bewusstsein?
2) Halten wir diese Welt prinzipiell für erkennbar?
3) Nehmen wir in der Entwicklung dieser Welt die Materie oder ein Bewusstsein als ursprünglich an?
4) Nehmen wir in der Wirksamkeit in dieser Welt das Materielle oder das Ideelle für bedeutender an?

Die erste Fragestellung betrifft unser Grundverständnis der Welt. Existiert die Wirklichkeit nur durch unsere Möglichkeit ih-

1 Vgl. Popper u. Eccles 1982: 21, 23, 27, 106, 112, 254 f., MEW 21: 282
2 MEW 20: 325, vgl. 55, 355, 519, 22: 292 f.
3 Lenin 1977: 261, vgl. 124, 260, 267, 282
4 Vgl. Popper u. Eccles 1982: 26, 30, 149, Trotzki 1981 i: 409, 411

rer Erkenntnis, oder wäre sie auch ohne uns vorhanden? Ein idealistischer Philosoph könnte hierzu konsequenterweise anführen, dass die Welt nur durch seine Reflexion tatsächlich existiert und ohne diese Reflexion auch von keiner existierenden Welt mehr gesprochen werden könnte. Nach einer inzwischen längeren Tradition in der Philosophie wissen wir allerdings heute, dass die Welt niemals dadurch in ihrer Existenz bedroht war, aber viele Philosophen nicht mehr existieren. Unabhängig davon, ob ich diese oder jene Wahrnehmung von der Wirklichkeit habe, ob ich mir etwas zur Welt denke oder mir etwas von ihr wünsche, besteht für den Materialismus die Welt auch unabhängig von den wahrnehmenden, denkenden und wünschenden Subjekten. Wittgenstein hat also völlig Recht, wenn er feststellt: «Die Welt ist unabhängig von meinem Willen.»[1]

Für den Materialismus besteht die Welt also auch ohne Menschen, außerhalb ihrer Wahrnehmung und unabhängig von ihrer Vorstellung. Das Sein, das Widergespielte benötigt zu seiner Existenz kein Bewusstsein, keine Widerspiegelung durch die Menschen.[2]

Die zweite Frage beschäftigt sich mit den grundlegenden Problemstellungen der Erkennbarkeit der Wirklichkeit. Für den Idealismus besteht zumindest insofern kein Erkenntnisproblem, als darin zwar die Übereinstimmung des Denkens mit dem Gegenstand gefordert wird, aber die Gedanken selbst die Wirklichkeit erschaffen können und als ihr alleiniger Maßstab gelten. So ist für Hegel das einzige Substantielle und Reelle die logische Vernunft, womit der «Inhalt und die höchste Wahrheit selbst» als die «notwendigen Formen und eigenen Bestimmungen des Denkens» bestimmbar werden.[3]

Für Feuerbach stellt sich der Gegensatz zwischen Materialismus und Idealismus vor allem dar als einer zwischen der Empfindung und dem Denken. Die Möglichkeit einer Verbindung von Wahrheit und Wirklichkeit findet er in der Sinnlichkeit. «Nur durch die *Sinne* wird ein *Gegenstand im wahren Sinn* gegeben – nicht durch das Denken *für sich selbst*.»[4]

Und erst durch den Sinn, die Anschauung und speziell die empfindende Liebe erweist sich das Sein als existierend. «Die Liebe ist Leidenschaft, und nur die Leidenschaft ist das Wahr-

1 Wittgenstein 1963: 110

2 Vgl. Lenin 1977: 61, 96, 112, 117 û 119, 184, 240, Kautsky 1988: 88

3 Vgl. Hegel 1983 a: 37, 41–44, 1973: 78, MEW 19: 189 f.

4 Feuerbach 1985 b: 140, vgl. 138 f., 149, 154, 1985 a: 226

zeichen der Existenz. Nur was – sei es nun wirkliches oder mögliches – *Objekt der Leidenschaft*, das ist.»[1]

Die Frage nach der Erkennbarkeit der Welt beantwortet sich bei Engels schließlich nicht einfach aus der Welt der Gedanken oder Sinne, sondern aus den realen Prozessen und der menschlichen Praxis. Die Wirklichkeit, die Natur und speziell die menschliche praktische Tätigkeit ist für ihn die Probe der Erkenntnisse. «Wenn wir die Richtigkeit unsrer Auffassung eines Naturvorgangs beweisen können, indem wir ihn selbst machen, ihn aus seinen Bedingungen erzeugen, ihn obendrein unsern Zwecken dienstbar werden lassen, so ist es mit dem Kantschen unfassbaren ‹Ding an sich› zu Ende».[2]

Speziell die praktische Veränderung durch die menschliche Tätigkeit, der gemeinsame Bezug von Theorie und Praxis auf dieselben Gegenstände kann die bloße Kontemplation überwinden. Lukács streicht die Bedeutung dieser Veränderung besonders deutlich hervor, indem er meint, «daß in jeder ‹metaphysischen› Betrachtung das Objekt, der Gegenstand der Betrachtung unberührt, unverändert verharren muß, daß deshalb die Betrachtung selbst bloß *anschauend* bleibt und nicht praktisch wird, während für die dialektische Methode das *Verändern der Wirklichkeit* das Zentralproblem ist».[3]

Aber auch wenn die Außenwelt im Kopf als Gedanken, Gefühle, Willen oder Triebe widergespiegelt wird, ist es unmöglich, die Welt restlos zu erkennen. Die Wirklichkeit kann durch die Widerspiegelung in unserer Erkenntnis lediglich immer besser angenähert werden. Der gesamte Erkenntnisprozess ist dabei als dialektischer zu sehen, der immer wieder auch widersprüchlich verläuft. Darum bemerkt Engels: «die Souveränität des Denkens verwirklicht sich in einer Reihe höchst unsouverän denkender Menschen; die Erkenntnis, welche unbedingten Anspruch auf Wahrheit hat, in einer Reihe von relativen Irrtümern; weder die eine noch die andre kann anders als durch eine unendliche Lebensdauer der Menschheit vollständig verwirklicht werden».[4]

Die dritte Frage betrifft den Vorrang in der Entwicklung. War anfänglich nur Materie oder ein Geist? Für den Idealismus gilt der Geist oder eine ideelle Weltschöpfung als ursprünglich,

---

1 Feuerbach 1985 b: 141, vgl. 116

2 MEW 21: 276, vgl. 275 f., 19: 188, 205, 20: 22, 498, Lenin 1977: 113 f., 186

3 Lukács 1983: 62, vgl. 19 f., 27, 60, 226, 232, 242

4 MEW 20: 80, vgl. MEW 19: 206 f., 20: 24, 21: 267, 282, Lenin 1977: 96, 186, 1981 b: 181, 185, 202, 213, 1981 a: 239, 1981 c: 343 f.

für den Materialismus die physische Welt oder die Natur, die bereits lange vor den Menschen existierte. Die Ideen gelten Letzterem nicht als Schöpfer der Welt, sondern selber nur als ein höchstes Produkt einer materiellen Entwicklung. Selbst für die Zeitspanne, in der Menschen mit Bewusstsein lebten, folgte eher ihr Bewusstsein der Geschichte als umgekehrt.[1]

Feuerbach unterstreicht hierzu den historischen Vorrang der Sinnlichkeit gegenüber den Gedanken. Er meint, dass die schriftlichen Überlieferungen zwar die Notwendigkeit einer unmittelbaren Anschauung zurückdrängen und der Mensch sich damit von den Sinnen als dem Ursprung seiner Erkenntnis entfremdet, aber dennoch bleibt für ihn festzuhalten: «Dem Denken geht das *Leiden* voran.»[2]

Als weiterer Aspekt der Frage nach dem Entwicklungsvorrang ist die des historischen Verhältnisses des Gedankens oder des Wortes zur Tat. In geschichtlicher Perspektive begannen für Marx und Engels die Menschen nicht – wie etwa Hegel meint – durch ihre Gedanken sich von den Tieren zu unterscheiden, sondern durch ihre Produktion von Lebensmitteln. Und die Sprache entstand als wirklich existierende Bewusstseinsform erst aus den praktischen Verhältnissen der Menschen zueinander. Dabei handelten die Menschen bereits, bevor sie argumentierten: «Im Anfang war die Tat.»[3]

In der vierten Fragestellung geht es schließlich um den Wirkungsaspekt. Ist für die Welt letztlich entscheidend, ob ein Geist, eine Idee oder eine begriffliche Bemühung wirksam ist, oder die materielle Wirklichkeit, die objektive Realität? Für den Materialismus gilt hierzu eindeutig, dass das Sein, die Materie, das Physische und die Natur als primär wirksam gelten gegenüber dem Bewusstsein, dem Geist oder dem Psychischen. «Es ist nicht das Bewußtsein der Menschen, das ihr Sein, sondern umgekehrt ihr gesellschaftliches Sein, das ihr Bewusstsein bestimmt.»[4]

Dieser Vorrang in der Wirkung ist allerdings keineswegs als absoluter, ohne Ausnahmen oder Wechselwirkungen zu verstehen, worauf beispielsweise Lenin hinweist: «Freilich ist auch der Gegensatz zwischen Materie und Bewusstsein nur innerhalb sehr beschränkter Grenzen von absoluter Bedeutung: im gegebenen Fall ausschließlich in den Grenzen der erkenntnis-

1 Vgl. MEW 21: 275, 277 f., Lenin 1977: 226, 228, 1981 a: 252

2 Feuerbach 1985 d: 88, vgl. 1985 c: 161

3 MEW 22: 296, vgl. 3: 20 f., 31, Hegel 1983 a: 20

4 MEW 13: 9, vgl. 3: 27, 13: 9, 21: 282, Lenin 1977: 142

theoretischen Grundfrage, was als primär und was als sekundär anzuerkennen ist. Außerhalb dieser Grenzen ist die Relativität dieser Entgegensetzung unbestreitbar.»[1]

Innerhalb des Wirkungsprimates gibt es nun noch eine Spezialisierung des Marxismus auf ökonomische Themen. Gegenüber dem anthropologisch orientierten Feuerbach kehrt Marx die Bedeutung der Ökonomie in den Vordergrund. Nach einer Würdigung der Verdienste Hegels in der Auflösung der Theologie in der Vernunft plädiert Feuerbach für eine neue Philosophie als einer universellen Anthropologie, die erst dem ganzen und wirklichen Wesen des Menschen entspricht und davon ausgeht, dass jeder Begriffstätigkeit eine Anschauungstätigkeit zugrunde liegt. Für ihn gilt das Sein in Gedanken als unwirklich und die Subjektivität findet ihre vernünftigen Schranken im Leib.[2]

Die marxistische Position fasst Engels so zusammen, dass die jeweilige «ökonomische Struktur der Gesellschaft die reale Grundlage bildet, aus der der gesamte Überbau der rechtlichen und politischen Einrichtungen sowie der religiösen, philosophischen und sonstigen Vorstellungsweise eines jeden geschichtlichen Zeitabschnitts in letzter Instanz zu erklären sind».[3]

Für den Marxismus schaffen allgemein die ökonomischen Beziehungen die Interessen und diese spiegeln sich in den Bewusstseinsformen mehr oder weniger direkt wider. Aber das bedeutet keineswegs, überall den ökonomischen Faktor als einzigen oder letztgültigen anbringen zu können. Das marxistische Weltbild ist eben ein materialistisches und nicht schlichtweg ökonomisches.[4] Der Unterschied zum bloß anschauenden Materialismus von Feuerbach drückt sich auch in der Einschätzung der Bedeutung der menschlichen Tätigkeit aus. So kritisiert Marx an Feuerbach, dass dieser die Sinnlichkeit nicht als praktische Tätigkeit begreift und die Tätigkeit nicht als gegenständliche Tätigkeit. Schließlich betont er, dass es nicht auf eine neue Idee oder Anschauung der bestehenden Gesellschaft ankommt, sondern auf eine gesellschaftliche Veränderung. «*Ideen* können nie über einen alten Weltzustand, sondern immer nur über die Ideen des alten Weltzustandes hinausführen. Ideen können überhaupt *nichts ausfüh-*

---

1 Lenin 1977: 142 f., vgl. 244, 1981 b: 186, 192

2 Vgl. Feuerbach 1985 b: 131, 136, 154 f., 157, 1985 e: 161

3 MEW 20: 25, vgl. 456 f., 3: 38, 4: 577, 19: 21, 195, 208, 210

4 Vgl. Plechanow 1976: 58, 65, 69 f., 88 f., Plechanow 157: 190 f., Kautsky 1988: 325

ren. Zum Ausführen der Ideen bedarf es der Menschen, welche eine praktische Gewalt aufbieten.»[1]

Dieser Vorrang der Tätigkeit heißt wiederum keineswegs, dass die Menschen ihre Taten nicht bewusst vollziehen, sondern unterstreicht lediglich, dass die wirklich bewegenden Kräfte der Geschichte sich letztlich nicht als abhängig erweisen von den Ideen der Handelnden. Regelmäßig ist das Ergebnis nämlich ein anderes als das ursprünglich beabsichtigte.[2]

Indem die erwähnten Fragestellungen sehr grundlegende sind, drängen sich vermutlich sofort weiterführende Problemstellungen und Konzeptionen auf, aber für die weitere Orientierung sollte dieser Streifzug über die Grundpositionen des marxistischen Materialismus´ vorläufig ausreichen.

2.3 Parteilichkeit und Methodik

Dass Erkenntnis und Parteilichkeit zusammengehören, wird oftmals genau von denen am heftigsten bestritten, denen selbst eine unparteiische Positionierung oder eine sogenannte überparteiische Haltung am fernsten liegen. Ihr Anspruch soll dabei als nicht parteilich gelten und die ausgedrückten Interessen als höchstens zufällig auch die eigenen.

Anstatt sich auf ein solches Versteckspiel einzulassen, erklärt der Marxismus freimütig seine Parteilichkeit und behauptet dazu auch noch, genau darum zu weitergehenden Erkenntnissen gelangen zu können. Wie ist das zu verstehen?

Die Frage nach der Parteilichkeit lässt sich für den Marxismus keineswegs mit der schlichten Frage des Einflusses einer Finanzierung einer theoretischen Arbeit auf bestimmte Aussagen oder ihrer praktischen Nutzbarkeit reduzieren – obwohl das oftmals schon aufschlussreich sein mag. Eine Klärung der Bedeutung der Parteilichkeit für den Erkenntnisprozess setzt zunächst eine Bestimmung der historischen Situation und der sozialen Position mit ihren konkreten Anforderungen und Auswirkungen voraus. Und hierzu streicht der Marxismus hervor, dass die Arbeiterklasse sich aufgrund ihrer gesellschaftlichen Position von anderen Klassen beispielsweise dadurch unterscheidet, dass sie keine klassenbedingten Einschränkungen in ihren Erkenntnisinteressen hat.[3]

---

1 MEW 2: 126, vgl. 1: 385, 3: 5–7, 44 f.

2 Vgl. MEW 20: 582, Lukács 1983: 120, 124

3 Vgl. Lenin 1977: 347

Eine Klasse im marxistischen Sinn zeichnet sich aus durch eine gemeinsame gesellschaftliche Position, aus der sich die Einkommensquelle und die daraus resultierenden Interessen und Gegensätze zu anderen ergeben. Interessensgegensätze bestehen zwar etwa auch zwischen Kaufenden und Verkaufenden oder Produzierenden und Konsumierenden, aber zum Klassengegensatz werden gesellschaftliche Gegensätze erst durch ihren Bezug zu den Eigentumsverhältnissen. Erst dadurch stehen sich gesellschaftliche Gruppierungen als Ausbeutende und Ausgebeutete gegenüber.[1]

Aufgrund der Tendenz zur zunehmenden Verwandlung der Arbeit in Lohnarbeit und der Produktionsmittel in Kapital, gehen Marx und Engels von einer zunehmenden Vereinfachung der Klassengegensätze aus, die sich letztlich als zwei große feindliche Lager gegenüberstehen: die Klassen der Bourgeoisie und die des Proletariats. Engels beschreibt diese beiden Klassen in zusammengefasster Form: «Unter Bourgeoisie wird die Klasse der modernen Kapitalisten verstanden, die Besitzer der gesellschaftlichen Produktionsmittel sind und Lohnarbeit ausnutzen. Unter Proletariat die Klasse der modernen Lohnarbeiter, die, da sie keine eigenen Produktionsmittel besitzen, darauf angewiesen sind, ihre Arbeitskraft zu verkaufen, um leben zu können.»[2]

Das Proletariat ist demnach ohne Eigentum an Produktionsmitteln, seine Arbeit vermittelt ihm keinen nationalen Charakter und seine Lebensbedingungen weisen über die bestehende Gesellschaftsform hinaus. Angesichts dieser Voraussetzungen kommen Marx und Engels zur Einschätzung einer revolutionären Funktion des Proletariats. «Von allen Klassen, welche heutzutage der Bourgeoisie gegenüberstehen, ist nur das Proletariat eine wirklich revolutionäre Klasse.»[3]

Diese revolutionäre Funktion gründet sich dabei besonders auf seine gesellschaftlichen Möglichkeiten aus der besonderen Position im Produktionsprozess. «Alle früheren Klassen, die sich die Herrschaft eroberten, suchten ihre bisher schon erworbene Lebensstellung zu sichern, indem sie die ganze Gesellschaft den Bedingungen ihres Erwerbs unterwarfen. Die Proletarier können sich die gesellschaftlichen Produktivkräfte nur erobern, indem sie ihre eigene bisherige Aneig-

1 Vgl. Kautsky 1988: 366, 583
2 MEW 4: 462, vgl. 4: 463, 25: 892
3 MEW 4: 472, vgl. 1: 390f.

nungsweise und damit die ganze bisherige Aneignungsweise abschaffen.»[1]

Bezogen auf frühere Klassenkämpfe stellen Marx und Engels fest: «Alle bisherigen Bewegungen waren Bewegungen von Minoritäten oder im Interesse von Minoritäten. Die proletarische Bewegung ist die selbständige der ungeheuren Mehrzahl im Interesse der ungeheuren Mehrzahl.»[2]

Die von der Bourgeoisie ausgehende Verallgemeinerung ihrer besonderen Ansprüche wirkt sich demnach nicht zufälligerweise vor allem praktisch aus und bedeutet dabei die Möglichkeit einer Bereicherung für eine Minderheit und Mangel für die Mehrheit der Menschen. Damit also die proletarischen Interessen als gesamtgesellschaftliche gelten, «dazu müssen umgekehrt alle Mängel der Gesellschaft in einer andern Klasse konzentriert, dazu muß ein bestimmter Stand der Stand des allgemeinen Anstoßes, die Inkorporation der allgemeinen Schranke sein, dazu muß eine besondre soziale Sphäre für das *notorische Verbrechen* der ganzen Sozietät gelten, so daß die Befreiung von dieser Sphäre als die allgemeine Selbstbefreiung erscheint.»[3]

Was ein bürgerlicher Klassenstandpunkt für den wissenschaftlichen Standard bedeutet, streicht Engels am Beispiel der politischen Ökonomie hervor: «Die Sozialwissenschaft der Bourgeoisie, die klassische politische Ökonomie, beschäftigt sich vorwiegend nur mit den unmittelbar beabsichtigten gesellschaftlichen Wirkungen der auf Produktion und Austausch gerichteten menschlichen Handlungen. Dies entspricht ganz der gesellschaftlichen Organisation, deren theoretischer Ausdruck sie ist.»[4]

Im Unterschied zur Bourgeoisie ist das Proletariat für Marx und Engels jedenfalls objektiv frei von Eigentum an Produktionsmitteln, von nationalen Einschränkungen, von Interessen zur Erhaltung ihrer Ausbeutung und seine Lebenszusammenhänge weisen über das unmittelbar Bestehende hinaus. Das von einem proletarischen Klassenstandpunkt ausgehende Erkenntnisinteresse begreifen sie dadurch als das notwendigerweise weitestgehende. Gerade zur Vermeidung einer Einseitigkeit sehen sie einen solchen Standpunkt als erforderlich. Eine

1 MEW 4: 472
2 MEW 4: 472, vgl. Lukács 1983: 181
3 MEW 1: 388
4 MEW 20: 455, vgl. 1: 499

Theorie, die vorgibt, keine Interessen zu vertreten, müsste das Ideal anstreben, uninteressant zu sein. «Die *Idee* blamierte sich immer, soweit sie von dem *Interesse*» unterschieden war.»[1]

Aus dem Zusammenhang zwischen Ideologie und gesellschaftlicher Funktion ergibt sich aber auch, dass dieselben Ideen in verschiedenen historischen Ausgangspunkten und gesellschaftlichen Situationen ihre Bedeutung und Funktion völlig verändern können. So impliziert die Einforderung der Freiheit unter Bedingungen der sozialen Ungleichheit bekanntlich Unterdrückung. Oder auch das Ziel einer Gleichheit wird unter solchen Bedingungen an unterschiedlichen gesellschaftlichen Standpunkten verschieden aufgefasst. Gerade bei besonders allgemein oder gar universell erscheinenden Werten und Zielen stellt sich immer wieder die Frage, wessen Universalanspruch das ist. So bemerkt beispielsweise Engels zur «ewigen Vernunft» der französischen Philosophen des 18. Jahrhunderts, «daß diese ewige Vernunft in Wirklichkeit nichts andres war als der idealisierte Verstand des eben damals zum Bourgeois sich fortentwickelnden Mittelbürgers».[2]

Und wenn sich diese Interessen in den unterschiedlichen Theorien wiederfinden und dadurch eine ideologische Komponente zu berücksichtigen ist, dann wirkt sich diese Komponente nicht in allen Bereichen mit derselben Wirkung aus. In der Regel ergibt sich ein besonders starker Einfluss dieser Interessen in mehr oder weniger direkter Weise verständlicherweise vor allem in den Sozialwissenschaften.[3]

Lukács hebt den Zusammenhang zwischen Erkenntnis und Parteilichkeit noch deutlicher hervor. Für ihn ergibt sich vom proletarischen Klassenstandpunkt aus die materialistische Dialektik als Wirklichkeitserkenntnis, während vom Standpunkt der Bourgeoisie und ihrer Befürwortung des Kapitalismus` aus eine unhistorische Wissenschaft resultiert.[4]

Wie Lukács ausführt, ist für das Proletariat die Erkenntnis der eigenen Klassenlage als Handlungsvoraussetzung sogar ein existentielles Bedürfnis. Indem sie eine Erkenntnis der Gesellschaft in ihrer Gesamtheit verlangt, fallen hierin Subjekt und Objekt, Selbsterkenntnis und Erkenntnis der Totalität zusammen. Diese Wirklichkeitserkenntnis ergibt sich allerdings kei-

1 MEW 2: 85, vgl. 20: 312

2 MEW 19: 192, vgl. 200, 20: 581

3 Vgl. Trotzki 1981 g: 355 f., 1981 c: 399

4 Vgl. Lukács 1983: 67 f., 88 f., 201

neswegs natürlich oder unmittelbar, sondern resultiert vielmehr aus den Erfahrungen der gesellschaftlichen Auseinandersetzungen. Der Unterschied des Proletariats zu anderen Klassen besteht weiterhin darin, «dass es bei den Einzelereignissen der Geschichte nicht stehenbleibt, von ihnen nicht bloß getrieben wird, sondern selbst das Wesen der treibenden Kräfte ausmacht und zentral handelnd auf das Zentrum des gesellschaftlichen Entwicklungsprozesses einwirkt».[1]

Während in diesem Verständnis der Bourgeoisie die von ihr entfesselten Mächte als undurchschaubar erscheinen und sie ihre gesellschaftsumwälzende Funktion nur unbewusst vollziehen kann, ergibt sich diese Funktion für das Proletariat nur aus einer bewussten, historischen und gesamtgesellschaftlichen Perspektive. «Erst mit dem Auftreten des Proletariats vollendet sich die Erkenntnis der gesellschaftlichen Wirklichkeit. Und sie vollendet sich eben, indem im Klassenstandpunkt des Proletariats der Punkt gefunden ist, von wo aus das Ganze der Gesellschaft sichtbar wird.»[2]

Und während bürgerliche Wissenschaft vom Standpunkt eines Individuums aus erfolgt, setzt Lukács dieser die Notwendigkeit des proletarischen Klassenstandpunktes entgegen: «Die Totalität des Gegenstandes kann nur dann gesetzt werden, wenn das setzende Subjekt selbst eine Totalität ist; wenn es deshalb, um sich selbst zu denken, den Gegenstand als Totalität zu denken gezwungen ist.»[3]

Eine Vernachlässigung der methodischen Implikationen dieses Standpunktes zeigt sich in letztlich weitreichenden Folgen. Selbst eine geringe gesellschaftliche Veränderung, die ihre Zusammenhänge nicht berücksichtigt, kann zu zahlreichen unbeabsichtigten Folgeerscheinungen führen. Soweit beispielsweise das soziale Ideal einer qualitativen gesellschaftlichen Veränderung in der Vergangenheit liegt, wird seine Verwirklichung schließlich lediglich zur Wiederholung der Ausgangssituation führen.[4]

Schließlich wird für Lukács die Wahrheit über die gesellschaftliche Wirklichkeit damit zu einer «siegbringenden Waffe» für das Proletariat. Und auch «weil das Proletariat sich als Klasse unmöglich befreien kann, ohne die Klassengesellschaft

---

1 Lukács 1983: 152, vgl. 87, 89 f., 267

2 Lukács 1983: 87

3 Lukács 1983: 96

4 Kautsky 1988: 581

überhaupt abzuschaffen, muß sein Bewußtsein, das letzte Klassenbewußtsein in der Geschichte der Menschheit, einerseits mit der Enthüllung des Wesens der Gesellschaft zusammenfallen, andererseits eine immer innigere Einheit von Theorie und Praxis werden.»[1]

Oder wie Marx sagt: «Die Philosophie kann sich nicht verwirklichen ohne die Aufhebung des Proletariats, das Proletariat kann sich nicht aufheben ohne die Verwirklichung der Philosophie.»[2]

Die Parteilichkeit ist für den Marxismus also nicht einfach zu verstehen als eine Konsequenz aus sozialen Erwägungen oder ethischen Prinzipien, sondern vor allem als Ausdruck eines methodisch begründeten Standpunktes mit wesentlichen erkenntnistheoretischen Folgen. Anstatt zu einer Öffnung für willkürliche Einseitigkeiten zu führen, stellt sie eine Verpflichtung zu umfassender Vielseitigkeit dar. Die marxistische Parteilichkeit versteht sich als ein vitales Bedürfnis nach einem Ausdruck eines gesamtgesellschaftlichen Interesses; sie kann sich nicht zufriedengeben mit einer vordergründigen Beschreibung verschiedener Sachverhalte, sondern strebt zur Erkenntnis des Wesens der Gesellschaft, entfaltet sich nicht aus einer bloß aktuellen Einschätzung, sondern erst im historischen Kontext und findet ihre Positionierung nicht in einer eingeschränkten Auswahl unmittelbarer gesellschaftlicher Gegebenheiten, sondern drängt zu einer gesamtgesellschaftlichen Perspektive. Sie ist damit wesentlich eine praktische Umsetzung der in den unterschiedlichen Aspekten beschriebenen materialistischen Dialektik.

---

1 Lukács 1983: 154, vgl. 151

2 MEW 1: 391

3. Marxismus und Psychologie

Wenn sich jetzt die Bemühungen zur Schaffung einer marxistischen Psychologie um eine erste Orientierung sorgen, ist es wahrscheinlich naheliegend, dazu zunächst bei Marx und Engels selbst Anknüpfungspunkte zu suchen. Die Schwierigkeit besteht hierbei allerdings darin, dass diese schlichtweg keine Psychologen waren. In ihren Schriften sind zwar zahlreiche psychologisch wesentliche Aussagen zu finden, aber das rührt vor allem daher, dass die von ihnen erforschten gesellschaftlichen Verhältnisse von Menschen gestaltet werden, die sich mit bestimmten Bedürfnissen und Motiven verhalten sowie in einem bestimmten Bewusstsein ihren Teil zur Geschichte beitragen. So weist etwa Plechanow bereits darauf hin, «daß für Marx das Problem der Geschichte in gewissem Sinne auch ein *psychologisches Problem* war».[1]

Nachdem der klassische Marxismus einerseits als allgemeine Philosophie gilt, andererseits aber auch in einzelnen Wissenschaften – wie vor allem in der politischen Ökonomie – pionierhafte Fortschritte erreichen konnte, ist es zunächst erforderlich, das Verhältnis von Marxismus und Sozialwissenschaften und speziell Psychologie etwas genauer zu erfassen. Für Colletti beispielsweise ist der Marxismus, die Grundlage der Sozialwissenschaft, bestrebt, zur Gesellschaftswissenschaft zu werden – ähnlich und vergleichbar den Naturwissenschaften.[2]

Besonders ehrgeizig streicht Lukács den sozialwissenschaftlichen Anspruch des Marxismus hervor: «Für den Marxismus gibt es ... letzten Endes keine selbständige Rechtswissenschaft, Nationalökonomie, Geschichte usw., sondern nur eine einzige, einheitliche – geschichtlich-dialektische – Wissenschaft von der Entwicklung der Gesellschaft als Totalität.»[3]

Eine demgegenüber eher zurückhaltende Position wäre etwa die von ivotić, der den Marxismus als Kritik gesellschaftlicher Wirklichkeit ausweist, nicht jedoch als allgemeine Theorie oder Methode der Wissenschaften.[4]

1 Plechanow 1957: 190

2 Colletti 1977: 26

3 Lukács 1983: 95

4 Vgl. ivotić o.J.: 52

Oder auch Egger, der die Eigenständigkeit der Psychologie explizit betont: «Der Marxismus ... selbst kann ... als philosophische, ökonomische und politische Theorie keine einzelnen (sozial-)psychologischen Aussagen, Hypothesen oder Gesetze formulieren, konstatiert aber allgemeine Zusammenhänge des Sozialen mit dem Ökonomischen. Alles andere muß Aufgabe der Einzelwissenschaft Psychologie bleiben.»[1]

Es gibt jedenfalls unterschiedliche Konzeptionen zum Verhältnis zwischen Marxismus und einzelnen Sozialwissenschaften. Dabei wird ein Weltbild, eine Gesellschaftstheorie oder Gesellschaftskritik mit einer Wissenschaftstheorie und speziellen Sozialwissenschaften in so unterschiedlichen Weisen verknüpft, dass es erstaunlich ist, welche Vielfalt sich auf derselben Grundlage ausbilden kann. Wenn bei einigen Konzeptionen der praktische Beweggrund hinter der theoretischen Bemühung auch deutlich erkennbar ist, erspart das nicht eine Orientierung an dem, was der klassische Marxismus insgesamt anzubieten hat. Um also das Verhältnis des Marxismus zur Psychologie zu erfassen, genügt es nicht, eine bestimmte Facette der marxistischen Philosophie zu betonen, die gerade zum eigenen Verständnis einer Psychologie passt, sondern ist es erforderlich, den Reichtum dieser Philosophie in ihrer Herausbildung zu erfassen und damit die verschiedenen Möglichkeiten einer Klärung dieses Verhältnisses nachzuzeichnen. Zumindest die bedeutsamsten Elemente, die in den späteren Kontroversen eine wesentliche Rolle spielen, sollen hier kurz dargestellt sein.

Marx versteht seinen Ansatz keineswegs als eine bloße Ergänzung oder Modifizierung verschiedener Philosophien. Es geht ihm um ein grundlegend neues Verständnis des Menschen zu einer radikalen Veränderung seiner Welt und damit von sich selbst. «Radikal sein ist die Sache an der Wurzel fassen. Die Wurzel für den Menschen ist aber der Mensch selbst.»[2]

Zunächst orientieren Marx und Engels ihr Menschenbild in der Auseinandersetzung mit Feuerbach am menschlichen Verhalten: «Wie die Individuen ihr Leben äußern, so sind sie. Was sie sind, fällt ... zusammen mit ihrer Produktion, sowohl damit, *was* sie produzieren, als auch damit, *wie* sie produzieren. Was die Individuen also sind, das hängt ab von den materiellen Bedingungen ihrer Produktion.»[3]

1 Egger 1987: 283, vgl. 323

2 MEW 1: 385

3 MEW 3: 21

Feuerbach erkennt zwar auch die Bedeutung des menschlichen Tuns und dass das Wesen des Menschen sich nur in dessen Gemeinschaft entfalten kann, aber er gelangt weder zu einer weitergehenden Erfassung der Bedeutung einer produktiven Tätigkeit, noch zu einer umfassenden Einbeziehung der gesellschaftlichen Dimension.[1]

In umfassenderer Form beschreibt Marx im Unterschied zu Feuerbach den Menschen auch als ein gesellschaftliches Wesen. «Der Mensch, das ist die Welt des Menschen, Staat, Sozietät.»[2] Mit anderen Worten: «Das menschliche Wesen ist kein dem einzelnen Individuum innewohnendes Abstraktum. In seiner Wirklichkeit ist es das ensemble der gesellschaftlichen Verhältnisse.»[3]

Mit dieser Betonung der produktiven Tätigkeit in der Gesellschaft ergeben sich ausgesprochen weit reichende Auswirkungen auf das Verständnis des Menschen. Selbst die Grundlagen, die der Mensch für seine gesellschaftlichen Produktionen benötigt und die ihn zu dieser Äußerung geführt haben, erfahren schließlich von hier aus eine bestimmende Ausrichtung.

3.1 Zur Rolle der Bedürfnisse

Die wesentlichste Grundlage für das, was ein Mensch macht, ist zunächst das, was er braucht und was er will. Ohne Bedürfnis wird er aus sich heraus keinen Bedarf zur Tat entwickeln. Und einen wesentlichen Bezug auf die Bedürfnisse des Menschen finden Marx und Engels bei Feuerbach, der diese deutlich in den Vordergrund stellt und eine entsprechende Berücksichtigung in der Philosophie verlangt. «Nur *die* Veränderung der Philosophie kann die notwendige, die wahre sein, die dem Bedürfnis der Zeit, der Menschheit entspricht.»[4]

Damit wird ihm letztlich das Bedürfnis das Kriterium seiner Weltanschauung. Seine Begründung dafür ist auch durchaus existenziell: «Nur das *notleidende* Wesen ist das *notwendige* Wesen. *Bedürfnislose* Existenz ist *überflüssige* Existenz. Was frei ist von Bedürfnissen überhaupt, hat auch kein Bedürfnis der Existenz.»[5]

---

1 Vgl. Feuerbach 1985 b: 116, 156

2 MEW 1: 378

3 MEW 3: 6

4 Feuerbach 1985 c: 75

5 Feuerbach 1985 d: 90

Es sind für Feuerbach also die Bedürfnisse, die für unsere Existenz sorgen und unsere Anschauungen sinnlich begründen lassen. Als sinnliche Wesen benötigen wir für unsere Existenz immerhin Dinge außer uns, nicht jedoch als denkende Wesen. Für unsere Atmung brauchen wir Luft, zum Sehen Licht, zum Essen und Trinken pflanzliche und tierische Stoffe. Zum Denken benötigen wir aber nichts unmittelbar. Somit beschreibt er die erforderliche Philosophie nicht einfach als eine Gedankenwelt, sondern auch als sinnliche Anschauung, d.h. als bestimmt von Kopf und Herz des Menschen. «Die wesentlichen Werkzeuge, Organe der Philosophie sind der *Kopf*, die Quelle der Aktivität, der Freiheit, der metaphysischen Unendlichkeit, des Idealismus, und das *Herz*, die Quelle der Leiden, der Endlichkeit, des Bedürfnisses, des Sensualismus – theoretisch ausgedrückt: *Denken* und An*schauung*; denn das *Denken* ist das *Bedürfnis* des *Kopfes*; die *Anschauung*, der *Sinn*, das *Bedürfnis* des *Herzens*.»[1]

Arbeitsteilig wirken Kopf und Herz zusammen, aber das Herz bildet die Grundlage. «Das Herz revolutioniert, der Kopf reformiert; der Kopf bringt die Dinge zustande, das Herz in Bewegung. Aber nur wo Bewegung, Wallung, Leidenschaft, Blut, Sinnlichkeit, da ist auch Geist.»[2]

Ihre unterschiedlichen Eigenschaften und Fähigkeiten finden schließlich zu einer Einheit im gemeinsamen Gegenstand. «Die der *Wahrheit gemäße Einheit von Kopf und Herz* besteht nicht in der Auslöschung oder Vertuschung ihrer Differenz, sondern vielmehr nur darin, daß der *wesentliche Gegenstand des Herzens* auch der *wesentliche Gegenstand* des Kopfes ist – also nur in der Identität des *Gegenstandes*.»[3]

In der Frage der Bedeutung der Bedürfnisse und Gedanken für die menschliche Tätigkeit schätzt in der Folge auch Engels letztere keineswegs als entscheidender ein. Er meint sogar, dass eine idealistische Weltanschauung dadurch entsteht, dass die Menschen «ihr Tun aus ihrem Denken ... erklären statt aus ihren Bedürfnissen ...»[4]

Indem die Bedürfnisse in bestimmender Weise auf die Gedanken einwirken, geben sie ihnen letztendlich auch einen Rahmen vor. So stellt Marx fest: «Die Theorie wird in einem Vol-

1 Feuerbach 1985 d: 91, vgl. 1985 b: 103

2 Feuerbach 1985 d: 92

3 Feuerbach 1985 b: 156

4 MEW 20: 451

ke immer nur so weit verwirklicht, als sie die Verwirklichung seiner Bedürfnisse ist.»[1]

Eine gesellschaftliche Veränderung benötigt damit nicht nur eine Veränderung im Bewusstsein, sondern setzt gewissermaßen auch einen entschiedenen Ausdruck bzw. eine Veränderung der Bedürfnisse voraus. «Eine radikale Revolution kann nur die Revolution radikaler Bedürfnisse sein ...»[2]

Mit der Berücksichtigung der Veränderung der Bedürfnisse im Zuge der gesellschaftlichen Entwicklung gelangen Marx und Engels zu einem umfassenderen Verständnis der menschlichen Geschichte: Die erste Voraussetzung menschlicher Existenz ist, «daß die Menschen imstande sein müssen zu leben, um ‹Geschichte machen› zu können. Zum Leben aber gehört vor allem Essen und Trinken, Wohnung, Kleidung und noch einiges Andere. Die erste geschichtliche Tat ist also die Erzeugung der Mittel zur Befriedigung dieser Bedürfnisse, die Produktion des materiellen Lebens selbst ...»[3]

Die Erhaltung des eigenen Lebens durch die Befriedigung unmittelbarer Bedürfnisse ist also Voraussetzung für die menschliche Geschichte. Indem die Menschen diese Bedürfnisse befriedigen, entstehen durch die Aktion der Befriedigung und das erworbene Instrument der Befriedigung neue Bedürfnisse. Und schließlich kommt noch hinzu, «daß die Menschen, die ihr eignes Leben täglich neu machen, anfangen, andre Menschen zu machen, sich fortzupflanzen ...».[4]

Die menschlichen Bedürfnisse sind also einerseits grundlegend, andererseits auch veränderbar, sie fordern den Erhalt des individuellen Lebens und sorgen für das Überleben der Gattung und schließlich vermitteln sie eine natürliche Notwendigkeit unter gesellschaftlichen Bedingungen. «Die Produktion des Lebens, sowohl des eignen in der Arbeit wie des fremden in der Zeugung, erscheint nun schon sogleich als ein doppeltes Verhältnis – einerseits als natürliches, andrerseits als gesellschaftliches Verhältnis –, gesellschaftlich in dem Sinne, als hierunter das Zusammenwirken mehrerer Individuen, ..., verstanden wird.»[5]

Die unterschiedliche Ausformung und Entwicklung der Bedürfnisse findet bei Marx stets Berücksichtigung: «Die natürli-

1 MEW 1: 386
2 MEW 1: 387
3 MEW 3: 28
4 MEW 3: 29, vgl. 28 f., 21: 283
5 MEW 3: 29 f., vgl. 31

chen Bedürfnisse selbst, wie Nahrung, Kleidung, Heizung, Wohnung usw., sind verschieden je nach den klimatischen und anderen natürlichen Eigentümlichkeiten eines Landes. Andrerseits ist der Umfang sog. notwendiger Bedürfnisse, wie die Art ihrer Befriedigung, selbst ein historisches Produkt und hängt daher großenteils von der Kulturstufe eines Landes ... ab, ...»[1]

Im Unterschied zu den Bedürfnissen bei Tieren weisen die menschlichen Bedürfnisse das Gepräge ihrer gesellschaftlichen Geschichte auf. Entsprechend der gesellschaftlichen Bedingungen formen sich die Bedürfnisse der Menschen aus und stellen wiederum einen spezifischen Bedarf nach Befriedigung dar. «Die verschiedene Gestaltung des materiellen Lebens ist ... jedesmal abhängig von den schon entwickelten Bedürfnissen, und sowohl die Erzeugung wie die Befriedigung dieser Bedürfnisse ist selbst ein historischer Prozeß, der sich bei keinem Schafe oder Hunde findet ..., obwohl Schafe und Hunde in ihrer jetzigen Gestalt allerdings, ..., Produkte eines historischen Prozesses sind.»[2]

Somit ergibt sich ein Geschichtsbild, in dem nicht nur das Bewusstsein der Menschen in einem gesellschaftlichen und historischen Prozess zu verstehen ist, sondern alles, was sie als ihr Bedürfnis feststellen. Von den moralischen Ansprüchen bis zu den einfachsten Bedürfnissen ist alles einem laufenden Wechsel unterworfen.[3]

Als allgemeinerer Trend zeichnet sich dabei ab, dass während im Zuge der gesellschaftlichen Arbeitsteilung die Arbeiten einseitiger werden, die Bedürfnisse sich vervielfältigen. Diese Vervielfältigung ist allerdings keineswegs als ein einfacher Zuwachs zu verstehen. Vielmehr findet hierbei eine Zu- und Abnahme statt, bilden sich neue Kreationen und breiten sich Entfremdungen aus. Bedürfnisse und die Mittel ihrer Befriedigung werden einerseits raffiniert, andererseits vereinfacht und verwildert. «Und wie die Industrie auf die Verfeinerung der Bedürfnisse, ebensosehr spekuliert sie auf ihre Roheit, aber auf ihre künstlich hervorgebrachte Roheit, deren wahrer Genuss daher die Selbstbetäubung ist, diese scheinbare Befriedigung des Bedürfnisses, diese Zivilisation innerhalb der rohen Barbarei des Bedürfnisses.»[4]

1 MEW 23: 185
2 MEW 3: 71
3 Vgl. MEW 21: 300, Plechanow 1957: 203 f.
4 MEW EB I: 552, vgl. 548, 23: 120

Indem die Bedürfnisse sich nicht nur auf die Individuen beziehen, sondern auch auf eine soziale Dimension bezogen sind, geht es in ihrer Ausrichtung nicht nur um die eigene Befriedigung, sondern auch um die Beeinflussung der Bestrebungen anderer. Wie dies aus ökonomischen Beweggründen geschehen kann, beschreibt Marx als eine Erscheinung einer auf Privateigentum basierenden Wirtschaft. In dieser spekuliert jeder Mensch «darauf, dem andern ein *neues* Bedürfnis zu schaffen, um ihn zu einem neuen Opfer zu zwingen, um ihn in eine neue Abhängigkeit zu versetzen und ihn zu einer neuen Weise des *Genusses* und damit des ökonomischen Ruins zu verleiten. Jeder sucht eine *fremde* Wesenskraft über den andern zu schaffen, um darin die Befriedigung seines eigennützigen Bedürfnisses zu finden. Mit der Masse der Gegenstände wächst daher das Reich der fremden Wesen, denen der Mensch unterjocht ist, und jedes neue Produkt ist eine neue *Potenz* des wechselseitigen Betrugs und der wechselseitigen Ausplünderung.»[1]

Wie hierin aus dem geschaffenen Bedürfnis die Möglichkeit der Unterdrückung und Ausbeutung resultiert, die sich letztlich in einer Arbeit für die Befriedigung des Bedürfnisses eines anderen manifestiert, so stellt Marx die Möglichkeiten einer kommunistischen Gesellschaft so dar, dass die Arbeit dort mehr als ein Mittel zum Leben werden kann, nämlich «das erste Lebensbedürfnis». Schließlich kann erst dort gelten: «Jeder nach seinen Fähigkeiten, jedem nach seinen Bedürfnissen!»[2]

Über solche Überlegungen hinaus entwickeln Marx und Engels allerdings keine explizite Theorie der Bedürfnisse. In ihrer Auseinandersetzung mit Stirner gelangen sie zunächst zu einer Einteilung der Begierden: jene, die unter allen gesellschaftlichen Verhältnissen existieren und bei denen nur die Form und Richtung einer Veränderung unterliegen und jene, die nur aus besonderen gesellschaftlichen Verhältnissen entstehen. Welche sich auflösen können und welche sich verändern, ist dabei vor allem eine praktische Frage. Diese Überlegung streichen sie aber später wieder aus dem Manuskript.[3]

Ebenso streichen sie später eine Überlegung zu einer historischen und klassenspezifischen Ausrichtung von Genüssen: demnach habe jeder Stand im Mittelalter seine eigenen Genüsse und besondere Form des Genießens gehabt. Der Adel sei der

1 MEW EB I: 546 f.

2 MEW 19: 21

3 Vgl. MEW 3: 238 f.

zum Genießen privilegierte Stand gewesen, für die Bourgeoisie sei das Genießen der Arbeit untergeordnet gewesen und die Leibeigenen durften sich nur noch der Arbeit widmen und lediglich nach zufälligen Umständen wie der Laune ihrer Herren genießen. Im bürgerlichen Zeitalter wiederum haben die Genüsse ihre Form entsprechend der Klassen. Die Genüsse der Bourgeoisie wurden dem Gelderwerb untergeordnet und erhielten ein langweiliges Gepräge. Die Genüsse des Proletariats hingegen, deren Bedürfnis durch die lange Arbeitszeit sich zusätzlich steigerte, wurden durch die eingeschränkten Befriedigungsmöglichkeiten brutal. Gemeinsames Merkmal dieser Genüsse ist, dass sie stets von der gesamten Lebenstätigkeit getrennt waren.[1]

Dass Marx und Engels sich mit solchen Reflexionen beschäftigen, zeigt ihr prinzipielles Interesse für diese Thematik. Dass sie diese schließlich aber nicht aufrechterhalten, liegt wahrscheinlich daran, dass sie sich nicht als berufen zur Ausarbeitung einer Bedürfnis- oder Triebtheorie verstehen und die Komplexität des Themas zu viel wissenschaftliche Ressourcen beansprucht hätte, die sie anderen Schwerpunkten widmen.

Bei Feuerbach erfahren sie noch einen ganz entscheidenden Bezug zum Triebleben. Dieser räumt dem Trieb sogar eine durchaus vorteilhafte Stellung gegenüber dem Gedanken ein: «Was der Denker in der Erkenntnis vor dem Bewußtsein hat, das hat der praktische Mensch in seinem Triebe.»[2]

Und selbst Hegel zeigt hierfür ein vertieftes Verständnis. Der Trieb als innere und eigentliche Selbstbewegung ist für ihn «nichts anderes, als daß Etwas *in sich selbst* und der Mangel, *das Negative seiner selbst,* in einer und derselben Rücksicht ist».[3]

Eine hiervon ausgehende Anknüpfung und Weiterführung bleibt im Großen und Ganzen aus. Allgemein versteht Marx den Menschen als leidenschaftliches Wesen und spricht triebtheoretisch ausgedrückt auch von einem «Selbsterhaltungs- und Fortpflanzungstrieb». Soweit er «Triebkonflikte» beschreibt, bezieht er sich auf Ausdrücke ökonomischer Funktionszusammenhänge, wie etwa im Falle des Konfliktes zwischen Genuss- und Bereicherungstrieb.[4]

---

1 Vgl. MEW 3: 403 f.

2 Feuerbach 1985 c: 79

3 Hegel 1983 b: 76

4 Vgl. MEW 23: 598, 620–622, EB I: 579

Geschichtlich gesehen geht es sozusagen weniger um die in den Individuen wirksamen Triebkräfte, sondern vielmehr um die letztlich treibenden Kräfte im gesellschaftlichen Maßstab. Insofern sucht Engels etwa bei den ideellen Triebkräften nach deren bewegenden Ursachen: «Wenn es ... darauf ankommt, die treibenden Mächte zu erforschen, die – bewußt oder unbewußt, und zwar sehr häufig unbewußt – hinter den Beweggründen der geschichtlich handelnden Menschen stehn und die eigentlichen letzten Triebkräfte der Geschichte ausmachen, so kann es sich nicht so sehr um die Beweggründe bei einzelnen, wenn auch noch so hervorragenden Menschen handeln, als um diejenigen, welche große Massen, ganze Völker und in jedem Volk wieder ganze Volksklassen in Bewegung setzen; und auch dies ... zu dauernder, in einer großen geschichtlichen Veränderung auslaufenden Aktion.»[1]

Eine exemplarische Kritik an einem angeborenen und als bestimmende Kraft verstandenen Trieb übt Engels am «Glückseligkeitstrieb» von Feuerbach. Für den Marxismus ist die menschliche Geschichte nicht bestimmt von fixen inneren Kräften mit einer unveränderlichen Entwicklungsrichtung, sondern vor allem von äußerlich wirksamen Kräften, die aus der Tätigkeit der Menschen resultieren. Insofern resümiert Plechanow: «... wie man seit Darwin nicht mehr nötig hat, auf die ‹angeborene Tendenz› der Organismen zum ‹Fortschritt› ... zurückzugreifen, um die Entwicklung der Arten zu erklären, so brauchen wir uns jetzt in der Sozialwissenschaft nicht mehr an mystische ‹Tendenzen› des ‹menschlichen Geistes› zu wenden, um uns von seinen ‹Fortschritten› Rechenschaft zu geben. *Die Art der Menschen, zu leben, genügt uns, um ihre Art, zu fühlen und zu denken, zu erklären.*»[2]

In der Auseinandersetzung mit dem anthropologischen Ausgangspunkt von Feuerbach entwickeln Marx und Engels also eine theoretische Konzeption, in der die Einflüsse des ökonomischen Geschehens größere Berücksichtigung finden. Die menschlichen Bedürfnisse begreifen sie als natürliche Notwendigkeiten, die einer gesellschaftlichen Wandlung unterliegen und deren Bestrebungen von der grundlegenden Erhaltung des menschlichen Lebens bis hin zur Befriedigung spezieller und kurzlebiger Begierden reichen.

Innerhalb seiner Ausführungen zur politischen Ökonomie bezieht sich Marx dann weniger auf das allgemeine Verhältnis

1 MEW 21: 298

2 Plechanow 157: 179, vgl. 186, MEW 21: 288

zwischen den Bedürfnissen und den gesellschaftlichen Tätigkeiten der Menschen, sondern vielmehr auf das besondere Verhältnis von Produktion und Konsumtion, bei dem er auch die Entfaltungsmöglichkeiten der Dialektik aufzeigt.

Er zeigt hierbei zunächst die unmittelbare Identität von Produktion und Konsumtion. So ist die Produktion eine Konsumtion von Lebenskräften, Produktionsmitteln und Rohstoffen und beispielsweise der Konsum von Nahrung eine Produktion des eigenen Leibes. Zwischen Produktion und Konsumtion bildet sich nun eine wechselseitige Vermittlung. «Die Produktion vermittelt die Konsumtion, deren Material sie schafft, der ohne sie der Gegenstand fehlte. Aber die Konsumtion vermittelt auch die Produktion, indem sie den Produkten erst das Subjekt schafft, für das sie Produkte sind.»[1]

Produktion und Konsumtion bedingen und schaffen einander. Die Konsumtion schafft die Produktion einerseits, indem erst durch den Konsum eines Produktes dieses sich als wirkliches Produkt erweist. Um Produkt zu sein, genügt es nämlich nicht, versachlichte Tätigkeit zu sein. Vielmehr muss es zum Gegenstand für das tätige Subjekt werden. Erst sein Bedürfnis gibt Anstoß zur Produktion. Und andererseits schafft die Konsumtion die Produktion dadurch, dass sie ein Bedürfnis nach neuer Produktion hervorruft. Dadurch erzeugt sie ihren innerlich treibenden Grund als Voraussetzung selbst. «Die Konsumtion schafft den Trieb der Produktion; sie schafft auch den Gegenstand, der als zweckbestimmend in der Produktion tätig ist.»[2]

Die Produktion wiederum liefert der Konsumtion das Material. Erst durch einen konsumierbaren Gegenstand entsteht eine Konsumtion. Die Produktion schafft aber auch die Konsumtion durch ihre Bestimmtheit, wodurch die Konsumtion in einer bestimmten Art und Weise geschehen muss. «Hunger ist Hunger, aber Hunger, der sich durch gekochtes, durch Gabel und Messer gegeßnes Fleisch befriedigt, ist ein andrer Hunger, als der durch rohes Fleisch mit Hilfe von Hand, Nagel und Zahn verschlingt. Nicht nur der Gegenstand der Konsumtion, sondern auch die Weise der Konsumtion wird daher durch die Produktion produziert, nicht nur objektiv, sondern auch subjektiv. Die Produktion schafft also den Konsumenten.»[3]

1 MEW 13: 623, vgl. 622 f.

2 MEW 13: 623, vgl. Lenin 1981 b: 204

3 MEW 13: 624, vgl. 623 f.

Die Konsumtion wird schließlich zu einem gegenständlich vermittelten Trieb, sobald sie aus ihrer unmittelbaren Naturrohheit heraustritt. Und die Produktion wiederum liefert nicht nur das einem Bedürfnis entsprechende Material, sondern bestimmt auch die Art der Konsumtion und erzeugt auch von sich aus Bedürfnisse als Trieb der Konsumtion. «Die Produktion produziert daher nicht nur einen Gegenstand für das Subjekt, sondern auch ein Subjekt für den Gegenstand.»[1]

Worin liegt in diesem sich wechselseitig bedingenden Verhältnis die letztlich bestimmende Seite? Marx findet sie schließlich in der Produktion. «Das Wichtigste ist hier nur hervorgehoben, daß betrachte man Produktion und Konsumtion als Tätigkeiten eines Subjekts oder einzelner Individuen, sie jedenfalls als Momente eines Prozesses erscheinen, worin die Produktion der wirkliche Ausgangspunkt und darum auch das übergreifende Moment ist. Die Konsumtion als Notdurft, als Bedürfnis ist selbst ein innres Moment der produktiven Tätigkeit.»[2]

So treibt also das Bedürfnis zur Tat, aber die Betätigung bestimmt letztlich die Befriedigungsmöglichkeiten. Im Wesentlichen ist es die gesellschaftliche Produktion, von der die entscheidenden Veränderungen ausgehen, die eine Spannbreite von den Bedürfnissen bis zu den Ideologien umfassen. Engels bemerkt zusammenfassend, «daß die Menschen vor allen Dingen zuerst essen, trinken, wohnen und sich kleiden müssen, ehe sie Politik, Wissenschaft, Kunst, Religion usw. treiben können; daß also die Produktion der unmittelbaren materiellen Lebensmittel und damit die jedesmalige ökonomische Entwicklungsstufe eines Volkes oder eines Zeitabschnitts die Grundlage bildet, aus der sich die Staatseinrichtungen, die Rechtsanschauungen, die Kunst und selbst die religiösen Vorstellungen der betreffenden Menschen entwickelt haben, und aus der sie daher auch erklärt werden müssen – nicht, wie bisher geschehen, umgekehrt».[3]

3.2 Zur Rolle der Personen

So wie Marx und Engels keine Bedürfnistheorie entwickeln, arbeiten sie auch insgesamt keine eigene Persönlichkeitstheorie aus. Soweit in den politisch-ökonomischen Schriften bei Marx Personen in ihrem gesellschaftlichen Verhalten erfasst werden,

1 MEW 13: 624

2 MEW 13: 625

3 MEW 19: 345 f.

gelten diese vor allem als Darsteller ökonomischer Interessen. «Die Gestalten von Kapitalist und Grundeigentümer zeichne ich keineswegs in rosigem Licht. Aber es handelt sich hier um die Personen nur, soweit sie die Personifikation ökonomischer Kategorien sind, Träger von bestimmten Klassenverhältnissen und Interessen.»[1]

Marx spricht hierin somit von Personen als «Personifikationen ökonomischer Verhältnisse» und von «ökonomischen Charaktermasken», die eine bestimmte Rolle im Wirtschaftsgefüge einnehmen. So ist auch beispielsweise der Kapitalist vor allem Träger spezifischer ökonomischer Funktionen. «Die ökonomische Charaktermaske des Kapitalisten hängt nur dadurch an einem Menschen fest, daß sein Geld fortwährend als Kapital funktioniert.»[2]

Diese Funktion des Geldes als Kapital scheidet beispielsweise seinen Besitzer als Kapitalisten gegenüber dem Schatzbildner. Indem ein Geldbesitzer kauft, um zu verkaufen, und damit bewusst die Zirkulation des Geldes beabsichtigt, wird er zum Kapitalisten. «Seine Person oder vielmehr seine Tasche, ist der Ausgangspunkt und der Rückkehrpunkt des Geldes. Der objektive Inhalt jener Zirkulation – die Verwertung des Werts –ist sein subjektiver Zweck, und nur soweit wachsende Aneignung des abstrakten Reichtums das allein treibende Motiv seiner Operationen, funktioniert er als Kapitalist oder personifiziertes, mit Willen und Bewußtsein begabtes Kapital. Der Gebrauchswert ist also nie als unmittelbarer Zweck des Kapitalisten zu behandeln. Auch nicht der einzelne Gewinn, sondern nur die rastlose Bewegung des Gewinnens. Dieser absolute Bereicherungstrieb, diese leidenschaftliche Jagd auf den Wert ist dem Kapitalisten und dem Schatzbildner gemein, aber während der Schatzbildner nur der verrückte Kapitalist, ist der Kapitalist der rationelle Schatzbildner. Die rastlose Vermehrung des Werts, die der Schatzbildner anstrebt, indem er das Geld vor der Zirkulation zu retten sucht, erreicht der klügere Kapitalist, indem er es stets von neuem der Zirkulation preisgibt.»[3]

Der Kapitalist stellt somit eine Personifizierung einer ökonomischen Funktion dar. Und «soweit der Kapitalist personifiziertes Kapital ist, ... sind ... nicht Gebrauchswert und Genuß, sondern Tauschwert und dessen Vermehrung sein treibendes Mo-

1 MEW 23: 16
2 MEW 23: 591, vgl. 100
3 MEW 23: 167 f., vgl. 147, 149 f., 615 ff.

tiv. Als Fanatiker der Verwertung des Werts zwingt er rücksichtslos die Menschheit zur Produktion um der Produktion willen, ... Nur als Personifikation des Kapitals ist der Kapitalist respektabel. Als solche teilt er mit dem Schatzbildner den absoluten Bereicherungstrieb. Was aber bei diesem als individuelle Manie erscheint, ist beim Kapitalisten Wirkung des gesellschaftlichen Mechanismus, worin er nur ein Triebrad ist.»[1]

Obwohl hier Personen bloß als Ausdruck ökonomischer Mechanismen fungieren, wird damit deutlicher, welche Bedeutung diese Mechanismen auf die Gestaltung der unterschiedlichen Personifizierungen haben. Dabei ist beispielsweise die Charaktermaske des Kapitalisten keineswegs als fixe Personifizierung mit bestimmten unveränderlichen Eigenschaften zu verstehen. Vielmehr unterliegt sie selbst auch wesentlichen gesellschaftlichen Veränderungen. So beschreibt Marx beispielsweise die Änderung der Charaktermaske des Kapitalisten im Zusammenhang mit der Entstehung eines Konfliktes zwischen «Genuß- und Bereicherungstrieb»: «In den historischen Anfängen der kapitalistischen Produktionsweise – und jeder kapitalistische Parvenü macht dieses historische Stadium durch – herrschen Bereicherungstrieb und Geiz als absolute Leidenschaften vor. Aber der Fortschritt der kapitalistischen Produktion schafft nicht nur eine Welt von Genüssen. Er öffnet mit der Spekulation und dem Kreditwesen tausend Quellen plötzlicher Bereicherung. Auf einer gewissen Entwicklungshöhe wird ein konventioneller Grad von Verschwendung, die zugleich Schaustellung des Reichtums und daher Kreditmittel ist, sogar zu einer Geschäftsnotwendigkeit des ‹unglücklichen› Kapitalisten. Der Luxus geht in die Repräsentationskosten des Kapitals ein.»[2]

In einer weiteren Perspektive beschreibt Engels die Personifizierung auch im Rahmen der Ideologiebildung. So beschreibt er etwa einen «Personifikationstrieb», der als allgemein notwendige Durchgangsstufe Götter produziert.[3]

Soweit jedenfalls die jeweilige Charaktermaske zu einem Persönlichkeitsmerkmal wird, die Personifizierung gewissermaßen die Persönlichkeit bestimmt, bildet sie eine historisch und sozial bedingte Ausbildung bedeutender Aspekte von Persönlichkeiten. Darum hat Plechanow Recht, wenn er meint: «Die in

1 MEW 23: 618
2 MEW 23: 620
3 Vgl. MEW 20: 582

der Vorstellung einer Klasse ‹herrschende Persönlichkeit› ist ... weit entfernt, in der einer anderen zu herrschen; ...»[1]

Die Darstellung der Personifizierungen ökonomischer Funktionen im klassischen Marxismus stellt also keineswegs eine Persönlichkeitstheorie dar, aber sie zeigt die Bedeutung ökonomischer Funktionszusammenhänge für die jeweilige Bevorzugung in der Ausbildung und praktischen Nutzung spezifischer Persönlichkeitsmerkmale.

3.3 Mensch und Natur

Zu einer Vorstellung des marxistischen Menschenbildes gehört schließlich noch eine Skizzierung des im Marxismus erfassten Verhältnisses des Menschen zur Natur. Inwiefern gilt hierin der Mensch als Teil der Natur oder als ihr Gegensatz?

Bei Feuerbach finden Marx und Engels hierzu eine Position, in der die Natur zur Grundlage und notwendigem Bestandteil des Zieles seiner Philosophie erklärt wird. Dabei geht er schlichtweg von einer Einheit von Mensch und Natur aus und beschreibt die Natur als «Grund des Menschen» und Grundlage jeder Wissenschaft. «Alle Wissenschaften müssen sich auf die *Natur* gründen. Eine Lehre ist so lange nur eine *Hypothese*, solange nicht ihre *natürliche Basis* gefunden ist.»[2]

Sein Ziel ist schließlich eine universelle Anthropologie: «Die neue Philosophie macht den *Menschen* mit *Einschluß der Natur*, als der Basis des Menschen, zum *alleinigen*, *universalen* und *höchsten Gegenstand* der Philosophie – die *Anthropologie* also, *mit Einschluß der Physiologie*, zur *Universalwissenschaft*.»[3]

Die Natur gilt hierin also als die Grundlage des Menschen und das Kriterium aller Wissenschaften. Und eine physiologisch orientierte Anthropologie soll eine alles andere bestimmende Philosophie werden.

Gegenüber diesem an leiblich ausgebildeten Eigenschaften des Menschen orientierten Standpunkt gelangt Marx durch die Einbeziehung gesellschaftlicher Gegebenheiten und speziell der ökonomischen Verhältnisse zu einer prinzipiell anderen Sichtweise. Er erfasst nämlich die Industrie als wirkliches Verhältnis zwischen Mensch und Natur und beschreibt diese gewissermaßen als «exoterische Enthüllung der menschlichen Wesens-

1 Plechanow 1957: 192

2 Feuerbach 1985 d: 98, vgl. 95f.

3 Feuerbach 1985 b: 155

kräfte»: «Man sieht, wie die Geschichte der *Industrie* und das gewordne *gegenständliche* Dasein der Industrie das *aufgeschlagne* Buch der *menschlichen Wesenskräfte*, die sinnlich vorliegende menschliche *Psychologie* ist, die bisher nicht in ihrem Zusammenhang mit dem *Wesen* des Menschen, sondern immer nur in einer äußern Nützlichkeitsbeziehung gefaßt wurde ...»[1]

Und weiter: «Eine Psychologie, für welche dies Buch, also grade der sinnlich gegenwärtigste, zugänglichste Teil der Geschichte zugeschlagen ist, kann nicht zur wirklichen inhaltsvollen und reellen Wissenschaft werden.»[2]

In dieser pointiert ausgedrückten Sichtweise, in der in metaphorischer Weise eine Psychologie vorgestellt wird, wird der Gegensatz zu Feuerbach besonders deutlich. Während Feuerbach sich auf den leiblichen Menschen konzentriert und diesen an natürlichen Maßstäben misst, richtet sich das Augenmerk von Marx auf die durch die menschliche Tätigkeit geschaffene Welt und erforscht das Wesen des Menschen aus dieser Perspektive.

Dieser Gegensatz wirkt sich freilich auch auf die Unterscheidung von Mensch und Tier aus. Der Mensch ist für Feuerbach allgemein ein universelles, uneingeschränktes und freies Wesen. Dieser unterscheidet sich nicht nur durch das Denken vom Tier, sondern vielmehr durch sein ganzes Wesen, dessen notwendige Folge und Eigenschaft das Denken ist.[3]

Durch die Bezugnahme des Denkens des Menschen zu seiner gesellschaftlichen Tätigkeit kann Marx diese Unterscheidung weiter präzisieren. So beschreibt er die Rolle des Bewusstseins in der Unterscheidung von Mensch und Tier beispielsweise folgendermaßen: «Was ... von vornherein den schlechtesten Baumeister vor der besten Biene auszeichnet, ist, daß er die Zelle in seinem Kopf gebaut hat, bevor er sie in Wachs baut. Am Ende des Arbeitsprozesses kommt ein Resultat heraus, das beim Beginn desselben schon in der Vorstellung des Arbeiters, also schon ideell vorhanden war.»[4]

Für Engels ist der Mensch zwar auch ein Bestandteil der Natur, allerdings «das Wirbeltier, in dem die Natur das Bewußtsein ihrer selbst erlangt». Dadurch deutet sich ein wesentlicher Unterschied an. Es «erweist sich die Entwicklungsgeschichte der Gesellschaft in einem Punkt als wesentlich verschiedenartig

---

1 MEW EB I: 542, vgl. 543

2 MEW EB I: 543

3 Vgl. Feuerbach 1985 b: 154 f.

4 MEW 23: 193

von der der Natur. In der Natur sind es – soweit wir die Rückwirkung der Menschen auf die Natur außer acht lassen – lauter bewußtlose blinde Agenzien, die aufeinander einwirken und in deren Wechselspiel das allgemeine Gesetz zur Geltung kommt. Von allem, was geschieht – ... –, geschieht nichts als gewollter bewußter Zweck. Dagegen in der Geschichte der Gesellschaft sind die Handelnden lauter mit Bewußtsein begabte, mit Überlegung oder Leidenschaft handelnde, auf bestimmte Zwecke hinarbeitende Menschen; nichts geschieht ohne bewußte Absicht, ohne gewolltes Ziel.»[1]

Engels führt das allgemeiner aus, indem er die Unterscheidung des Menschen von den Tieren als einen Prozess beschreibt, in dem die bewussten Handlungen zunehmen. Je mehr die Menschen sich also «vom Tier entfernen, desto mehr nimmt ihre Einwirkung auf die Natur den Charakter vorbedachter, planmäßiger, auf bestimmte, vorher bekannte Ziele gerichtete Handlung an».[2]

Diesen Entwicklungsprozess versteht er keineswegs als ursprüngliche Auswirkung gedanklicher Bemühungen. Vielmehr geht es hierbei um eine zunehmende Fähigkeit, aus der produktiven Tätigkeit heraus Verbesserungen zu entwickeln. Die Mittel zur Beseitigung von Schwierigkeiten und Lösung von entdeckten Problemen müssen also vorhanden sein. «Diese Mittel sind nicht etwa aus dem Kopfe zu *erfinden*, sondern vermittelst des Kopfes in den vorliegenden materiellen Tatsachen der Produktion zu *entdecken*.»[3]

Insofern ist das Bewusstsein zwar eine Voraussetzung für das menschliche Sein, wird aber selbst durch dieses Sein bestimmt. «Alles, was die Menschen in Bewegung setzt, muß durch ihren Kopf hindurch; aber welche Gestalt es in diesem Kopf annimmt, hängt sehr von den Umständen ab.»[4]

Eine Reduzierung des Unterscheidungsmerkmales auf die gedankliche Tätigkeit müsste das Denken auf eine besondere Form einschränken, die lediglich für Menschen möglich ist. Vielfältige Verstandestätigkeiten sieht Engels durchaus bei verschiedenen Tieren als vorhanden. Was er aber letztlich nur möglich für Menschen hält, ist so etwas wie ein dialektisches Denken.[5]

---

1 MEW 21: 296, vgl. 20: 322 f., 504
2 MEW 20: 451
3 MEW 19: 210
4 MEW 21: 298
5 Vgl. MEW 20: 491

Anstatt sich aber mit den Unterschieden in speziellen Denkformen auseinanderzusetzen, rücken Marx und Engels die gesellschaftliche Tätigkeit in den Mittelpunkt ihres Interesses und gelangen damit zu einer grundlegenden Würdigung der Arbeit für die Konstituierung und Auszeichnung des Menschen. Marx beschreibt den Unterschied in der produktiven Tätigkeit als grundlegende Verschiedenheit zwischen Mensch und Tier. Das Tier «produziert einseitig, während der Mensch universell produziert; es produziert nur unter der Herrschaft des unmittelbar physischen Bedürfnisses, während der Mensch selbst frei vom physischen Bedürfnis produziert und erst wahrhaft produziert in der Freiheit von demselben; es produziert nur sich selbst, während der Mensch die ganze Natur reproduziert; sein Produkt gehört unmittelbar zu seinem physischen Leib, während der Mensch frei seinem Produkt gegenübertritt.»[1]

Engels streicht die Bedeutung der Arbeit bereits in der Menschwerdung hervor. «Die Arbeit ... ist die erste Grundbedingung alles menschlichen Lebens, und zwar in einem solchen Grade, daß wir in gewissem Sinn sagen müssen: Sie hat den Menschen selbst geschaffen.»[2]

Die Entwicklungsgeschichte der Arbeit ist für Engels schließlich aber der «Schlüssel zum Verständnis der gesamten Geschichte der Gesellschaft». Mit der Arbeit erreicht der Mensch einen gegenüber dem Tier grundlegend anderen Bezug zur Natur: «Das Tier *benutzt* die äußere Natur bloß und bringt Änderungen in ihr einfach durch seine Anwesenheit zustande; der Mensch macht sie durch seine Änderungen seinen Zwecken dienstbar, *beherrscht* sie. Und das ist der letzte, wesentliche Unterschied des Menschen von den übrigen Tieren, und es ist wieder die Arbeit, die diesen Unterschied bewirkt.»[3]

Als ersten Schritt in der Beherrschung einer Naturkraft erwähnt er das Reibfeuer, womit sich der Mensch endgültig vom Tierreich unterscheiden konnte. In der Folge werden schließlich die natürlichen Veränderungen ohne den Menschen relativ gering im Vergleich mit den Veränderungen durch die Einwirkung des Menschen. Die Bearbeitung der Natur bleibt wiederum nicht folgenlos für den Menschen, der sich gewissermaßen dadurch auch selbst bearbeitet. «Indem er durch diese Bewegung auf die Natur außer ihm wirkt und sie verändert, verändert er zugleich

---

1 MEW EB I: 517

2 MEW 20: 444, vgl. 448

3 MEW 20: 452, vgl. 21: 307

seine eigne Natur.»[1] Da die durch den aufrechten Gang frei werdende Hand produktiv tätig werden konnte, mit Werkzeugen eine spezifisch menschliche Tätigkeit sich entfaltete, veränderten sich im Laufe der Zeit entsprechend auch die Sinnesorgane. Aus der Notwendigkeit des Zusammenwirkens der arbeitenden Menschen entwickelte sich die Sprache. Und durch diese Entwicklungen bildete sich auch das menschliche Gehirn weiter.[2]

Indem die Würdigung des Bewusstseins, die planmäßige Umsetzung einer Absicht in eine gezielte Handlung zu einem bestimmten Zweck als ein Merkmal des Menschen gilt, muss außerdem noch berücksichtigt werden, dass die gesellschaftlichen Bedingungen sowohl eine Voraussetzung dafür sind als auch eine Grenze und ein Hindernis. Die zweckorientierte Tätigkeit des Menschen bedeutet nämlich keineswegs, dass der Lauf der Geschichte sich hieraus bestimmen lässt. Im gesellschaftlichen Rahmen setzen sich allgemeinere Gesetze durch und beherrschen den Verlauf der Geschichte. Und die Durchsetzung dieser Gesetze ergibt sich durch das Zusammenwirken der bewusst handelnden Menschen, aber auch wesentlich gegen ihren Willen.

«Nur selten geschieht das Gewollte, in den meisten Fällen durchkreuzen und widerstreiten sich die vielen gewollten Zwecke oder sind diese Zwecke selbst von vornherein undurchführbar oder die Mittel unzureichend. So führen die Zusammenstöße der zahllosen Einzelwillen und Einzelhandlungen auf geschichtlichem Gebiet einen Zustand herbei, der ganz dem in der bewußtlosen Natur herrschenden analog ist. Die Zwecke der Handlungen sind gewollt, aber die Resultate, die wirklich aus den Handlungen folgen, sind nicht gewollt, oder soweit sie dem gewollten Zweck zunächst doch zu entsprechen scheinen, haben sie schließlich ganz andre als die gewollten Folgen.»[3]

So ergibt sich die paradox erscheinende Situation, dass die Menschen durch ihre gesellschaftlichen Bedingungen in die Lage versetzt werden, bewusst ihre Zwecke zu verfolgen, aber eben diese Bedingungen den Zweck verfehlen lassen, sodass sich letztlich wieder ein naturhaft erscheinender Zustand einstellt. «Darwin wußte nicht, welch bittre Satire er auf die Menschen und besonders auf seine Landsleute schrieb, als er nachwies, daß die freie Konkurrenz, der Kampf ums Dasein, den die

---

1 MEW 23: 192, vgl. 1: 513, 3: 36 f., 44, 20: 106 f., 498 f., Plechanow 1957: 162

2 Vgl. MEW 20: 322 f., 449

3 MEW 21: 296 f.

Ökonomen als höchste geschichtliche Errungenschaft feiern, der Normalzustand des *Tierreichs* ist. Erst eine bewußte Organisation der gesellschaftlichen Produktion, in der planmäßig produziert und verteilt wird, kann die Menschen ebenso in gesellschaftlicher Beziehung aus der übrigen Tierwelt herausheben, wie dies die Produktion überhaupt für die Menschen in spezifischer Beziehung getan hat.»[1]

In gewissem Sinn scheidet für Engels der Mensch erst durch die Ersetzung der Anarchie in der gesellschaftlichen Produktion durch die bewusste und planmäßige Organisation endgültig aus dem Tierreich und erreicht damit wirklich menschliche Daseinsbedingungen. Erst diese bewusste Gestaltung seiner Vergesellschaftung lässt ihn die bislang als beherrschende Naturmächte gegenüberstehenden Gesetze seiner eigenen Tätigkeit durch seine freie Tat selbst kontrollieren. Diese Gestaltung der Geschichte mit vollem Bewusstsein ist darum für Engels schließlich «der Sprung der Menschheit aus dem Reich der Notwendigkeit in das Reich der Freiheit».[2]

Dabei sieht er das Verhältnis des Menschen zur Natur keineswegs als schlichten Kampf um eine Vorherrschaft und ist sich der oft unvorhergesehenen Auswirkungen der Eingriffe in natürliche Prozesse durchaus bewusst. «Schmeicheln wir uns indes nicht zu sehr mit unsern menschlichen Siegen über die Natur. Für jeden solchen Sieg rächt sie sich an uns. Jeder hat in erster Linie zwar die Folgen, auf die wir gerechnet, aber in zweiter und dritter Linie hat er ganz andre, unvorhergesehene Wirkungen, die nur zu oft jene ersten Folgen wieder aufheben.»[3]

Erst durch die Kenntnis und Berücksichtigung der natürlichen Nachwirkungen unserer Handlungen kann die Einheit des Menschen mit der Natur wieder erreicht werden. Das wiederum erfordert eine Produktionsweise, die ein reales Interesse daran hervorbringen und durchsetzen kann. So beschreibt Marx den Kommunismus beispielsweise als wahrhafte Auflösung des Widerstreits zwischen Mensch und Natur in einem «durchgeführten Naturalismus des Menschen».[4]

Zusammenfassend bleibt also festzuhalten, dass die marxistischen Klassiker keine Psychologie entwickeln, aber verschiedene wertvolle Beiträge mit psychologischer Relevanz. Der

1 MEW 20: 324, vgl. 4: 478, 19: 216, Trotzki 1981 c: 407

2 MEW 19: 226

3 MEW 20: 452 f.

4 Vgl. MEW EB I: 536–538, 20: 453 f.

Mensch gilt aus marxistischer Sicht als wesentlich bestimmt aus den gesellschaftlichen Verhältnissen. Als leidenschaftliches Wesen ist sein Tun zunächst bestimmt von seinen Bedürfnissen, aber diese Bedürfnisse erweisen sich letztlich als selbst bestimmt aus der gesellschaftlichen Tätigkeit. So lassen sich die Bedürfnisse oder Triebe des Menschen als natürliche Notwendigkeiten erfassen, die einer gesellschaftlichen Wandlung unterliegen. Aus einer Spezialisierung auf die Perspektive der politischen Ökonomie erweisen sich vorgebliche angeborene Tendenzen des Menschen als durchwegs veränderbar im Rahmen verschiedener ökonomischer Verhältnisse und als Ergebnis der verschiedenen sozialen Auseinandersetzungen. Ohne den Anspruch der Entwicklung einer Persönlichkeitstheorie zu verfolgen, werden vielfältige Formen persönlicher Selbstdarstellungen oder sogar Persönlichkeitsmerkmale hiermit entzifferbar als bloße Personifizierung ökonomischer Funktionen bzw. als aus sozialen Verhältnissen und ökonomischen Funktionen entwickelte Charaktermasken.

In der Erfassung des grundlegenden Verhältnisses des Menschen zur Natur werden die hierin bestehenden realen Widersprüche verdeutlicht. Der Unterschied zwischen Mensch und Tier entspringt für den Marxismus aus den Auswirkungen der in sozialen Verhältnissen ausgeführten menschlichen Tätigkeiten. Es ist speziell die Arbeit, aus der sich alle weiteren spezifischen Merkmale des Menschen entwickeln. Aus den Bemühungen, den unmittelbaren Auswirkungen der schicksalhaften Naturgewalten zu entkommen und einzelne Naturkräfte selbst zu beherrschen, entwickelte der Mensch zur Erreichung seiner Ziele verschiedene zweckorientierte Handlungen, welche die Ausbildung eines Bewusstseins und der Kommunikation erforderlich machten. Durch die Bearbeitung der Natur begann sich der Mensch also gewissermaßen auch selbst zu bearbeiten. So entstand aus der Auseinandersetzung mit der äußeren Natur die eigentliche menschliche Natur, mit einer spezifischen Sinnlichkeit, einer komplexer werdenden Gedankenwelt, einer Sprache und schließlich die gesamte menschliche Kultur.

3.4 Natur und Gesellschaft

Bevor wir uns nun der eigentlichen Psychologie zuwenden, sollte noch eine besonders einflussreiche philosophische Position vorgestellt werden, die mittels einer besonderen Interpretation marxistischer Ausgangspunkte letztlich zu einem speziellen Weltbild gelangt. Es handelt sich dabei um die frühen Überlegungen von Lukács. Für diesen ist nämlich der Begriff der Wirklichkeit eine gesellschaftliche Kategorie: Erst in einem «Zusammenhang, der die einzelnen Tatsachen des gesellschaftlichen Lebens als Momente der geschichtlichen Entwicklung in eine *Totalität* einfügt, wird eine Erkenntnis der Tatsachen, als Erkenntnis der *Wirklichkeit* möglich».[1]

Wenn also die Erkenntnis der Wirklichkeit voraussetzt, dass die Wirklichkeit immanenter Bestandteil der gesellschaftlichen Totalität ist, bleibt die außerhalb der Gesellschaft bestehende Natur letztlich unerkannt. Die gesellschaftlichen Erkenntnisbedingungen bilden damit den Rahmen zur wissenschaftlichen Erfassung der Wirklichkeit.

In einem Vergleich meint Engels durchaus umgekehrt, dass die marxistischen Grundgedanken dazu berufen sind, den Fortschritt, den Darwins Theorie für die Naturwissenschaft begründet hat, für die Geschichtswissenschaft zu begründen. Der naturwissenschaftliche Fortschritt gilt ihm als Vorbild für die sozialwissenschaftliche Pionierarbeit. Dabei schätzt er jedoch die richtige Widerspiegelung des Gesellschaftlichen für schwieriger ein als die des Natürlichen. Für Lukács hingegen ist nicht nur eine solche Vorbildwirkung der Naturwissenschaft undenkbar, sondern er klammert die äußere Natur aus seinem Begriff der Wirklichkeit schlichtweg aus. Die darin ausgedrückte Konzeption der Verwirklichung eines identischen Subjekt-Objekts der Geschichte im proletarischen Klassenbewusstsein bezeichnet er später selbst als ein «Überhegeln Hegels» und gegen die Ontologie des Marxismus gerichtet.[2]

Diese Ausklammerung der natürlichen Umwelt richtet sich vor allem gegen die von Engels hervorgehobenen Erkenntnisse, wonach «in der Natur dieselben dialektischen Bewegungsgesetze im Gewirr der zahllosen Veränderungen sich durchsetzen, die auch in der Geschichte die scheinbare Zufälligkeit der Ereignisse beherrschen; ...»[3]

Allerdings nimmt auch Marx eine Naturbestimmtheit als Ausgangspunkt, selbst den arbeitenden Menschen als zunächst unmittelbares Naturwesen und seine Arbeitskraft als Naturkraft. «Die Arbeit ist zunächst ein Prozeß zwischen Mensch und Natur, ein Prozeß, worin der Mensch seinen Stoff-

1 Lukács 1983: 69, vgl. 72, 77, 80, 86 f., 91 f., 258, 261 f.

2 Vgl. Lukács 1983: 15–18, 24 f., 228, 257 f., MEW 4: 581, 20: 582 f.

3 MEW 20: 11, vgl. 19: 205

wechsel mit der Natur durch seine eigne Tat vermittelt, regelt und kontrolliert. Er tritt dem Naturstoff selbst als eine Naturmacht gegenüber.»[1]

Die sogenannte Natur des Menschen ist für den klassischen Marxismus letztlich aber auch wesentlich gesellschaftlich bestimmt. Und in dieser gesellschaftlichen Bestimmung manifestiert sich das Resultat der Geschichte einer Auseinandersetzung mit der natürlichen Umwelt. Der Mensch entspringt der Natur, wirkt auf sie zunehmend verändernd ein, wodurch er sich selbst verändert und die gesellschaftliche Entwicklung vorantreibt. Schließlich hat der Mensch für Marx und Engels stets auch eine «geschichtliche Natur» und eine «natürliche Geschichte» vor sich.[2]

Bei Feuerbach erhält das Verhältnis des Menschen zur Natur noch eine theoretische und rückwärtsgewandte Perspektive. Er plädiert nämlich dafür, «zum Ursprünglichen, zur Natur in allen Beziehungen wieder zurückzukehren: aber nicht zur Natur wie sie den rohen Menschen Gegenstand, sondern zur Natur als Gegenstand wissenschaftlicher Bildung».[3]

Bei Marx ist der Bezug zur Natur hingegen selbst in der wissenschaftlichen Perspektive deutlich progressiver gefasst: «Die Geschichte selbst ist ein *wirklicher* Teil der *Naturgeschichte*, des Werdens der Natur zum Menschen. Die Naturwissenschaft wird später ebensowohl die Wissenschaft von dem Menschen wie die Wissenschaft von dem Menschen die Naturwissenschaft unter sich subsumieren: es wird *eine* Wissenschaft sein.»[4]

Entgegen solchen Möglichkeiten des dialektischen Übergreifens verschiedener Wissenschaften beschränkt Lukács seine dialektische Methode auf das Gebiet der menschlichen Geschichte. Er betont ausdrücklich die Notwendigkeit einer Begrenzung der Methode auf die historisch-soziale Wirklichkeit und spricht sich vehement gegen ihre Ausdehnung auf die Natur aus, weil darin die Wechselwirkung von Subjekt und Objekt sowie die Einheit von Theorie und Praxis nicht vorhanden sind. Die Naturwissenschaften stehen für ihn als Synonym einer Widerspruchsfreiheit. «Die Methode der Naturwissenschaften, ... kennt keine Widersprüche, keine Antagonismen

1 MEW 23: 192, vgl. 1: 640, 19: 15, EB I: 578

2 MEW 3: 43

3 Feuerbach 1985 e: 162

4 MEW EB I: 544

in ihrem Material. Ist dennoch irgendein Widerspruch zwischen den einzelnen Theorien vorhanden, so ist das nur ein Zeichen für die noch nicht vollendete Stufe der bis dahin erreichten Erkenntnis.»[1]

Mittels eines «überspannten Praxisbegriffes» wird in der Folge die Natur auch zu einem Ausdruck des Unveränderlichen. Erst in der Praxis, «wo der Kern des Seins sich als gesellschaftliches Geschehen enthüllt hat, kann das Sein als bisher freilich unbewußtes Produkt menschlicher Tätigkeit erscheinen, und diese Tätigkeit selbst wiederum als das entscheidende Element der Umwandlung des Seins. Reine Naturbeziehungen oder zu Naturbeziehungen mystifizierte gesellschaftliche Formen stehen dem Menschen einerseits als starre, fertige – im Wesen – unwandelbare Gegebenheiten gegenüber, deren Gesetze er sich höchstens nutzbar machen, deren Gegenstandsstruktur er höchstens zu erfassen, niemals aber umzuwälzen fähig ist.»[2]

Die Sozialwissenschaften wiederum benötigen für ihn eine dialektische Methode aufgrund der gesellschaftlichen Widersprüche. «Für die gesellschaftliche Wirklichkeit dagegen sind diese Widersprüche kein Zeichen der noch unvollendeten wissenschaftlichen Erfassung der Wirklichkeit, sondern gehören *vielmehr unzertrennbar zu dem Wesen der Wirklichkeit selbst, zu dem Wesen der kapitalistischen Gesellschaft.*»[3]

Dieses Wesen der gesellschaftlichen Wirklichkeit bewirkt nun freilich keineswegs von sich aus eine dialektische Widerspiegelung in ihrem theoretisch ausgedrückten Selbstverständnis. Vielmehr erscheint ja die kapitalistische Gesellschaft einigermaßen naturhaft. In seiner Überwindung naturwüchsiger Bedingungen schuf der Mensch gewissermaßen eine «zweite Natur». In dieser Gesellschaft steht er somit der selbst geschaffenen Wirklichkeit als einer wesensfremden «Natur» gegenüber. Damit besteht also eine objektive Grundlage für naturalistisch inspirierte Gesellschaftstheorien, für die «bittre Satire» des Sozialdarwinismus und die ideologische Nutzungsmöglichkeit der Natürlichkeit als Markenzeichen für unveränderliche gesellschaftliche Übermacht. Eine entsprechende Bezugnahme darauf erhält folglich in sozialen Auseinandersetzungen eine wesentliche Bedeutung. «Das Erkenntnisideal der Naturwissenschaften, das auf die Natur angewendet bloß dem Fortschritt der Wissenschaft dient, er-

1 Lukács 1983: 72, vgl. 63, 264

2 Lukács 1983: 85 f., vgl. 18, 260 f.

3 Lukács 1983: 72

scheint auf die gesellschaftliche Entwicklung gerichtet als ideologisches Kampfmittel der Bourgeoisie.»[1]

Darum kritisiert Lukács beispielsweise an Bucharin, «daß er, statt die Naturwissenschaften und ihre Methode einer geschichtsmaterialistischen Kritik zu unterwerfen, d.h. sie als Produkte der kapitalistischen Entwicklung zu begreifen, ihre Methode unbesehen, unkritisch, unhistorisch und undialektisch auf die Erkenntnis der Gesellschaft anwendet».[2]

Diese Kritik hätte Lukács übrigens auch mit Engels untermauern können, ohne die Auseinandersetzung des Menschen mit der Natur als äußerlicher Wirklichkeit zu übergehen. Engels betont ausdrücklich die Auswirkung der Veränderung der Natur durch den Menschen auf das menschliche Denken: «Naturwissenschaft wie Philosophie haben den Einfluß der Tätigkeit des Menschen auf sein Denken bisher ganz vernachlässigt, sie kennen nur Natur einerseits, Gedanken andrerseits. Aber grade die Veränderung der Natur durch den Menschen, nicht die Natur als solche allein, ist die wesentlichste und nächste Grundlage des menschlichen Denkens, und im Verhältnis, wie der Mensch die Natur verändern lernte, in dem Verhältnis wuchs seine Intelligenz. Die naturalistische Auffassung der Geschichte, ... , als ob die Natur ausschließlich auf den Menschen wirke, die Naturbedingungen überall seine geschichtliche Entwicklung ausschließlich bedingten, ist daher einseitig und vergißt, daß der Mensch auf die Natur zurückwirkt, sie verändert, sich neue Existenzbedingungen schafft.»[3]

In der marxistischen Position ist die Natur also von grundlegender Bedeutung, die sich jedenfalls nicht auf eine Erwähnung ihrer Rolle im historischen Ursprung des Menschen oder eine äußerliche Erscheinung reduzieren lässt. Der Mensch gilt hierin als Resultat einer gesellschaftlichen Auseinandersetzung mit der Natur und erst durch eine Überwindung der naturhaften Erscheinung der Gesellschaft wird es ihm auch gelingen, zu einem ausgesöhnteren Verhältnis zur Natur zu finden. Die Erfassung der Natur als bloß gesellschaftliche Kategorie und die darin vertretene idealistische Position wurde bereits vielfach kritisiert und Lukács hat sich auch selbst später davon distanziert.[4]

---

1 Lukács 1983: 72 f., vgl. 235 f., 246

2 Lukács 1969: 291

3 MEW 20: 498

4 Vgl. Deborin 1969 b: 189 ff., Trotzki 1981 i: 415., Ruben 1974: 9–18

Durchaus wertvoll ist die Konzeption von Lukács aber insofern, soweit sie sich gegen positivistische Wissenschaftsideale richtet, gegen als unabänderliche Gegebenheiten geltende Erscheinungen und gegen den Ausschluss einer Darstellung von real vorhandenen Widersprüchen in den Wissenschaften. Und auch wenn seine «Natur» gewissermaßen als Symbol einer entscheidenden Beschränkung der Erkenntnismethode gilt, birgt seine Kritik an der naturhaften Erscheinung sozialer Verhältnisse durchaus richtige Ansätze.

4. Psychologie und Marxismus

Bis in die Anfänge des 20. Jahrhunderts kommen von der sich herausbildenden Psychologie nur wenige einflussreichere Impulse. Die wahrscheinlich bedeutsamsten Anregungen zur weiteren Entwicklung gehen aus von Taylor, Pawlow und Freud. Taylors Theorien finden von den USA aus Verbreitung wegen ihrer betriebswirtschaftlichen Anwendbarkeit, Pawlows Forschungen wegen ihrer Funktionalisierbarkeit in der jungen Sowjetunion und Freuds Entdeckungen wegen ihrer Anziehungskraft für oppositionelle Intellektuelle in einer Zeit voller gesellschaftlicher Umbrüche in der zerfallenden Habsburger-Monarchie.

Taylor gilt durch seine systematischen Untersuchungen des Arbeitsprozesses als Vorläufer der modernen Betriebspsychologie. Sein Anliegen besteht neben einer strengen Quantifizierung der einzelnen Tätigkeiten und Ergebnisse vor allem in einer effektiveren Organisierung und Kontrolle des Arbeitsprozesses bzw. einer besseren Kontrolle der gekauften Arbeitskraft durch das Management. Durch die exakte Kontrolle der einzelnen Tätigkeitsschritte ergibt sich die bis dahin größte Revolutionierung in der Arbeitsteilung.[1]

Lukács weist in diesem Zusammenhang nicht nur auf die deutlich werdende Korrelation zwischen Irrationalismus und bürgerlichem Rationalismus hin, sondern auch auf die physische und psychische Tiefenwirkung der aus dem Taylorismus resultierenden Rationalisierung. «Mit der modernen, ‹psychologischen› Zerlegung des Arbeitsprozesses (Taylor-System) ragt diese rationelle Mechanisierung bis in die ‹Seele› des Arbeiters hinein: selbst seine psychologischen Eigenschaften werden von seiner Gesamtpersönlichkeit abgetrennt, ihr gegenüber objektiviert, um in rationelle Spezialsysteme eingefügt und hier auf den kalkulatorischen Begriff gebracht werden zu können.»[2]

Das Zerreißen des Objekts der Produktion zerreißt demnach einerseits die Verbindung der arbeitenden Subjekte untereinander und andererseits auch das Subjekt selbst, das seine mechanisierte Tätigkeit ohne eigenen Willen ausführt. Soweit sich die Besonderheiten der Arbeitskräfte nicht in die berechenba-

1 Vgl. Braverman 1980: 73–100, Kvale 1978: 259 f

2 Lukács 1983: 177, vgl. 178, 197, 214

ren Teilfunktionen des Arbeitsprozesses einfügen lassen, erscheinen sie bestenfalls noch als potentielle Fehlerquellen.[1]

Taylors Überlegungen konzentrieren sich auf die betriebliche Arbeit und seine Konzeptionen eröffnen in der Folge einerseits eine Kettenreaktion sogenannter Rationalisierungen in den verschiedensten Produktionsstätten und wirken sich andererseits paradigmatisch für verschiedene psychologische Schulen aus. Indem die darin ausgedrückte Intention in jeglicher Hinsicht den Ansprüchen einer kritischen Psychologie widerspricht und die Kritik sich auf die geringe Effektivität bestehender Ausbeutungsverhältnisse konzentriert, können die von hier ausgehenden Bemühungen jedoch unberücksichtigt bleiben.

Pawlow wiederum geht ursprünglich von der Physiologie aus und Freud anfänglich von seiner Erforschung der Träume. Vor dem Hintergrund einer Beschreibung der Psychologie als einer Verknüpfung von Sozial- und Naturwissenschaft vergleicht Trotzki, dessen Kommentare hierzu einen aufschlussreichen Eindruck von der damaligen Auseinandersetzung geben, diese zwei herausragenden Forscher: «Pawlow wie Freud meinen, der Boden der Seele sei die Physiologie. Aber Pawlow steigt wie ein Taucher auf den Grund hinab und erforscht den Brunnen sorgsam von unten bis oben, Freud steht über dem Brunnen und sucht mit scharfem Blick die ständig bewegte, unruhige Wasseroberfläche zu durchdringen und die Gestalt der Dinge, die darunter liegen, zu erkennen und zu erraten. Pawlows Methode ist das Experiment, Freuds Methode die Konjektur, manchmal die phantastische Vermutung.»[2]

Die hierin merkliche Bevorzugung des an naturwissenschaftlichen Vorstellungen direkter anknüpfenden Pawlow ändert er später, wodurch er auch dieses Brunnenbild modifiziert: «Die Psychoanalyse hob mit Sigmund Freuds genialer Hand den Deckel vom Brunnen, der poetisch die ‹Seele› des Menschen genannt wird. Und was hat sich erwiesen? Unser bewußtes Denken bildet nur ein Teilchen in der Arbeit der finsteren psychischen Kräfte. Gelehrte Taucher steigen auf den Boden des Ozeans und fotografieren dort geheimnisvolle Fische. Indem der menschliche Gedanke auf den Boden seines eigenen seelischen Brunnens hinabsteigt, muß er die geheimnisvollsten Triebkräfte der Psyche beleuchten und sie der Vernunft und dem Willen unterwerfen.»[3]

---

1 Vgl. Lukács 1983: 178–180

2 Trotzki 1981 g: 358, vgl. 1981 c: 400

3 Trotzki 1981 e: 422

Mit dieser Einschätzung nimmt Trotzki zu seiner Zeit eine durchaus exponierte Position ein. Der ansonsten zunehmende Einfluss Pawlows ergibt sich nämlich ursprünglich ganz entscheidend aus den Bedingungen und Interessenslagen, die sich nach der Oktoberrevolution in Russland entwickeln und schließlich in den 1920er-Jahren in gesellschaftlichem Maße letztlich durchsetzen. So wie also in den USA Taylors Theorien den vorherrschenden kapitalistischen Interessen entsprechen, so erwartet die stalinistische Bürokratie in der Sowjetunion jedenfalls eine revolutionierende Nutzung der Theorien Pawlows. Beiden Ansätzen geht es weniger um eine Erweiterung des Bewusstseins der beobachteten Menschen, als um die Erfassung ihrer äußerlichen Verhaltensweisen, wodurch sie sich für das Ziel ihrer Kontrolle und Steuerung hervorragend eignen. Freuds Theorien wiederum zeigen einen Zusammenhang zwischen Erkenntnis und Heilung, wodurch ihre Anwendung zur Erweiterung des Bewusstseins gewissermaßen zu einem unverzichtbaren Markenzeichen wird.

Die Anordnung der folgenden Kapitel ist zwar in einer Annäherung einer dialektischen Schrittfolge gestaltet, aber das soll vor allem zur besseren Darstellung des methodischen Profils einer kritischen Psychologie durch die Unterstreichung der Kontraste zwischen den unterschiedlichen Strömungen dienen. Tatsächlich entwickelten sich die großen Strömungen nämlich zu einem großen Teil eher nebeneinander als in einem intensiven Bezug aufeinander, der entweder zu speziellen gegenseitigen Anleihen oder auch zu einer zugespitzten Auseinandersetzung hätte führen können.

4.1 Von der materialistischen Physiologie zur marxistischen Psychologie

Was jetzt als «marxistische Psychologie» angeboten wird, ist zu einem großen Teil bezogen auf die Entwicklungen der Psychologie in der Sowjetunion. Die hier entspringenden Schulen von Pawlows Reflextheorie bis zu Leontjews Aneignungstheorie entfalteten nämlich einen beträchtlichen Einfluss in internationalem Maßstab.

Pawlow selbst versteht sich zwar weder als Psychologe noch als Marxist, aber trotzdem gelten die Ergebnisse seiner Forschungen als paradigmatisch für die Entwicklung der sowjetischen Psychologie. Im zaristischen Russland als Materialist noch bekämpft, verfügt er in der stalinistischen Sowjetunion über ein biologisches Forschungszentrum und seine Lehre wird sogar zur einzigen Grundlage marxistischer Psychologie erklärt. Seine wohl berühmteste Entdeckung ist die des bedingten Reflexes. Dabei handelt es sich darum, dass ein Hund, der daran gewöhnt war, nach einem Klingelton gefüttert zu werden, schon beim bloßen Klingelton einen Speichelfluss zeigt, der einer Fütterung entspricht. Aus einem unbedingten, d.h. angeborenen Reflex wurde ein durch das Klingelzeichen bedingter Reflex.[1]

Aus dieser Kleinigkeit für den Hund erwächst nun eine große Perspektive für die Menschheit. Zunächst zeigt sich, dass bei einem Hund noch ganz andere Reaktionen hervorzurufen sind und wieder beseitigt werden können. Schließlich erweist sich dann, dass auch Menschen bedingte Reflexe ausbilden. Und um damit eine Brücke zur Psychologie zu bauen, werden diese Reflexe als einfache Widerspiegelungsformen wirklicher Zusammenhänge und folglich als elementare Vorstufen der bewussten Erkenntnis beschrieben. Psychologie erscheint dadurch als von der Physiologie abgeleitet, Subjektives und Objektives verschmolzen, Ideelles und Materielles als an dieser Schnittstelle vereinigt.[2]

Das klingt freilich viel versprechend. Hingerissen von den daran hängenden Erwartungen meint Trotzki sogar noch: «Pawlows Reflexologie verfährt gänzlich nach den Methoden des dialektischen Materialismus. Sie reißt konsequent die Mauer zwischen Physiologie und Psychologie ein. Der einfachste Reflex ist physiologisch, aber ein System von Reflexen gibt uns ‹Bewußtsein›. Die Anhäufung von physiologischer Quantität ergibt eine neue ‹psychologische› Qualität.»[3]

Die Reflextheorie verdankt ihre Attraktivität aber vor allem den durch sie vermehrten Hoffnungen auf die Anpassungsfähigkeit des Menschen. Würdigend fasst dies Dick zusammen: «Die Pawlow-Schule hat auf der Grundlage von Tatsachen genaue Vorstellungen ausgearbeitet darüber, wie sich aus der widersprüchlichen Erregungs- und Hemmungsantwort auf äußere Reize, aus der wechselseitigen Beeinflussung der einzelnen Reflexe, aus Reflexketten und aus Reflexanbahnungen eine immer höhere erfolgreiche Anpassung des Organismus an die Lebensbedingungen ergibt.»[4]

---

1 Vgl. Dick 1981 a: 22, 1981 b: 13 f., Egger 111 f., 118

2 Vgl. Dick 1981 a: 34, 1981 b: 16, 1981 c: 111, Egger 1987: 119

3 Trotzki 1981 g: 257

4 Dick 1981 b: 17

Diese Theorie gelte dementsprechend als dialektisch-materialistisch, weil sie die materiellen Grundlagen der Widerspiegelung ausdrückt bzw. die physiologische Basis der bewussten Erkenntnis der Wirklichkeit. Das Geistesleben werde dadurch erfassbar als Funktion materieller Nervenprozesse im Gehirn.[1]

Eine solche Würdigung Pawlows ist jedoch inzwischen nicht mehr besonders üblich. Eher wird das tendenzielle «Aufgehen» der Psychologie in der Physiologie als ein Rückfall in einen vormarxistischen Materialismus beschrieben oder als eine der «Kinderkrankheiten» der sowjetischen Psychologie.[2]

Mitte der 1920er-Jahre wirken sich die Forschungen Pawlows jedoch in grundlegender Weise auf die Diskussion über die Stellung der Wissenschaften zueinander aus. Anknüpfend am damaligen Zeitgeist drückt Trotzki das zunächst pointiert aus: «Die Psychologie gilt uns als *letztlich* auf Physiologie reduzierbar, diese wiederum als auf Chemie, Mechanik und Physik reduzierbar.»[3]

Allerdings wendet er sich dabei entschieden gegen einen platten Reduktionismus und fügt hinzu, dass es sich hierbei keineswegs um eine Reduzierbarkeit in einem unmittelbaren Sinn handelt. So wie sich nämlich keine chemische Erscheinung direkt auf die Mechanik reduzieren lässt, kann keine soziale Erscheinung direkt auf die Physiologie und von hier weiter auf die Chemie und Mechanik reduziert werden. Trotzki kritisiert auch ausdrücklich den Grundfehler einer Übertragung von Methoden und Resultaten spezifischer Wissenschaften auf die Gebiete anderer und fordert eigene Schlüssel für alle Wissenschaften. «Kann es ohne die Erkenntnis, daß chemische Reaktionen *letzten Endes* auf mechanische Eigenschaften elementarer Partikel der Materie reduzierbar sind, keine vollendete Theorie geben, die alle Phänomene zu einem einzigen System verknüpft, so liefert andererseits die bloße Erkenntnis, daß chemische Phänomene in der Mechanik und Physik wurzeln, keinen Schlüssel zur Erklärung auch nur einer einzigen chemischen Reaktion. Die Chemie hat ihre *eigenen Schlüssel*.»[4]

Und für die gesellschaftlichen Erscheinungen versteht er das in vergleichbarer Weise. «Natürlich ist das Leben der menschlichen Gesellschaft, verwoben mit materiellen Bedingungen und

---

1 Vgl. Dick 1981 a: 22, 34, 1981 b: 18, Stropahl 1981: 116

2 Vgl. Egger 1987: 106 f.

3 Trotzki 1981 c: 403, vgl. 404 f., 1981 i: 409

4 Trotzki 1981 c: 405, vgl. 407 f.

umgeben von chemischen Prozessen, letzten Endes selbst eine Kombination chemischer Prozesse. Auch besteht die Gesellschaft aus Menschen, deren psychologischer Mechanismus auf ein System von Reflexen reduzierbar ist. Aber der gesellschaftliche Lebensprozess ist weder ein chemischer noch ein physiologischer, sondern ein sozialer Prozeß, der spezifischen Gesetzen folgt.»[1]

Kautsky fasst aus seiner Sicht noch einmal zusammen: «Was sich als unhaltbar herausgestellt hat, das ist ein Materialismus, ... der vermeint, aus der Mechanik dessen, was man Materie nennt, alle Erscheinungen dieser Welt, auch die des menschlichen Geistes, erklären zu können.»[2]

Pawlows Theorie von der höheren Nerventätigkeit umfasst freilich mehr als seine Entdeckung des bedingten Reflexes. Von weiterer Bedeutung ist vor allem seine Lehre vom ersten und zweiten Signalsystem. Das erste Signalsystem entwickelt sich aus erworbenen und zeitweiligen Verbindungen bedingter Reflexe, das zweite umfasst die Sprachfunktion und stellt semantische Konditionierungen dar. Mit diesem zweiten Signalsystem kann er den Menschen vom Tier deutlich unterscheiden.[3]

Die marxistischen Interpretationsversuche der Theorien Pawlows waren wahrscheinlich weniger aufgrund ihrer theoretischen Überzeugungskraft so durchsetzungsfähig, sondern vor allem wegen ihrer erwarteten Nutzbarkeit für die Interessen der stalinistischen Bürokratie. Die zusätzlich ausgearbeitete Reflexologie von Bechterew und die Reaktologie von Kornilow erreichten nicht die Bedeutung der Theorie von der höheren Nerventätigkeit. Dabei entspricht Pawlows Materialismus eher einem mechanischen oder vormarxistischen Verständnis und eine Dialektik als grundlegende Methode anzuwenden liegt ihm fern. Dialektisches in seinen Lehren zu finden, bedarf zumindest einer entsprechenden Interpretation.[4]

International wird die Lehre Pawlows als auslösend für die Herausarbeitung des Behaviorismus verstanden, wobei diese Strömung pragmatischer vorgeht und sich beispielsweise eine Beschäftigung mit Hirntätigkeiten und Bewusstsein schlichtweg erspart.[5]

---

1 Trotzki 1981 c: 408

2 Kautsky 1988: 88

3 Vgl. Egger 1987: 115, 118, 124, Dick 1981 a: 22, 1981 b: 18

4 Vgl. Rubinstein 1984: 112, Egger 1987: 122

5 Vgl. Egger 1987: 117

4.2 Materialistische Psychologie mit marxistischer Terminologie

Nachdem der Start für eine marxistische Psychologie also mit einem Klingelton erfolgte und zuerst ein Physiologe sich in eine hoffnungsvolle Rolle versetzt sah, den Vortritt zu erhalten, dürfen die nachfolgenden Theorien bereits mit einer nachgebesserten Grundlage beginnen. In der Sowjetunion setzte sich nämlich schließlich die Einsicht durch, dass das Psychische nicht gänzlich in physiologischen Begriffen erklärt werden kann und dass Subjektivität sich nicht in organische Grenzen zwängen lässt.[1]

Die folgenden Konzeptionen und Schulen zeichnen sich nun vor allem dadurch aus, dass sie in einer explizit marxistischen Terminologie verfasst sind. In der Regel ergibt sich dabei der Eindruck, dass es hierin mit besonderer Vordringlichkeit darum geht, einzelne Bestandteile der marxistischen Philosophie psychologisch zu interpretieren.

Für diese neue Ausrichtung steht beispielsweise Rubinstein. Er versteht sich von vornherein als dialektisch-materialistischer Psychologe, der den Marxismus als methodologische Grundlage nimmt. Er sieht seine Aufgabe darin, «auf Grund der marxistisch-leninistischen Dialektik neue Einstellungen zu schaffen und neue Wege zur Lösung der theoretischen Grundprobleme des psychologischen Denkens aufzuspüren».[2]

Anknüpfend an den physiologischen Grundlagen von Pawlow vertritt er das Prinzip der Einheit des Physischen und des Psychischen. Dabei räumt er allerdings ein, dass das, was die physiologische Lehre von der höheren Nerventätigkeit erforscht, in der psychologischen Forschung in einer spezifischen Qualität erscheint. Besonders in der individuellen Tätigkeit streicht er die relative selbständige Existenz des Ideellen hervor.[3]

Rubinstein geht von dem Ausspruch von Marx zur Industrie als sinnlich vorliegender menschlicher Psychologie aus und leitet daraus die Bedeutung der Beschäftigung der Psychologie mit der Tätigkeit ab. Vor diesem Hintergrund behält er Pawlows Theorien nur noch in einer spezifischen Interpretation bei. Wenn er also etwa das Psychische als Hirnfunktion beschreibt, dann grenzt er sich dabei deutlich von psychomorphologischen Konzeptionen ab. «Das Gehirn, das der Wechselwirkung zwi-

1 Vgl. Wozniak 1978: 43, 45, 49, Egger 1987: 121

2 Rubinstein 1984: 111, vgl. Egger 1987: 126 f., 309–312

3 Vgl. Rubinstein 1983: 45, 192 ff., 234, 240, 280, 1984: 111, 114 f.

schen Mensch und Welt dient, ist ... als ein arbeitendes Organ zu charakterisieren, als Organ der psychischen Tätigkeit, dessen Struktur mit seiner Funktion zusammenhängt. Das Psychische als Hirnfunktion ist nicht auf ein Produkt des Zellapparates zurückzuführen, sondern ist eine durch die Außenwelt bedingte Tätigkeit des Gehirns.»[1]

Die alle Bereiche durchdringende Grundlehre Rubinsteins lautet kurz zusammengefasst, dass äußere Ursachen oder Einwirkungen über innere Bedingungen wirken, die selbst aus äußeren Einwirkungen resultieren. Für die Psychologie heißt das: «Eine äußere Einwirkung bringt einen bestimmten psychischen Effekt hervor, indem sie durch den psychischen Zustand des Subjekts ‹gebrochen› wird, durch die in ihm entstandenen Systeme von Gedanken und Gefühlen.»[2]

Er erfasst schlichtweg jede psychische Tätigkeit als eine Widerspiegelung der objektiven Realität und wendet sich hierbei gegen eine dualistische Trennung der Abbilder von den materiellen Dingen. Es gibt nämlich kein Bild als ideellen Gegenstand unabhängig vom materiellen Gegenstand, sondern nur ein Abbild des Gegenstandes. Folglich setzt er dem Dualismus zwischen Abbild und Ding einen materialistischen Monismus der Widerspiegelungstheorie entgegen. Dabei versteht er die Widerspiegelung als einen Prozess, in dem durch die Tätigkeit des Subjekts das Abbild seinem Objekt durch einen spiralenförmigen Fortschritt zwischen Sinnlichem und Abstraktem immer besser entspricht.[3]

Die Aufgabe der Psychologie, deren eigenständigen Fachbereich er verteidigt, besteht in einer Untersuchung des Analysierens und Synthetisierens als Denkprozess eines Individuums und allgemein in der Untersuchung der psychischen Effekte äußerer Einwirkungen.[4]

Das menschliche Denken ist für Ihn eine gesellschaftlich bedingte Erkenntnistätigkeit und setzt eine Sprache voraus. Die Sprache wiederum versteht er nicht bloß als Mittel zur Kommunikation. Vielmehr stellt sie für ihn eine gesellschaftliche Bewusstseinsform dar. Sie enthält das fixierte Ergebnis der Gedankenarbeit und Erkenntnistätigkeit vorangegangener Generationen.[5]

1 Rubinstein Sein 217, vgl. Leontjew 271

2 Rubinstein 1983: 246

3 Vgl. Rubinstein 1983: 39, 42 f., 60f., 77 f., 303

4 Vgl. Rubinstein 1983: 234, 246, 276

5 Vgl. Rubinstein 1983: 178, 187, 189, 296–299

Die Daseinsweise des Psychischen sieht er als insgesamt prozesshaft und aktiv. «Indem sie sich in der Tätigkeit entwickelt, äußert sich die Psyche, das Bewußtsein, auch in der Tätigkeit und im Verhalten. Tätigkeit und Bewußtsein sind nicht zwei nach verschiedenen Seiten gerichtete Aspekte. Sie bilden ein organisches Ganzes, sie sind nicht identisch, sondern eine Einheit.»[1]

Indem er dem Verhalten eine so bedeutende Stellung einräumt, gelangt er zu folgendem Kernsatz seiner Auffassung der Psyche: «Die psychischen Eigenschaften der Persönlichkeit sind sowohl Voraussetzung wie Resultat ihres Verhaltens.»[2]

Bewusstsein beinhaltet für ihn nicht nur stets ein äußerliches abbildendes Wissen von der objektiven Welt, sondern entsteht auch erst aus einer Ausgliederung der Reflexion aus unmittelbarem Erleben. Es dient nämlich mithilfe der Vorwegnahme der Folgen der eigenen Handlung der Regulierung des Verhaltens und überwindet die Grenzen der individuellen Existenz.[3]

Aus seiner Konzeption der Einheit von Bewusstsein und Tätigkeit bereitet ihm eine Abgrenzung gegenüber dem Begriff eines Unbewussten als eines vom Bewussten stabil abgetrennten Bereiches keine besonderen Schwierigkeiten: «Bei der Unterscheidung von Bewußtem und Unbewußtem muß man davon ausgehen, *was* in jedem Fall bewußt wird. Um eine Handlung als bewußt bezeichnen zu können, ist es notwendig und hinreichend, daß sich der Mensch des *Ziels* der Handlung (und wenigstens ihrer allernächsten Folgen) bewußt ist.»[4]

Seine Beschreibung der Entwicklung des Bewusstseins zeigt beispielhaft seine Verknüpfung eines physiologisch orientierten Materialismus mit einem marxistischen Menschenbild: «Die erste Voraussetzung des menschlichen Bewußtseins war die Entwicklung des menschlichen Gehirns. Aber das Gehirn des Menschen und allgemein seine *natürlichen* Besonderheiten sind das Produkt der *historischen* Entwicklung. Im Prozeß der Menschwerdung wird das grundlegende Gesetz der historischen Entwicklung des menschlichen Bewußtseins wirksam. ... Das Gesetz der historischen Entwicklung der Psyche beziehungsweise des Bewußtseins des Menschen besagt, daß sich der Mensch als arbeitendes Wesen entwickelt.»[5]

1 Rubinstein 1984: 29, vgl. 115, 1983: 276 f.

2 Rubinstein 1984: 115

3 Vgl. Rubinstein 1983: 240, 280, 294 f., 298 f., 303, 308

4 Rubinstein 1983: 303, vgl. 302 f.

5 Rubinstein 1984: 195, vgl. 115, 1983: 296

In solchen Beschreibungen lässt er allerdings auch naturalistischen Interpretationen ohne ihre Aufhebungen im dialektischen Sinn freien Lauf. So stellt er etwa die Entwicklung des Psychischen allgemein als eine «spezifische Komponente in der Evolution der Organismen» dar. «Die *psychische Tätigkeit* als solche gehört unmittelbar zur *natürlichen* Welt; sie ist eine Funktion der hochorganisierten *Materie* – des Gehirns. Eine Trennung der psychischen Tätigkeit von der Natur, von der Materie, vom Gehirn, widerspricht ihrem eigentlichen Wesen.»[1]

Was sich in diesen naturalistischen Darstellungen andeutet, wird schließlich noch deutlicher in seiner Position zum Determinismus, den er als universellen versteht. Alles Geschehen in der Welt versteht er nämlich als determiniert. Die Bestimmung der menschlichen Handlung geschieht dabei praktisch im Prozess ihrer Ausführung. «Als ein endliches, begrenztes, leidendes, von den objektiven Umständen abhängiges, zugleich aber aktives, die Umstände veränderndes, die Welt umgestaltendes Wesen ist der Mensch, indem er sich der Notwendigkeit unterwirft, frei.»[2]

Jetzt fragt sich selbstverständlich, welche Notwendigkeiten es denn sind, denen sich der Mensch unterwerfen soll, um frei zu sein? Sie sind hier nichts anderes als die Verhältnisse, unter denen der Mensch lebt. «Die objektiven Beziehungen, in die der Mensch einbezogen ist, bestimmen sein subjektives Verhältnis zur Umwelt, das sich in seinen Bestrebungen, Neigungen usw. äußert. Diese, unter der Einwirkung der äußeren Bedingungen entstanden, vermitteln ihrerseits die Abhängigkeit seines Verhaltens, seiner Tätigkeit von den objektiven Verhältnissen, unter denen er lebt.»[3]

Dementsprechend gestaltet Rubinstein seine Ausführungen zu den menschlichen Bedürfnissen. In Anlehnung an Marx und Engels streicht er die historische und gesellschaftliche Dimension der Bedürfnisse hervor und beschreibt sie als einen Bedarf nach etwas Äußerem. Darüber hinaus hält er sich relativ allgemein und unterscheidet lediglich materielle Bedürfnisse, d.h. organisch bedingte Triebe, von geistigen Bedürfnissen nach den kulturellen Reichtümern.[4]

Ausgehend von den konkreten Forschungsergebnissen Pawlows und den Lehren der marxistischen Klassiker entwi-

---

1 Rubinstein 1983: 280, vgl. 1984: 115

2 Rubinstein 1983: 309, vgl. 308

3 Rubinstein 1983: 247

4 Vgl. Rubinstein 1984: 774 f., 777

ckelt Rubinstein also eine Psychologie, die sich deutlich um ein marxistisches Vokabular bemüht. Er verteidigt zwar den Anspruch der Psychologie auf ein eigenständiges Fachgebiet und hebt sie gegenüber der Physiologie hervor, aber er spezialisiert sich dafür darauf, den Menschen als Resultat seiner Umwelt zu beschreiben. Äußerliches stellt er als Ausgangs- und Zielpunkt des Psychischen dar. Das im Marxismus bestehende Verständnis des Menschen als eines arbeitenden Wesens und die im Gegensatz zur rein theoretischen Auseinandersetzung betonte Bedeutung der praktischen Veränderung wendet er als Tätigkeitskonzept auf die psychischen Erscheinungen an. Das Bewusstsein dient dabei dazu, dass das Handeln zielorientiert erfolgen kann. Dazu verfügt es durch die Sprache über einen Träger der historischen Erkenntnisfortschritte.

Nachdem die sogenannte marxistische Psychologie gewissermaßen zuerst von unten sich dem Psychischen zu nähern versuchte, bemüht sie sich hiermit um einen Zugang von außen. Was Marx und Engels aus ökonomischen, politischen und sozialen Zusammenhängen erforschten und in ihren Theorien darstellten, soll psychologisch gelesen und Psychologisches mit Aspekten marxistischer Weltanschauung interpretiert werden. Sie stellt vor allem eine neue Beschreibungsform dar, die sich vorzugsweise in Abstraktionen bewegt und dabei jene Aspekte betont, die eine aktive Anpassung einfordern und sich somit als gesellschaftlich zweckmäßig herausstellen.

4.3 Die Kulturhistorische Schule

Einen bedeutenderen Versuch zu einer sich vertiefenden Spezialisierung unternimmt Wygotski. Dieser betont verstärkt den historischen Aspekt in der onto- und phylogenetischen Dimension und gilt als der Begründer der Kulturhistorischen Schule. Seine Theorie der kulturellen Entwicklung betont zunächst die Kontinuität der Natur für den Menschen, stellt aber durch das Denken und Sprechen des Menschen einen Bruch der Gesellschaftsgeschichte gegenüber der Naturgeschichte fest. Dieser durch die Arbeit erreichte Bruch bewirkt, dass der Mensch sich nicht nur an seine Umwelt anpasst, sondern diese auch verändert. In der Folge gelangt er zusätzlich zur Einschätzung, dass bei sozialhistorischen Fakten die Naturwissenschaften ihre methodologische Grenzen finden.[1]

1 Vgl. Rubinstein 1984: 112 f., Egger 1987: 144 f., 209, Thielen 1981: 600, 602

Bei Wygotski wird allgemein das Bewusstsein zur zentralen Kategorie der Psychologie. Speziell gilt sein Interesse dem Verhältnis zwischen dem Gedanken und dem Wort und der Bedeutung der Sprache für den Menschen. Die Sprachentwicklung versteht er als eine Verinnerlichung der äußeren Sprache, also im Gegensatz zu Piaget als einen Prozess, der von außen nach innen verläuft. Dieses Interiorisierungskonzept bedeutet, dass sich das Individuum zum Sozialen durch eine Verinnerlichung des gesellschaftlich entstandenen Zeichensystems bewegt. Im verallgemeinernden Charakter der Wörter versteht er hierin einen entscheidenden Sprung vom Sinnlichen zum Rationalen.[1]

Die psychische Tätigkeit begreift er insgesamt als das Produkt einer materiellen Tätigkeit, die sich im Zuge der gesellschaftlichen Entwicklung in eine Bewusstseinstätigkeit umwandelt. Im Laufe der Ontogenese bilden sich folglich die natürlichen Mechanismen der psychischen Prozesse aufgrund der gesellschaftlichen Geschichte um. Mittels einer äußeren interpsychischen Tätigkeit entwickeln sich hierbei die inneren, geistigen Prozesse.[2]

Dieser Ansatz galt jedoch längere Zeit nicht als den Anforderungen der stalinistischen Bürokratie entsprechend. Abgesehen von einer kurzen Aufmerksamkeit in den frühen 1930er-Jahren gelang ihr Durchbruch erst nach Stalins Tod 1953. Mit der anschließenden Durchsetzung der «Kulturhistorischen Schule» wurde die historische Ableitung wieder zu einem zentralen Bestandteil der Forschung.[3]

Anstatt die Lehre Pawlows einerseits und die Grundlagen des historischen Materialismus andererseits zu erörtern, geht es Leontjew zunächst um den Anspruch einer Psychologie als einer einheitlichen Wissenschaft. Er plädiert für den dialektischen Materialismus als weltanschauliche Grundlage, weil damit die natürlichen und gesellschaftlichen Erscheinungen materialistisch erklärt werden können. Die Aufgabe des Aufbaus einer marxistischen Psychologie sei inzwischen zur Aufstellung allgemeinster Prinzipien einer materialistischen Auffassung vom Psychischen gelangt.[4]

Er grenzt seine Psychologie einerseits von biologistischen Vorstellungen ab, wonach sich die Menschen wie die Tiere le-

1 Vgl. Egger 1987: 144 f., 210 f., Thielen 1981: 601

2 Vgl. Leontjew 1980: 269 f., 272

3 Vgl. Thielen 1981: 602, Egger 1987: 145 f.

4 Vgl. Leontjew 1980: 267 f., 273

diglich an ihre Umwelt anzupassen hätten – wenn auch in einer komplizierteren Weise, andererseits wendet er sich auch gegen soziologische Konzepte, in denen die Sozialisation bloß als Ergebnis des aus dem Umgang mit den Mitmenschen ermöglichten Erwerbs gesellschaftlicher Vorstellungen beschrieben wird.[1]

Er baut schließlich wiederum auf den Forschungen Pawlows und weiteren physiologischen Ansätzen mit den entsprechend erforschten funktionalen Hirnsystemen auf. Diese Systeme beschreibt er als dynamisch und abhängig von der tätigen Auseinandersetzung des Subjekts mit seiner Umwelt. Den Entwicklungsprozess der Psyche beschreibt er folglich sowohl physiologisch orientiert, als auch gesellschaftsgeschichtlich ausgerichtet: «Das Psychische des Menschen ist … die Funktion höherer Hirnstrukturen, die im Laufe seiner Ontogenese entstehen, indem sich das Individuum gebildete, auf die umgebende *menschliche* Umwelt gerichtete Tätigkeitsformen aneignet.»[2]

Die Versuche, die höheren psychischen Funktionen analog zu dem in der Biologie üblichen Verständnis der Funktion als besonderer Verrichtung eines Organs in einer direkten Lokalisierbarkeit zu entdecken, rechnet Leontjew einem «naiven Psychomorphismus» zu. Selbst die einfachsten psychischen Funktionen bilden sich nämlich aus einem komplexen Zusammenwirken verschiedener Bereiche des kortikalen Systems. Und wenn durch die Verletzung eines Hirnabschnitts eine bestimmte Funktion ausfällt, dann ist das als Ausfall eines der Glieder eines funktionalen Systems zu verstehen.[3]

Sein psychologischer Schwerpunkt zeigt sich aber bereits in seiner Nachzeichnung der Entwicklung der Empfindungen und des Bewusstseins. Er erfasst allgemein das Psychische als gesellschaftlich determiniert. Indem er an Wygotskis Prinzip des historischen Herangehens anknüpft, findet er bereits bei diesem den Mechanismus der Aneignung gesellschaftlicher Tätigkeitsformen als Grundmechanismus der psychischen Entwicklung des Menschen.[4]

Er zeichnet im Zuge der Herausbildung der menschlichen Gesellschaft noch einmal nach, wie sich gegenüber dem Australopithecus noch die Gesetze der biologischen Evolution un-

---

1 Vgl. Leontjew 1980: 262 f., 265, 274–276

2 Leontjew 1980: 309, vgl. 300–310

3 Vgl. Leontjew 1980: 301 f., 306

4 Vgl. Leontjew 1980: 262, 269 f., 310

eingeschränkt behaupten konnten und danach sich neue Gesetze gesellschaftlicher Art hinzugesellten. Durch den Übergang zum Neoanthropus, welcher der biologischen Ausstattung des gegenwärtigen Menschen entspricht, befreit sich die gesellschaftliche Entwicklung von ihrer morphologisch geprägten Abhängigkeit und gelangt bis zur Alleinherrschaft sozialer Gesetze.[1]

«Seit dem Cromagnonmenschen, das heißt dem Menschen im eigentlichen Sinne, verfügen die Individuen über alle morphologischen Eigenschaften für die weitere unbegrenzte gesellschaftlich-historische Entwicklung, bei der es keiner Veränderung der vererbten Natur mehr bedarf.»[2]

Während die morphologischen Besonderheiten des Menschen seither konstant geblieben sind, änderte sich ihre Lebensweise immer schneller. Bestimmte menschliche Fähigkeiten, wie die Verständigung durch die Sprache oder der Gebrauch von Werkzeugen, wird an die jeweiligen Nachfolgegenerationen weitergegeben. Im Laufe der ontogenetischen Entwicklung realisiert der Mensch somit zwangsläufig die Errungenschaften seiner Art aus der vorangegangenen gesellschaftlichen Entwicklung.[3]

Die Form der Sammlung, Fixierung und Weitergabe der gesellschaftlichen Errungenschaften unterscheidet sich nun grundlegend von der biologischen Form. Die Fixierung dieser Errungenschaften geschieht nämlich äußerlich, indem der Mensch durch seine Arbeit seine Fähigkeiten in seinen Produkten vergegenständlichen kann. In dieser äußeren Verkörperung drückt sich somit das Resultat der Entwicklung menschlicher Fähigkeiten aus. Diese hierin fixierten Wesenskräfte des Menschen sind nicht nur beispielsweise als nützliche Gegenstände zu verstehen, sondern vor allem als psychische Eigenschaften.[4]

Die Umwelt der Menschen ist damit vor allem zu erfassen als eine durch menschliche Tätigkeit umgewandelte Welt, die in ihrer Gegenständlichkeit die bisher angesammelten menschlichen Fähigkeiten beinhaltet. Sie offenbart sich den Individuen nicht unmittelbar als Gabe, sondern als eine Aufgabe. Nur durch eine tätige Auseinandersetzung können die einzelnen Menschen den Gehalt der objektiven Erscheinungen ihrer Um-

---

1 Vgl. Leontjew 1980: 277

2 Leontjew 1980: 278

3 Vgl. Leontjew 1980: 278, 300, 308

4 Vgl. Leontjew 1980: 280, 291, 309

welt erschließen. Die vergegenständlichten gesellschaftlichen Errungenschaften verlangen eine aktive Aneignung durch die jeweils nachfolgende Generation. Insofern ist sozusagen die Natur des Menschen erarbeitet.[1]

Die Verhaltensmechanismen bei den Tieren beschränken sich auf ihre angeborenen Verhaltensweisen, die ihr langsam sich änderndes und vererbtes Artverhalten umfassen und ihre individuellen Anpassungen, welche die funktionale Seite der Evolution darstellen. Der Aneignungsprozess unterscheidet sich als «wichtigstes ontogenetisches Entwicklungsprinzip des Menschen» grundlegend von einer bloßen Anpassung. Die darin wirksamen Mechanismen sind Bildungsmechanismen von Mechanismen und umfassen die Spannbreite einer Erlernung der Beherrschung von Werkzeugen bis hin zur Ermöglichung einer Nutzung von Begriffen. Während eine Anpassung das individuelle Verhalten eines Individuums verändert, reproduziert bei der Aneignung das Individuum die zuvor bereits gesellschaftlich erreichten Fertigkeiten. «Die Fähigkeiten und Funktionen, die sich beim Menschen während dieses Prozesses einstellen, sind psychische Neubildungen, für die die natürlichen, angeborenen Mechanismen und Prozesse nur notwendige (subjektive) Bedingungen sind; sie *ermöglichen* ihr Entstehen, sie *bestimmen* jedoch weder ihren Bestand noch ihre besondere Eigenart.»[2]

Der Vollzug dieser Aneignung verlangt weiterhin auch einen Bezug zu anderen Menschen und eine gemeinsame Betätigung mit diesen sowie eine entsprechende Fortsetzung der daraus gewonnenen Erfahrung in verinnerlichter Form. Hierbei kommt der Nutzung der Sprache eine ganz wesentliche Rolle zu, weil sie ihrerseits eine zentrale Bedingung für den Erwerb von Erfahrungen darstellt. Insgesamt wird es zur vordringlichsten Aufgabe der Psychologie erklärt, die konkreten Gesetze der Verwirklichung des Aneignungsprinzips zu untersuchen.[3]

Um das Aneignungsprinzip in seiner pädagogischen Funktion mit einem konkreten Beispiel zu untermalen, kann etwa die Beschreibung eines Kindes dienen, das den Umgang mit einem Löffel erlernt: Der Löffel, den das Kind ergreift, «wird zunächst ohne weitere Umstände in das System der natürlichen Bewegungen einbezogen. Das Kind führt zum Beispiel den Löffel wie jeden anderen natürlichen Gegenstand, der keinen Werkzeug-

1 Vgl. Leontjew 1980: 281, 308 f.

2 Leontjew 1980: 283, vgl. 282 f., 291, 299 f., 304 f., 310

3 Vgl. Leontjew 1980: 287

charakter hat, an den Mund und achtet nicht darauf, daß es ihn waagrecht halten muß. Durch das unmittelbare Eingreifen der Erwachsenen werden die Handbewegungen des Kindes beim Gebrauch des Löffels allmählich grundlegend umgestaltet und ordnen sich der objektiven Logik des Umgangs mit diesem Gerät unter. Es ändert sich die allgemeine Art der Afferenz dieser Bewegungen; sie werden auf ein höheres, gegenständliches Niveau gehoben. Das Kind erwirbt ein System funktionaler Bewegungen, ein System von Handlungen mit Werkzeugcharakter, das topologischen Beziehungen untergeordnet ist.»[1]

Bezüglich der besonderen Bedeutung der Sprache streicht Leontjew hervor, wie im Rahmen des Sprechenlernens aus einer ersten Signalfunktion eines Wortes ein zusammenhängendes Sprechen entsteht, wodurch sich «innere kognitive Handlungen» bilden können. Hierin sieht er den «Mechanismus der Interiorisierung äußerer Handlungen», durch den ursprünglich äußere Handlungen in innere Handlungen umgewandelt werden können. Durch diesen Mechanismus werden im Laufe der Ontogenese des Menschen die geistigen Errungenschaften aus der menschlichen Entwicklung erwerbbar. Wie sich das Kind die vergegenständlichten Erfahrungen durch praktisch tätigen Nachvollzug aneignet, so eignet es sich die geistigen Erscheinungen durch seine gedankliche Tätigkeit an. Zur Vermittlung der geistigen Handlungen müssen allerdings die inneren Abläufe zunächst wieder exteriorisiert und als äußere Handlungen dargestellt werden, um ihre allmähliche Interiorisierung zu ermöglichen. Somit verläuft die Aneignung gesellschaftlich angesammelter Kenntnisse durch einen Übergang von äußeren Handlungen auf eine sprachliche Ebene, die in ihrer interiorisierten Form in Denkakte übergehen.[2]

Er erwähnt auch spezifische Schwierigkeiten seines Aneignungskonzeptes angesichts der Realität antagonistischer Klassenverhältnisse. Der hierin oftmals bestehende Zwang zu schwerer körperlicher Arbeit beeinträchtigt ihre Möglichkeiten zum Erwerb höherer geistiger Fähigkeiten und allgemein bestimmt die gesellschaftliche Position über den Umfang und die Art der anzueignenden menschlichen Wirklichkeit. Die gesellschaftlichen Bedingungen in seiner eigenen Umgebung sieht er hingegen durchaus optimistisch, wenn er in diesem Rahmen zum Aneignungsprinzip feststellt: «Der Durchbruch dieses

1 Leontjew 1980: 292

2 Vgl. Leontjew 1980: 297, 299, 308

Prinzips wird jetzt nicht mehr durch die ‹Entfremdung› des Individuums vom Bereich menschlicher Errungenschaften eingeschränkt; jeder Mensch kann jetzt seine Berufung und seine wichtigste Aufgabe, seine Fähigkeiten allseitig zu entwickeln, voll erfüllen.»[1]

Dass Leontjew aber die Bedeutung der Gesellschaft so stark in den Vordergrund rückt, diese aber selbst eher abstrakt behandelt und die konkreten gesellschaftlichen Verhältnisse weitestgehend ausblendet, trägt ihm natürlich eine entsprechende Kritik ein. In diesem Sinne wirft ihm etwa Wacker vor, dass bei ihm die Geschichte zu einer wachsenden Ansammlung von Erfahrungen und Fähigkeiten erstarrt. Für die ontogenetische Entwicklung, welcher die individuelle Annäherung an das gesellschaftlich erreichte Erfahrungsniveau aufgegeben ist, erscheinen darin auch soziale Zwänge als eine qualitativ gleichwertige Aneignungsaufgabe. Die in den Vergegenständlichungen mit eingeprägten Verdinglichungen sozialer Verhältnisse bleiben ohne besondere Berücksichtigung. In diesem Zuwachsmodell eröffnet sich kein Platz für widersprüchliche Entwicklungsformen und repressive Funktionen in der Erziehung bleiben unerwähnt. Es zielt ab auf eine Verpflichtung zur Reproduktion gesellschaftlich vorherrschender Zweckrationalität und die Erhaltung des Bestehenden.[2]

Wacker weist weiterhin darauf hin, dass nicht die Aneignung, sondern die Arbeit das eigentliche Unterscheidungsmerkmal des Menschen gegenüber den Tieren darstellt und dass der Aneignungsbegriff bei Marx sich beispielsweise auch auf eine notwendige Aneignung der äußeren Natur durch den Menschen bezieht, auf die Eigentumsformen der bürgerlichen Gesellschaft und dementsprechend auf den Erwerb der Verfügungsgewalt oder schlichtweg auf die Konsumtion.[3]

Zwar kann der Begriff der Aneignung im Sinne eines Erwerbs von den in ihrer Vergegenständlichung fixierten Fähigkeiten aus den Darstellungen von Marx und Engels herausdestilliert werden, aber Leontjew erfasst eben nur eine spezielle Bedeutung. Und während diese neben der gegenständlichen Veränderung der Umwelt durch die Arbeit auch die damit einhergehende Selbstveränderung der Menschen selbst in ihrer sinnlichen Dimension und ihren Bedürfnissen betont, setzt er

1 Leontjew 1980: 287

2 Vgl. Wacker 1977: 69, 75, Thielen 1981: 605–609

3 Vgl. Wacker 1977: 66–73

die menschliche Natur als Konstante voraus und konzentriert sich auf die Ausbildung bestimmter Fähigkeiten. Die Entwicklung der Persönlichkeit schrumpft hierin auf den Erwerb bestimmter Fertigkeiten. Die Bedürfnisse erhalten nicht ebenso wie die Fähigkeiten als gesellschaftlich-historische Kategorie ihren gebührenden Platz. Entwicklung reduziert sich auf eine Befähigung, die auf einer Traditionsaufarbeitung beruht und erscheint losgelöst von einer Befriedigung. So interessiert sich die Kulturhistorische Schule offenbar vor allem für das, was die Menschen können sollen und vernachlässigt das, was sie wollen können. In dieser Perspektive zeigt sie ihre in Psychologie umgesetzte Sichtweise der Bürokratie, die sich für die Einsetzbarkeit der Menschen interessiert und nicht für deren Ansprüche. Die herrschenden Bedürfnisse sind die der Bürokratie – und diese stehen keineswegs zur Diskussion.

Der bürokratische Konservativismus, der in der Reproduktion gegebener Verhältnisse sein Ziel sieht und gesellschaftlichen Veränderungen misstrauisch gegenübersteht, findet so in der Kulturhistorischen Schule seinen passenden psychologischen Ausdruck. Das notwendige Scheitern an den Erfordernissen einer Erneuerung ist in beidem gewissermaßen vorprogrammiert.

4.4 Bürokratie und Psychologie

Die aus den Bedürfnissen der stalinistischen Bürokratie entwickelten Psychologien stellen überwiegend Versuche dar, aus einzelnen Anmerkungen von Marx und Engels eine psychologische Theorie abzuleiten. In der Regel können damit aber die zu erforschenden Erscheinungen lediglich neu beschrieben und bestenfalls neu interpretiert werden. Eine bessere Erklärung oder ein vertieftes Verständnis des menschlichen Wesens ergibt sich daraus kaum. Was als materialistisch ausgegeben wird, zeigt überwiegend ein simplifiziertes Verständnis und die Dialektik erscheint großenteils als schmückender Begriff in Einleitungsbekenntnissen. Und die Parteilichkeit wird nicht verstanden im Sinne eines besonderen methodischen Inventars, denn für sie ist ohnehin gesorgt – durch die Arbeitsaufträge und Anweisungen der Partei.

Mit einem solchen Schicksal steht die Psychologie freilich keineswegs alleine da. Die gesamte theoretische Produktion wurde geprägt von den Interessen einer Bürokratie, welche das gesellschaftliche Leben in seinen zentralen Momenten organisierte. Der Marxismus diente ihr als willkürlich interpretierbare

Zitatensammlung zur ideologischen Absicherung ihrer Herrschaft. Was sich im wissenschaftlichen Bereich als marxistisches Konzept darstellte, war in der Regel vor allem Ausdruck der jeweiligen bürokratischen Interessen und hob stets entsprechende Facetten der marxistischen Theorien in angestrengten Interpretationen hervor.

Dass die sowjetische Wissenschaft den Marxismus als Paradigma zur Legitimation einer bürokratischen Herrschaft benutzte, geht auf die Entstehungszeit der Sowjetunion zurück. Einerseits erwies sich die marxistische Weltanschauung als die aufschlussreichste und erfolgreichste, andererseits wurde das gesellschaftliche Fundament schließlich so angelegt, dass die marxistischen Klassiker nur mit besonderen Interpretationsanstrengungen und speziellen Auslegungen nutzbar waren.

Die Weichenstellung für die Entwicklung der hierin ausgedrückten Interessenslage erfolgte im Rahmen der Auseinandersetzung um die politischen und ökonomischen Perspektiven. Aus Trotzkis Sicht setzte sich anstelle einer internationalistischen und revolutionären Ausrichtung ein national-reformistisches Konzept durch. Er wies in den späten 1920er-Jahren noch ausdrücklich darauf hin, dass es aufgrund der gegenseitigen Abhängigkeit der verschiedenen Länder unmöglich ist, den Sozialismus in einem Land aufzubauen. Da nämlich der Sozialismus auf den am meisten entwickelten Produktivkräften aufbauen muss, diese aber nicht in den nationalstaatlichen Rahmen passen, kann dieses Konzept letztlich nur reaktionär sein. Darum plädierte er für eine ökonomische Perspektive und politische Orientierung in einem internationalen Rahmen.[1]

Stalin hingegen hielt die von Bucharin entwickelte Theorie des Sozialismus` in einem Land für praktisch umsetzbar und unausbleiblich. Nachdem dieses Konzept zum Programm erklärt wurde, erwuchsen daraus gravierende Problemstellungen im nationalen und internationalen Maßstab, durch welche die bereits zuvor erstarkte Bürokratie weiterhin an Bedeutung zunahm und als eine «unkontrollierte Kaste» bzw. ein «bürgerliches Organ des Arbeiterstaats» die Herrschaft übernahm. Zu dieser Rolle befähigte sie keine besonders ausgefeilte Konzeption, sondern schlichtweg ihr eigenes soziales Gewicht. «Das bleierne Hinterteil der Bürokratie wog schwerer als der Kopf der Revolution.»[2]

1 Vgl. Trotzki 1981 b: 187, 1981 f: 169, 1993: 68 f.

2 Trotzki 1981 b: 183, vgl. 178 f, 186 f., 1981 f: 167, Stalin 1969: 397

Für die ursprüngliche Verbindung zwischen Stalin und der Bürokratie findet Trotzki eine anschauliche Beschreibung: «Es wäre naiv zu meinen, daß der den Massen unbekannte Stalin plötzlich, mit einem fertigen strategischen Plan versehen, aus den Kulissen hervorgetreten sei. Nein, bevor er seinen Weg fand, fand die Bürokratie ihn selbst. Stalin bot ihr alle nötigen Garantien: das Prestige eines alten Bolschewiken, starken Charakter, engen Horizont und unzerreißbare Verbindungen zum Apparat, der einzigen Quelle seines eigenen Einflusses. Der Erfolg, der ihm zuteil wurde, kam für ihn selbst anfangs ganz unerwartet. Das war der freundliche Widerhall der neuen herrschenden Schicht, die sich von den alten Grundsätzen und von der Massenkontrolle zu befreien trachtete und für ihre internen Angelegenheiten einen verläßlichen Schiedsrichter brauchte. Im Hinblick auf die Massen und die Revolutionsereignisse eine zweitrangige Figur, offenbarte sich Stalin als unumstrittener Führer der thermidorianischen Bürokratie, als Erster in ihrer Mitte.»[1]

Was mit Stalinismus beschrieben wird, ist also keineswegs auf die besondere Politik Stalins reduzierbar, also beispielsweise auf den um ihn organisierten Personenkult und die Entstellung der innerparteilichen Demokratie. Vielmehr geht es um eine Politik, die das Gesamtinteresse der Bürokratie ausdrückt. Das bedeutet für Trotzki nicht nur eine ökonomische Enteignung der Bourgeoisie, sondern auch eine politische des Proletariats, den Ausbau und die Festigung bürgerlicher Staatsformen anstelle eines absterbenden Staates, ein schematisches Etappenkonzept anstelle einer Erfassung der kombinierten internationalen Entwicklungen, eine nationale Ausrichtung anstelle einer internationalistischen und eine Volksfrontstrategie, die international der Arbeiterbewegung einen bürgerlichen Rahmen verordnete.[2]

Die verheerenden Auswirkungen der danach umgesetzten politischen Praxis prägten das 20. Jahrhundert nachhaltig und trafen vor allem jene am schwersten, in deren Namen sie sich als berufen verstand. Der theoretische Schaden besteht vor allem in einer weltweiten Diskreditierung marxistischer Weltanschauung. Die stalinistische Hegemonie in der Interpretation des Marxismus hinterließ eine ausgesprochen weitgehende Zerstörung von politischem Bewusstsein und Verhinderung emanzipatorischer Theoriebildung.

---

1 Trotzki 1981 b: 182

2 Vgl. Chruschtschow 1991: 36, Trotzki 1975: 248–255, 1981 a: 89 f., 1981 b: 183–188, 1981 d: 148–154

Unter den Rahmenbedingungen stalinistischer Realpolitik erfuhr die Psychologie in der Sowjetunion eine sehr wechselhafte Entwicklung. Anfänglich galt teilweise bereits die Erforschung der Psyche als Idealismus, dann erlebte die Psychologie einen beträchtlichen Aufschwung, gefolgt von verschiedenen krisenhaften Entwicklungen und Rückzügen sowie wiederum neuerlichen Aufbrüchen bis hin zur Illusion unbegrenzter Entwicklungsmöglichkeiten. Zuletzt stand hierbei die Erforschung kognitiver Prozesse im Mittelpunkt der Psychologie. Diese Entwicklungen drückten in der Regel mehr oder weniger direkt die bestimmende Generallinie der stalinistischen Bürokratie aus. Dementsprechend beschreibt Egger die «Gefahr eines speziell marxistischen Reduktionismus» und eines «platten Dogmatismus» in der sowjetischen Psychologie. «Die sowjetische Wissenschaftsgeschichte ist voll von Beispielen der verheerenden Folgen der Bevormundung einzelwissenschaftlicher Forschung durch falsche und vorschnelle philosophische Verallgemeinerungen. Derartiges Vorgehen war u.a. Bestandteil stalinistischen Wissenschaftsbetriebes.»[1]

Um dem Vorwurf des Idealismus` zu entgehen, orientierte sie sich vorzugsweise am unmittelbar gegebenen Materiellen – von der menschlichen Physiologie bis hin zur gesellschaftlichen Gegenständlichkeit. Indem sie vor allem die Verhaltensweisen und Aktivierbarkeiten des Menschen erforschte, blieb diese Psychologie eine mit einer Außensichtweise.

Die marxistischen Klassiker konzentrierten sich auf die zentralen Momente der gesellschaftlichen Entwicklung und erforschten die darin vorrangigen objektiven Prozesse, die sie in einer systematischen Weise darstellten. Das Ideelle, die geistige Entwicklung, galt ihnen überwiegend davon abhängig und in der Wirksamkeit weniger bedeutend. Hieraus aber eine Methode zu konstruieren, welche einen Innenblick für die Psychologie systematisch umgeht und dadurch zu einer Mischung aus konkreter Physiologie und abstrakter Psychologie gelangt, hat den Preis, die Psychologie gewissermaßen wie eine Beschreibung von nervösen Vorgängen in einer Werkhalle zu präsentieren. Meistens können damit aber die zu erforschenden Erscheinungen lediglich anders beschrieben und bestenfalls neu interpretiert werden. Eine bessere Erklärung oder ein vertieftes Verständnis für das menschliche Erleben und Verhalten ergab sich daraus nur in relativ bescheidenem Maße.

---

1 Egger 1987: 105, vgl. 245, 280, 320, Rubinstein 1984: 117

5. Die Psychoanalyse als Ausgangspunkt

Nachdem also die in der Nachfolge Pawlows sich entwickelnde «marxistische Psychologie» nur mit Mühe einen physiologischen Reduktionismus überwinden konnte und sich schließlich vorzugsweise auf eine psychologische Interpretation jeweils passend erscheinender Teile aus der marxistischen Philosophie spezialisierte, wurde damit schließlich ein abstraktes Menschenbild geschaffen, dessen Veränderungen vor allem aus den sich verändernden Ansprüchen der Bürokratie resultierten.

In vielfacher Weise im Gegensatz zu solcher äußerlich bleibender Psychologie entwickelte sich die Psychoanalyse. Ihre Ausgangslage, ihre Zielsetzung, ihre Entwicklung und ihre Bezugnahme zur gesellschaftlichen Wirklichkeit erscheinen als völlig andersartig. Zwar wird ihr eine gewisse kritische Haltung nachgesagt, aber als marxistisch gilt sie kaum. Dennoch beziehen sich nicht wenige kritische WissenschaftlerInnen gerade auf diesen psychologischen Ansatz.

Anlässlich des 150. Geburtstages von Freud entdecken offenbar überhaupt sehr viele ihre besondere Wertschätzung für die Psychoanalyse. Nachdem er in offiziellen Wissenschaftskreisen in der Regel lediglich als überholter Klassiker erwähnt wird und dabei sich der Eindruck aufdrängt, dass er für beliebige Arten der Kritik Material hergibt und ein gewisser Wetteifer in der Überholung Freuds besteht, kommt diese Würdigung etwas unvermittelt daher. Immerhin entstand sein Ruhm von jeher vor allem aus einer Gegnerschaft, also einer Art Negativ-Werbung. Die gegenüber der Psychoanalyse vorgebrachten Einwendungen und Vorbehalte scheinen in den aktuelleren Würdigungen jedoch völlig unterzugehen. Ursprünglich reagierte die Medizin entsetzt auf die hervorgehobene Rolle der Sexualität und die Psychiatrie sah Freud seit der Publikation seiner Traumdeutung als Gegner. Er erlebte den Antisemitismus nicht nur an der Universität, sondern auch in der Praxis. Die Nationalsozialisten verbrannten schließlich seine Werke und ließen vier seiner Schwestern im KZ zu Tode kommen.[1]

1 Vgl. Henning 1987: 117, 119, Fenichel 1998 a: 104

Die Ehrungen Freuds können vermutlich darum geschehen, weil die von ihm konzipierte Wissenschaft kaum Platz in den Universitäten findet und darum keine gefährliche Konkurrenz innerhalb der offiziellen Lehrbetriebe darstellt. Und der gesellschaftskritische Anspruch der Psychoanalyse findet sich inzwischen nur noch in ausgesprochen wenigen Publikationen und konsequenzenlosen Tagungsbeiträgen. Ansonsten erscheint die Psychoanalyse heute als weitestgehend entpolitisiert und zurückgezogen auf ihre therapeutischen Arbeiten.

Seine aktuelle Popularität beruht wahrscheinlich auch weniger auf seinen wissenschaftlichen Leistungen, als auf seinen literarischen. Immerhin brachte ihm seine Begabung, komplexe Zusammenhänge in gemeinverständlicher Weise zu beschreiben und Fallbeschreibungen in eine spannende Form zu bringen, 1930 den Goethepreis ein.[1]

Freuds Weg zur Psychologie war keineswegs geradlinig und zeigte den Entwicklungsweg seiner Interessen auf. Er studierte zuerst Medizin, interessierte sich für die experimentelle Erforschung des Nervensystems und arbeitete am Physiologischen Institut und in der Psychiatrie. Durch eine Studienreise nach Paris lernte er Charcot kennen, der Hysterie mit Hypnose behandelte. Diese Technik entwickelte er dann in seiner in Wien eröffneten Arztpraxis weiter und gelangte dabei zur Technik der freien Assoziation. Damit gelang es ihm, sexuelle Beweggründe in der Hysterie zu entdecken und Träume zu analysieren. Er nannte seine therapeutische Forschungsarbeit fortan Psychoanalyse und entdeckte in einer Selbstanalyse den berühmten Ödipuskomplex.[2]

Er entwickelte dadurch nicht nur schlichtweg die Grundlagen für eine neue Psychologie, sondern auch eine besondere Methode, die es ermöglicht, von den vielfältigen Erscheinungsformen menschlichen Erlebens und Verhaltens in wesentliche Dimensionen des Menschen vorzudringen. Vor allem gelang ihm damit in bahnbrechender Weise eine systematische Erforschung des Unbewussten und der psychosexuellen Entwicklung des Menschen. Schließlich konzipierte er ein theoretisches Gebäude, das weit über die anfänglichen Fragestellungen hinausreicht und bis zu neuen Verständnismöglichkeiten gesellschaftlicher Phänomene und der menschlichen Geschichte gelangt.[3]

---

1 Vgl. Freud GW XIV: 545 ff., Henning 1987: 119

2 Vgl. Freud GW I: 3 ff., II/III: 1 ff., VIII: 73, Henning 1987: 117 f.

3 Vgl. Freud GW V: 29 ff., X: 264 ff., XIII: 3 ff., 74 ff., XIV: 325 ff., 421 ff., XVI: 12 ff., 103 ff.

Um die Frage, ob oder inwiefern von Freud aus überhaupt eine Fundierung kritischer Psychologie möglich ist, besser entscheiden zu können, ist es jetzt zuerst zweckmäßig, zu untersuchen, wie vereinbar seine Lehre mit der marxistischen Weltanschauung ist. Dabei ist besonders eine Herausarbeitung der Vereinbarkeit mit dem Materialismus vordringlich, weil es auch die prinzipielle Frage berührt, inwiefern eine Psychologie ihr eigenes Fachgebiet behaupten kann, ohne als idealistisch gelten zu müssen. Dies ist nicht nur erforderlich, um die methodischen Sackgassen eines simplen Materialismusverständnisses überwindbar zu machen, sondern auch zur Verdeutlichung verschiedener psychologischer Problemstellungen im nahen Umfeld grundlegender weltanschaulicher Fragestellungen. Letztlich wird es auch darum gehen, die Psychoanalyse nicht einfach jenen Kräften zu überlassen, gegen die sich eine kritische Psychologie richtet.

5.1 Psychoanalyse und Materialismus

Freuds weltanschauliches Selbstverständnis ist in einem allgemeinen Sinn sicherlich materialistisch. So versteht er auch die Psychoanalyse als gewissermaßen «unverbesserlich materialistisch». Allerdings kann dieses Selbstverständnis keineswegs als eines im marxistischen Sinn verstanden werden. Immerhin sieht er selbst die Theorie von Marx kaum als «materialistisch» und eher als Niederschlag der Philosophie Hegels. Es besteht also keinerlei Anlass zu einer voreiligen Kennzeichnung Freuds als Materialist. Schließlich bemüht er sich selbst beim Materiebegriff um eine psychoanalytische Interpretation. «Materia ist nun von mater, Mutter, abgeleitet. Der Stoff, aus dem etwas besteht, ist gleichsam sein mütterlicher Anteil.»[1]

Der Materialismus bei Freud ist zunächst vor allem ein physiologischer. Er nimmt also ursprünglich den Vorstellungen entsprechende physiologische Veränderungen an und bemüht sich dementsprechend um einen den verschiedenen Affektionen entsprechenden Nachweis organischer Veränderungen. Eine Schwächung bedeutender Bereiche des Nervensystems versteht er als Krankheitsrisiko, was er am Beispiel der im Gegenzug erstarkenden Kontrastvorstellungen beschreibt: «Erschöpft sind diejenigen Elemente des Nervensystems, welche die materielle Grundlage der zum primären Bewußtsein assozi-

1 Freud GW XI: 162, vgl. 216 f., XV: 191, XVII: 29

ierten Vorstellungen sind; die von dieser Assoziationskette – des normalen Ich – ausgeschlossenen, die gehemmten und unterdrückten Vorstellungen sind nicht erschöpft und überwiegen daher im Momente der hysterischen Disposition.»[1]

Zur weitestgehenden Entfaltung gelangt sein physiologischer Materialismus sicherlich im Rahmen seiner Triebtheorie, die er «zwischen Seelischem und Somatischem» versteht und speziell seines psychosexuellen Entwicklungsmodells. Die Entwicklung seiner Psychologie führt ihn allerdings bald zu Entdeckungen, zu deren Beschreibung er auf keine dafür ursächlich zuständigen physiologischen Merkmale verweisen kann. Er lässt seine Forschungen dadurch nicht anhalten, hofft aber auf eine künftige Entdeckung einer materiellen Entsprechung zu seinen Beobachtungen, die er mit Begriffen wie «psychischer Energie», «Besetzung» oder «Abfuhr» beschreibt. «Die Erfahrungen über die Verschiebbarkeit der psychischen Energie längs gewisser Assoziationsbahnen und über die fast unverwüstliche Erhaltung der Spuren psychischer Vorgänge haben es mir in der Tat nahegelegt, eine solche Verbildlichung für das Unbekannte zu versuchen. Um dem Mißverständnis auszuweichen, muß ich hinzufügen, daß ich keinen Versuch mache, Zellen und Fasern oder die heute ihre Stelle einnehmenden Neuronsysteme als diese psychischen Wege zu proklamieren, wenngleich solche Wege in noch nicht angebbarer Weise durch organische Elemente des Nervensystems darstellbar sein müßten.»[2]

Selbst nach einer umfassenden Ausarbeitung seiner neuen Wissenschaft, die mit zunehmender Entwicklung eine physiologische Rückführung als immer schwieriger erscheinen lässt, hält er an seiner Hoffnung auf eine künftige materielle Verankerung und damit an einer restlosen Erklärung der gesamten Komplexität des menschlichen Geistes durch die Physiologie in zumindest rudimentärer Weise weiterhin fest und versteht in diesem Sinne seine Beschreibungen als vorläufig und mangelhaft. «Die Mängel unserer Beschreibung würden wahrscheinlich verschwinden, wenn wir anstatt der psychologischen Termini schon die physiologischen oder chemischen einsetzen könnten.»[3]

---

1 Freud GW I: 13, vgl. 15, 24, 439

2 Freud GW VI: 165, vgl. V: 27 ff., VII: 169 ff., X: 214

3 Freud GW XIII: 65, vgl. Jahoda 1985: 168

5.1.1 *Die Frage der Anerkennung*

Wie verhält es sich nun mit einer Anerkennung der Existenz einer realen Welt unabhängig von unserem Bewusstsein? Es ist hierzu für keinerlei Zweifel Platz, dass Freud die objektive Realität unabhängig von ihrer Wahrnehmbarkeit anerkennt. Er legt auch großen Wert auf die Unterscheidung zwischen unserer «Empfindungswelt» und der «Welt draußen», der Fantasie und der Wirklichkeit oder auch dem Ich und dem Nicht-Ich. «Das Nichtreale, bloß Vorgestellte, Subjektive, ist nur innen; das andere, Reale, auch im Draußen vorhanden.»[1]

Er unterscheidet also zwischen einer Denkrealität, der Realität des Seelenlebens, und der äußeren Wirklichkeit, der Realität der Außenwelt, was er in den Begriffen «psychische Realität» und «materielle Realität» zusammenfasst. Besonders angesichts der Täuschungsmöglichkeiten aus dem Unbewussten ist diese Unterscheidung erkenntnistheoretisch von entscheidender Bedeutung. «Hat man die unbewußten Wünsche, auf ihren letzten und wahrsten Ausdruck gebracht, vor sich, so muß man wohl sagen, daß die psychische Realität eine besondere Existenzform ist, welche mit der materiellen Realität nicht verwechselt werden soll.»[2]

Diese Unterscheidung ist für ihn beispielsweise wichtig in seiner Erforschung der Angst, die er aufgliedert in Realangst und neurotische Angst. Der Bezugspunkt und die Dimension gelten ihm bei der Angst als psychisch und bei einer Gefahr als äußerlich. Angst bezieht sich unabhängig von einem Objekt auf den Zustand einer unbestimmten Erwartung, die Aufmerksamkeit der Furcht richtet sich gerade auf das Objekt. Und die Fähigkeit zu dieser Unterscheidung kann sich letztlich auch als lebenswichtig herausstellen. «Wenn ... das Individuum in eine neue Gefahrensituation gerät, so kann es leicht unzweckmäßig werden, daß es mit dem Angstzustand, der Reaktion auf eine frühere Gefahr, antwortet, anstatt die der jetzigen adäquaten Reaktion einzuschlagen.»[3]

Die Unterscheidung zwischen der eigenen Vorstellungswelt und der äußeren Welt sieht er bereits bei den Kindern, denen hierzu noch keine ausgereifte Fähigkeit zugesprochen werden

1 Freud GW XIV: 13, vgl. X: 226 f., 358, 372, Freud im Gespräch mit seinen Mitarbeitern: 176, Freud u. Jung 1984: 145, 230

2 Freud GW II/III: 625, vgl. II/III: 4, VIII: 237, 400, XI: 65, 383, XII: 263, XIII: 188, 288, 380

3 Freud GW XIV: 165, vgl. I: 338, VII: 261, XI: 4–426, XIII: 10, XIV: 137, 168, 195–203, XV: 85–92, Freud im Gespräch mit seinen Mitarbeitern: 77

könnte. Ein spielendes Kind erschafft sich nämlich seine eigene Welt, ohne dabei den Bezug zur Wirklichkeit aufzugeben. «Es wäre dann unrecht zu meinen, es nähme diese Welt nicht ernst; im Gegenteil, es nimmt sein Spiel sehr ernst, es verwendet große Affektbeträge darauf. Der Gegensatz zu Spiel ist nicht Ernst, sondern – Wirklichkeit. Das Kind unterscheidet seine Spielwelt sehr wohl, trotz aller Affektbesetzung, von der Wirklichkeit und lehnt seine imaginierten Objekte und Verhältnisse gerne an greifbare und sichtbare Dinge der wirklichen Welt an.»[1]

Allerdings stellt die Fähigkeit zu dieser Unterscheidung eine Errungenschaft dar, die es in der ersten Lebenszeit zu erreichen gilt und die täglich – oder besser gesagt nächtlich – durch unseren Schlaf wieder vorübergehend aufhebbar ist. Die Nacht wird somit gewissermaßen zu einem idealistischen Reich und der Schlaf zum Behüter des Idealismus`. «Der Schlafzustand kann das Ebenbild des Seelenlebens vor der Anerkennung der Realität wiederbringen, weil er die absichtliche Verleugnung derselben (Schlafwunsch) zur Voraussetzung nimmt.»[2]

Somit bleibt festzuhalten, dass Freud eine unabhängig von unserem Bewusstsein existierende reale Welt anerkennt. Die Anerkennung der «materiellen Realität» und ihre Unterscheidung gegenüber der «psychischen Realität» gehört auch zu den zentralen Grundlagen seiner Wissenschaft.

5.1.2 Die Frage der Erkennbarkeit

Hält er aber diese Welt auch prinzipiell für erkennbar? Freud beschreibt die Erlernung der Unterscheidung der Innen- von der Außenwelt durch eine Empfindung der Sinnestätigkeit und geeignete Muskelaktion. «Stellen wir uns auf den Standpunkt eines fast völlig hilflosen, in der Welt noch unorientierten Lebewesens, welches Reize in seiner Nervensubstanz auffängt. Dies Wesen wird sehr bald in die Lage kommen, eine erste Unterscheidung zu machen und eine erste Orientierung zu gewinnen. Es wird einerseits Reize verspüren, denen es sich durch eine Muskelaktion (Flucht) entziehen kann, diese Reize rechnet es zu einer Außenwelt; anderseits aber auch noch Reize, gegen welche eine solche Aktion nutzlos bleibt, die trotzdem ihren konstant drängenden Charakter behalten; diese Reize sind das Kennzeichen einer Innenwelt, der Beweis für Triebbedürfnisse. Die wahrnehmende Substanz des Lebewesens wird so an der

1 Freud GW VII: 214
2 Freud GW: VIII: 231, vgl. XIV: 61

Wirksamkeit ihrer Muskeltätigkeit einen Anhaltspunkt gewonnen haben, um ein ‹außen› von einem ‹innen› zu scheiden.»[1]

Dieses Äußere erscheint für ein menschliches Lebewesen dann aber nicht nur als ein Reiz, dem zu entfliehen ist, sondern auch als eine Möglichkeit, einen inneren Reiz in Gestalt eines Triebbedürfnisses zu befriedigen. So wird etwa auch die Mutterbrust zu einem Objekt, das sich dem Kind zuerst entgegenstellt und es zur Anerkennung einer Außenwelt führt.[2]

Die Unterscheidung zwischen innen und außen wird mithilfe einer komplexeren Realitätsprüfung zusätzlich verbessert. «Ursprünglich ist ... schon die Existenz der Vorstellung eine Bürgschaft für die Realität des Vorgestellten. Der Gegensatz zwischen Subjektivem und Objektivem besteht nicht von Anfang an. Er stellt sich erst dadurch her, daß das Denken die Fähigkeit besitzt, erst einmal Wahrgenommenes durch Reproduktion in der Vorstellung wieder gegenwärtig zu machen, während das Objekt draußen nicht mehr vorhanden zu sein braucht. Der erste und nächste Zweck der Realitätsprüfung ist also nicht, in dem Vorgestellten entsprechendes Objekt in der realen Wahrnehmung zu finden, sondern es wiederzufinden, sich zu überzeugen, daß es noch vorhanden ist.»[3]

Durch eine weitere Fähigkeit des Denkvermögens entwickelt sich dann die genauere Unterscheidung zwischen dem Subjektiven und dem Objektiven: «Die Reproduktion der Wahrnehmung in der Vorstellung ist nicht immer deren getreue Wiederholung; sie kann durch Weglassungen modifiziert, durch Verschmelzungen verschiedener Elemente verändert sein. Die Realitätsprüfung hat dann zu kontrollieren, wie weit diese Entstellungen reichen. Man erkennt aber als Bedingung für die Einsetzung der Realitätsprüfung, daß Objekte verloren gegangen sind, die einst reale Befriedigung gebracht haben.»[4]

Realität wird damit erfahrbar durch ihre Bedeutung für die Befriedigung unserer Bedürfnisse. Sie ist das, «was außerhalb von uns, unabhängig von uns besteht und, wie uns die Erfahrung gelehrt hat, für die Erfüllung oder Vereitelung unserer Wünsche maßgebend ist.»[5]

---

1 Freud,GW X: 212, vgl. XIV: 425

2 Vgl. Freud GW XIV: 424

3 Freud GW XIV: 14

4 Freud GW XIV: 14

5 Freud GW XV: 184, vgl. XVII: 134

Ein Objektverlust und vereitelte Wunscherfüllung als Bedingung der Realitätsprüfung ist sicherlich eine Interpretation, die in schematischen Verständnissen einer Aneignungskonzeption keinen Platz findet. Um den hierbei sich verdeutlichenden Unterschied noch zu unterstreichen, könnte hierzu noch hinzugefügt werden, dass Freud auch bei seiner Analyse erwachsener Menschen sich auf erkenntnistheoretisches Neuland begibt. So würdigt er beispielsweise auch die Reproduktionen realer Eindrücke in der Analyse einer Paranoia.[1]

Obwohl er immer wieder bereit ist, neue oder bislang ungewöhnliche Wege zur Erweiterung der Erkenntnisse zu beschreiten, bleibt für ihn insgesamt die wissenschaftliche Arbeit der einzige sichere Weg zur Kenntnis der Realität. Die Notwendigkeit zur Erkenntnis der äußeren Wirklichkeit ergibt sich allerdings bereits aus dem einfachen Umstand, dass wir diese Wirklichkeit brauchen, um selbst existieren zu können. Eine unnütze Wirklichkeit ist schlichtweg uninteressant. Gegenüber dem Vorwurf des Subjektivismus meint Freud darum, «daß unsere Organisation, d.h. unser seelischer Apparat, eben im Bemühen um die Erkundung der Außenwelt entwickelt worden ist, also ein Stück Zweckmäßigkeit in seiner Struktur realisiert haben muß, daß er selbst ein Bestandteil jener Welt ist, die wir erforschen sollen, und daß er solche Erforschung sehr wohl zuläßt, daß die Aufgabe der Wissenschaft voll umschrieben ist, wenn wir sie darauf einschränken zu zeigen, wie uns die Welt infolge der Eigenart unserer Organisation erscheinen muß, daß die endlichen Resultate der Wissenschaft gerade wegen der Art ihrer Erwerbung nicht nur durch unsere Organisation bedingt sind, sondern auch durch das, was auf diese Organisation gewirkt hat, und endlich, daß das Problem einer Weltbeschaffenheit ohne Rücksicht auf unseren wahrnehmenden seelischen Apparat eine leere Abstraktion ist, ohne praktisches Interesse.»[2]

Diese Organisation ist letztlich allerdings nicht auf unsere unmittelbaren physischen Möglichkeiten und psychischen Strukturen zu beschränken, sondern bedient sich freilich auch äußerlicher Mittel, durch welche zusätzliche Wirklichkeitsdimensionen erfassbar werden.

Die grundlegende Anerkennung der Erkennbarkeit der Welt bedeutet jetzt keineswegs, dass sich dieses Erkennen stets in

---

1 Vgl. Freud GW I: 393

2 Freud GW XIV: 380, vgl. 354

einfacher Weise ergibt. Spätestens seit seiner systematischen Analyse von Träumen beginnt Freud zu erahnen, welche erkenntnistheoretischen Schwierigkeiten in seinen weitergehenden Forschungen auf ihn zukommen. «Daß alles Material, das den Trauminhalt zusammensetzt, auf irgend eine Weise vom Erlebten abstammt, also im Traum reproduziert erinnert wird, dies wenigstens darf uns als unbestrittene Erkenntnis gelten. Doch wäre es ein Irrtum anzunehmen, daß ein solcher Zusammenhang des Trauminhalts mit dem Wachleben sich mühelos als augenfälliges Ergebnis der angestellten Vergleichung ergeben muß.»[1]

Die Frage nach der objektiven Realität in den verschiedenen subjektiven Produktionen wird vor allem dann relevant, wenn daraus eine Kritik an sozialen Verhältnissen entspringt. Und dies ist speziell bei verschiedenen Erinnerungen aus der Kindheit nicht unwesentlich, wenn es beispielsweise um die Frage geht, ob eine erinnerte Verführung in der Kindheit tatsächlich stattgefunden hat oder aus einer bloß psychischen Leistung resultiert. Freud mahnt hierbei zu Skepsis: «Wenn man in der Beurteilung der Realität nicht irregehen will, muß man sich daran erinnern, daß die ‹Kindheitserinnerungen› der Menschen erst in einem späteren Alter (meist zur Zeit der Pubertät) festgestellt und dabei einem komplizierten Umarbeitungsprozeß unterzogen werden, welcher der Sagenbildung eines Volkes über seine Urgeschichte durchaus analog ist.»[2]

Indem nun kindliche Bedürfnisse mit vergleichbaren Problemstellungen konfrontiert werden und eine spätere modifizierende Bearbeitung in ähnlichen sozialen Zusammenhängen erfolgt, bilden sich unabhängig vom ursprünglich wirklichen Erleben relativ gleich lautende Fantasien über die Kindheit. Es muss also beispielsweise keine reale Verführung in den Anfängen der kindlichen Sexualäußerungen stattgefunden haben, um eine neurotische Symptombildung zu veranlassen, sondern es reicht hierfür prinzipiell auch die Fantasietätigkeit. Immerhin kommt in der Neurose der psychischen Realität eine bedeutendere Rolle zu als der materiellen.[3]

Auch wenn Freud hierbei von schockierenden Entdeckungen realer Szenarien des Missbrauchs in der Kinderheit zur rela-

1 Freud GW II/III: 10 f.

2 Freud GW VII: 427, vgl. I: 549

3 Vgl. Freud GW VII: 428, VIII: 151, XI: 384 f., XII: 77 ff., XIII: 220, XIV: 59 f., 525, 541 f., XV: 93, 128 f.

tivierenden Einsicht gelangt, dass eine entsprechend fantasierte Szene eine vergleichbare Auswirkung entfalten kann, unterschätzt er wahrscheinlich letztlich das Ausmaß der tatsächlichen sexuellen Übergriffe, die vor allem den Mädchen während ihrer Kinderheit widerfahren. Aber selbst wenn es bei fantasierten Szenen bleibt, zeigen sie auf, welche Wünsche, Ängste und Konflikte sich aus den konkreten Lebensverhältnissen von Kindern ergeben. Und das bezieht sich nicht nur auf besonders intensiv wirksame Erlebnisse oder traumatische Erfahrungen, sondern auch auf die Auswirkung von Mängeln, die nach einer Kompensation zumindest in der Fantasie streben, nach Verführungsfantasien als einer «Reaktionsbildung gegen die Erinnerung armseliger, wahrscheinlich nicht immer rühmlicher Zeiten und Verhältnisse».[1]

Später merkt er zu dieser Fragestellung noch an, dass er als wahren Anteil hinter dem Trugbild einer Verführungsszene noch eine genitale Erregung bei der Körperpflege des Kleinkindes für vorstellbar hält. Aber die weiter reichende Einsicht seiner Psychologie hieraus ist, dass es von den psychischen und sozialen Auswirkungen her betrachtet letztlich nicht entscheidend ist, ob eine besondere Szene stattgefunden oder wer eine bestimmte Tat ausgeführt hat, sondern dass sie ursprünglich in einer konkreten Lebenssituation erwartet, gefürchtet oder gewollt wurde und die nicht gelungenen Versuche zur Verarbeitung ihrer Vorstellung sich in den späteren Äußerungen noch zeigen.[2]

Anstatt sich auf eine Erwartung zu fixieren, in einer Erinnerung eine exakte psychische Entsprechung eines realen Ereignisses zu finden, ist es also angemessener, die gesamte ursprüngliche Situation als wirksame Realität anzunehmen. Der Wirklichkeitsgehalt in den nachträglichen subjektiven Reproduktionen ist somit in einem weiteren Sinne zu verstehen. Wie im Material von Sagen die Realität des Vergangenen in entstellter und missverständlicher Weise repräsentiert ist, sind die Erinnerungen nicht einfach frei erfunden, sondern stets ein Ausdruck einer verinnerlichten äußeren Wirklichkeit. Insofern fordert Freud trotz seines Respekts vor der Leistungsfähigkeit der psychischen Realität stets dazu auf, die objektive Realität in dem Erinnerten zu beachten. «Wenn unser Patient an einem Schuldgefühl leidet, als ob er ein schweres Verbrechen begangen hätte, so raten wir ihm nicht, sich unter Betonung seiner

1 Freud GW XIV: 60

2 Vgl. Freud GW XIV: 413, 492, 497, XV: 128 f., Zweig 1991: 129, 164 f.

unzweifelhaften Schuldlosigkeit über diese Gewissensqual hinwegzusetzen; das hat er schon selbst erfolglos versucht. Sondern wir mahnen ihn daran, daß eine so starke und anhaltende Empfindung doch in etwas Wirklichem begründet sein muß, was vielleicht aufgefunden werden kann.»[1]

Diese Orientierung an den wirklichen Zusammenhängen und begründeten Handlungsabsichten hinter den fantasierten Szenen ist keineswegs eine bloß theoretische Übung, sondern zeigt ihre praktische Bedeutung, wenn etwa eine fantasierte Vorstellung sich in Symptomen ausdrückt. «Der Hysteriker wiederholt in seinen Anfällen und fixiert durch seine Symptome Erlebnisse, die sich nur in seiner Phantasie so zugetragen haben, allerdings in letzter Auflösung auf wirkliche Ereignisse zurückgehen oder auf solchen aufgebaut worden sind.»[2]

Solche Erkenntnisse sperren sich freilich gegenüber einer einfachen Konzeption der Widerspiegelungstheorie, in der Bewusstsein schlichtweg als Abbild der Wirklichkeit gilt und die Gedankenwelt ohne unmittelbare Entsprechung in der wirklichen Welt als bedeutungsloses psychisches Beiwerk nimmt. Freud sondert die scheinbar unpassenden Bestandteile unseres psychischen Geschehens nicht aus, sondern erweitert damit unser Bild der Wirklichkeit und entdeckt oft gerade in ihnen die Lösungen zahlreicher Rätsel.

Somit bleibt allgemein festzuhalten, dass in der Psychoanalyse sich die Erkennbarkeit der Welt bereits aus den einfachen Erfahrungen einer Veränderbarkeit von Umweltreizen und den Möglichkeiten zur Bedürfnisbefriedigung ergibt und die Prüfung der Realität bereits an den ersten Erlebnissen des Vermissens bestimmter Objekte ansetzt und sich vor dem Hintergrund unserer speziellen Interessen weiterentwickelt. Dabei stellt sich heraus, dass der Weg von der Wirklichkeit bis zur Widerspiegelung durch den Menschen ausgesprochen komplex ist und vielfältige Prozesse durchläuft. Wesentliche Komplikationen ergeben sich hierin vor allem aus der Mitwirkung unbewusster Vorgänge, denn diesen gilt die Realitätsprüfung schlichtweg nichts. Aber selbst solche Schwierigkeit scheut Freuds Forscherdrang nicht. «Nichts darf uns abhalten, die Wendung der Beobachtung auf unser eigenes Wesen und die Verwendung des Denkens zu seiner eigenen Kritik gutzuheißen.»[3]

1 Freud GW XIV: 217, vgl. VIII: 152 f.
2 Freud GW IX: 107, vgl. XIV: 164
3 Freud GW XIV: 356 f., vgl. VIII: 237

5.1.3 Die Frage der Entwicklung

Und wie hält es Freud mit der Entwicklung dieser Welt? Hält er die Materie oder ein Bewusstsein für ursprünglich? Anhand der erwähnten Unterscheidung zwischen der Angst als objektlosem Erwartungszustand und der Furcht als Reaktion auf eine äußere Gefahr gelangt Freud zu einer klaren Einschätzung: Die Gefahr war vor der Angst, die ursprünglich aus einer Reaktion darauf entstand.[1]

Um es aber kurz zu machen – auch in dieser Fragestellung bleibt er materialistisch. Für ihn ist klar, dass Lebloses vor dem Lebenden bestand. Aus unbelebter Materie entstand Lebendiges und hieraus entwickelte sich erst Bewusstsein.[2]

Selbst in der Frage nach dem historischen Verhältnis von Wort und Tat räumt er Letzterem den Vorrang ein. In früheren Gesellschaftsformationen sieht er nämlich aufgrund der mangelhaften Trennung zwischen psychischer und faktischer Realität eine ungehemmte Umsetzung des Gedankens in die Tat, sodass die Tätigkeit noch anstelle des Denkens steht und diesem vorausgeht. So nimmt er an, dass in der Kulturentwicklung die Tat dem Wort vorangeht.[3]

Das Bewusstsein selbst ist geschichtlich gesehen erst eine relativ späte Errungenschaft und löst sich anfänglich im Rahmen der beginnenden Entwicklung des Menschen aus dem Unbewussten heraus. «Das Denken war wahrscheinlich ursprünglich unbewußt, insoweit es sich über das bloße Vorstellen erhob und sich den Relationen der Objekteindrücke zuwendete, und erhielt weitere für das Bewußtsein wahrnehmbare Qualitäten erst durch die Bindung an die Wortreste.»[4]

Den Prozess der gesellschaftlichen Geschichte beschreibt er aber vor allem aus der Perspektive der Bedürfnisse und deren Befriedigung. Zur Kulturentwicklung stellt er dementsprechend fest: «Diesen Prozeß können wir durch die Veränderungen charakterisieren, die er mit den bekannten menschlichen Triebanlagen vornimmt, deren Befriedigung doch die ökonomische Aufgabe unseres Lebens ist.»[5]

Er vermutet etwa die Gründung der Familie durch die Ersetzung eines vorübergehenden Auftretens des Bedürfnisses nach

1 Vgl. Freud GW XIV: 164 f., 181, 194, XV: 94, 99–101

2 Vgl. Freud GW XIII: 40

3 Vgl. Freud GW IX: 193 f., XII: 170, XIV: 214

4 Freud GW VIII: 233 f.

5 Freud GW XIV: 456

genitaler Befriedigung durch ein dauerhaftes. Aber nicht nur die Bedürfnisbefriedigung sieht er als historisch variabel. Im Laufe der Menschheitsentwicklung nimmt er auch eine wesentliche Veränderung der Wahrnehmung und der Sinnesorgane an. So führt er etwa an, dass durch die Aufrichtung des Menschen am Beginn der Kulturentwicklung die Geruchsreize entwertet und die Gesichtsreize bedeutender wurden.[1]

Und wie in der Phylogenese betont er die Veränderbarkeit der Bedürfnisbefriedigung auch in der Ontogenese. Was hierbei allerdings deutlich wird, ist der Umstand, dass die grundlegenden Veränderungen in der Bedürfnisgestaltung in einer Zeit stattfinden, in welcher der Mensch noch zu wenig produktiver Tätigkeit fähig ist. Freud betont, «daß der Mensch mit den mannigfaltigsten Triebanlagen ausgestattet ist, denen die frühen Kindheitserlebnisse die endgültige Richtung anweisen.»[2]

Die Verinnerlichungen aus ihrer frühen Lebenszeit haben also einen beträchtlichen Anteil daran, dass die Menschen nie ganz in der Gegenwart leben und sich gewissermaßen lebenslänglich unzeitgemäß verhalten.[3]

Also auch angesichts des Entwicklungsaspektes ist eine materialistische Basis für die Psychoanalyse vorhanden. Freud nimmt in historischer Sicht die unbelebte Materie als primär gegenüber dem Bewusstsein an und zeichnet die Entwicklung des Denkens aus der Tätigkeit nach. Seine grundlegende Perspektive nimmt allerdings die Bedürfnisbefriedigung zum allgemeinen Ausgangspunkt.

5.1.4 Die Frage der Wirkung

Wie sieht es nun noch aus mit dem Wirkungsaspekt? Nimmt die Psychoanalyse das Materielle oder das Ideelle als in dieser Welt primär wirksam an? Nachdem Freud rasch die Grenze physiologischer Erklärungsansätze erkennt, beschreibt er die an Hirnorganen und chemischen Zuständen orientierten Forschungen als oberflächlich. Stattdessen zeigt er, dass es auch «ein rein psychologisches Problem» geben kann und die Funktionalität des Nervensystems nicht alle psychischen Erscheinungen erklären kann.[4]

Trotz seiner verbleibenden Vorbehalte gegenüber idealistischen Illusionen überwindet er damit die Begrenzungen eines

1 Vgl. Freud GW XIV: 458 f.

2 Freud GW XIV: 330

3 Vgl. Freud GW XV: 73 f.

4 Vgl. Freud GW I: 450–459, 472 f., V: 293

physiologischen Materialismus`. Selbstkritisch meint er später: «Ich grüner Junge, der materialistischen Lehre voll, drängte mich vor, um einen höchst einseitigen Standpunkt zu vertreten.»[1]

Diese Überwindung trägt ihm freilich seitens einer bescheiden gehaltenen Vorstellung von psychischen Prozessen den Einwand ein, dass er sich etwa im Gegensatz zu Pawlow nicht um die höhere Nerventätigkeit und die Gehirnphysiologie kümmere, das menschliche Bewusstsein losgelöst vom Gehirn betrachte, die Sinneserfahrungen und die Erkenntnis der Welt damit vernachlässige und den Verstand als eine körperlose, rein seelische Erscheinung verstehe.[2]

In seiner Erforschung der Träume erkennt Freud jedenfalls bald, dass der objektiven Sinnesreizung eine oft überschätzte Bedeutung zugemessen wird und dass die psychischen Traumquellen eine bestimmendere Rolle einnehmen. Im Gegensatz zur herrschenden Denkrichtung in der Psychiatrie lässt er sich darum auch nicht länger von der geforderten Suche nach Beweisen organischer Veränderungen zurückhalten. «Die Herrschaft des Gehirns über den Organismus wird zwar nachdrücklichst betont, aber alles, was eine Unabhängigkeit des Seelenlebens von nachweisbaren organischen Veränderungen oder eine Spontaneität in dessen Äußerungen erweisen könnte, schreckt den Psychiater heute so, als ob dessen Anerkennung die Zeiten der Naturphilosophie und des metaphysischen Seelenwesens wiederbringen müßte.»[3]

Freud geht zunehmend von einer Wechselwirkung zwischen Leiblichem und Seelischem aus und sieht seine Lehre gegenüber der Medizin als eine Ergänzung durch die Hervorhebung einer gewissen Selbständigkeit des Seelenlebens und dessen Wirkung auf den Körper. Anstatt sich von Nachweisen physiologischer Art oder Beweisen für spezielle Ereignisse länger zurückzuhalten, beginnt er, seine Forschungen auch ohne ersichtliche materielle Grundlage fortzusetzen. «Man lasse sich ... nie dazu verleiten, die Realitätswertung in den verdrängten psychischen Bildungen einzutragen und etwa Phantasien darum für die Symptombildung gering zu schätzen, weil sie eben keine Wirklichkeiten sind, oder ein neurotisches Schuldgefühl anderswoher abzuleiten, weil sich kein wirklich ausgeführtes Verbrechen nachweisen lässt. Man hat die Verpflichtung, sich jener Währung zu bedie-

1 Freud GW II/III: 218, vgl. IX: 134
2 Vgl. Wells 1974: 186 f., Sapir 1972: 66
3 Freud GW II/III: 45, vgl. 31, 42–45

nen, die in dem Lande, das man durchforscht, eben die herrschende ist, in unserem Falle der neurotischen Währung.»[1]

Seine Analysen verschiedener Neurosen zeigen ihm immer wieder, dass hierin bereits ein Gedanke dieselbe Auswirkung haben kann wie eine wirkliche Tat und dass insgesamt psychische Realitäten eine dominierende Rolle übernehmen können. Eine entsprechende Besonderheit nimmt er ebenso in ursprünglicheren Gesellschaftsformationen an. «Wir müssen uns hüten, aus unserer nüchternen Welt, die voll ist von materiellen Werten, die Geringschätzung des bloß Gedachten oder Gewünschten in die nur innerlich reiche Welt des Primitiven und des Neurotikers einzutragen.»[2]

Als materielle Grundlage bezieht er sich zunehmend auf die Bedürfnisse, die er in seinen Triebtheorien beschreibt. Diese Ausrichtung ergibt sich für ihn aus seiner Feststellung, dass er konfliktreiche Vorstellungen und falsche Verknüpfungen von Affekten überwiegend bezüglich des sexuellen Erlebens findet. Schließlich erkennt er bald in der Sexualität die wesentlichsten Ursachen für Neurosen und weist auch nach, wie Veränderungen im Sexualleben sich auf den Krankheitsverlauf auswirken.[3]

Ein Trieb ist für Freud die psychische Repräsentanz einer innersomatischen Reizquelle, deren Erregung er aufheben möchte. Die hieraus entfalteten menschlichen Leidenschaften schätzt er beispielsweise als stärker ein als die Kraft von Argumenten. Aber er erkennt auch die Beeinflussbarkeit der Triebe durch die jeweilige gesellschaftliche Wirklichkeit. So beschreibt er etwa die sexuelle Freiheit als wesentlich beeinflusst von der wirtschaftlichen Struktur der Gesellschaft, da der Zwang der ökonomischen Notwendigkeit der Sexualität die selbst benötigte psychische Energie entzieht. Und im Zuge der Erforschung verschiedener Symptome mahnt er immer wieder dazu, die reale gegenwärtige Situation und die «Wirklichkeiten des Lebens» ausreichend zu berücksichtigen.[4]

Freud bleibt also trotz seiner Ablösung von seinem ursprünglichen physiologischen Materialismus bestrebt, eine materielle Grundlage für seine Psychologie zu erhalten. Um seine psychologischen Forschungen aber nicht einzuschränken, löst er sich von seinen Bemühungen um die Entdeckung einer je-

1 Freud GW VIII: 237 f., vgl. V: 291, IX: 107

2 Freud GW IX: 193, vgl. 191–194

3 Vgl. Freud GW I: 62–67, 436, 491, 502

4 Vgl. Freud GW IV: 125, V: 67, VII: 467 f., XIV: 329, 463 f., 505 f.

weils direkten materiellen Entsprechung. Sowohl die organische Basis als auch die soziale Wirklichkeit erfährt er als in komplexe Vermittlungsprozesse einbezogen, welche die Annahme einer unmittelbaren psychischen Umsetzung mit dem Fortschritt seiner Forschungen immer illusorischer erscheinen lassen. So gelangt er zunehmend zu einer Beschreibung und Erklärung psychischer Erscheinungen, für die er keine direkte materielle Entsprechung vorweisen kann. Einerseits erhofft er sich die Entdeckung einer solchen Entsprechung, andererseits entwickelt er dafür eine sprachliche Ausdrucksform, welche psychische Strukturen und Prozesse in plastischer Weise veranschaulichen kann. Das erleichtert nun zwar die Entwicklung seiner Wissenschaft, öffnet sie allerdings auch für theoretische Fortsetzungen, die mit dem Materialismus nicht vereinbar sind.

Bis zu dieser Stelle kann jedenfalls die Psychoanalyse als eine materialistische Wissenschaft behauptet werden. Zu deutlichen Fehleinschätzungen und idealistischen Zerrbildern kommt Freud jedoch v.a. im Rahmen seiner massenpsychologischen Überlegungen und kulturtheoretischen Spekulationen. Um diese Probleme in ihrer Entstehung zu erfassen, ist es erforderlich, Freuds Handhabung der dialektischen Methode zu veranschaulichen.

5.2 Psychoanalyse und Dialektik

Bezüglich der Dialektik äußert sich Freud selbst eher argwöhnisch. Allerdings erreicht er gerade hierzu seine großartigsten Leistungen. Indem er seine Methode aus den Eigenschaften seines Forschungsgegenstandes ableitet, entdeckt er nicht nur im Unbewussten ein ursprüngliches Reich der Dialektik, in dem die elementaren Gesetzmäßigkeiten der Logik nicht gelten, sondern er entwickelt allgemein durch seine Analysen der konkreten Wirkungsweise im Seelenleben eine Vielfalt dialektischer Konzeptionen. So kann er beispielsweise erklären, wie sich die persönliche Identität von Menschen aus gegensätzlichen Einheiten konstituiert, und verdeutlichen, dass Widersprüchlichkeit keineswegs pathologisch sein muss, sondern allgemein das gesamte Leben durchzieht und bestimmt. Dabei gibt er sich nicht zufrieden mit einer besonderen Interpretation der Widersprüche, sondern trägt selbst in vielfacher Weise auch zu ihrer Veränderung bei. Die Ausarbeitung einer dialektisch konzipierten Wissenschaft macht er selbst jedoch nicht in bewusster Weise, womit er seine Überwindung der Begrenzungen auf die Gültigkeit elementarer Logik begriffslos und allgemein die wissenschaftstheoretische Bedeutung der Psychoanalyse unreflektiert hinterlässt.[1]

Da er über ein naturwissenschaftliches Selbstverständnis verfügt, entstehen auch hieraus später bedeutende wissenschaftstheoretische Missverständnisse, weil Naturwissenschaft heute nicht einfach als die Wissenschaft von der Natur, sondern vor allem als Verwendung eines bestimmten methodischen Instrumentariums verstanden wird, das auch positivistisch genannt wird. Und von hier aus betrachtet stellt sich die Psychoanalyse als relativ wehrlos dar gegenüber Einschätzungen ihrer Forschungen und Ergebnisse als «unwissenschaftlich».[2]

5.2.1 Zum Aspekt der Entwicklung in der Psychoanalyse

Bei Freud erhält der Entwicklungsaspekt gleichsam eine zusätzliche Dimension. Er untersucht nicht nur das Gegebene in seinen Bewegungsformen und dadurch in seiner Gewordenheit, sondern entdeckt auch bislang unbekannte Auswirkungen der Vergangenheit auf die Gegenwart und eine bislang ungeahnte Komplexität im menschlichen Entwicklungsprozess. Einen «Zusammenhang zwischen der Leidensgeschichte und dem Leiden» erfährt er schon in seinen Untersuchungen der Hysterie.[3]

Entgegen den Erwartungen an eine Psychologie, ein Entwicklungsschema zur Darstellung eines kontinuierlichen Reifungsprozesses zu entwickeln, stellt die Psychoanalyse immer wieder die Diskontinuitäten, Rückläufigkeiten und andere Komplikationen in den Vordergrund. Die erste bekannte Komplikation besteht ja bereits in der Ungleichzeitigkeit der sexuellen und psychischen Reife des Menschen.[4]

Einen umfassenderen Eindruck von der den Menschen betreffenden Ungleichzeitigkeit erhält Freud dann mit seiner systematischen Erforschung der Träume. Er stellt nämlich fest, dass sich der Traum keineswegs mit dem Material der Erlebnisse des vergangenen Tages begnügt, sondern von diesen aus auf die Inhalte aus jeder Zeit des Lebens zugreifen kann.[5]

Er entdeckt, dass das Verdrängte durch die Zeit nicht veränderbar ist und die unbewussten Wünsche weiter bestehen und

1 Vgl. Abl 1993: 229
2 Vgl. Abl 1993: 11–31
3 Vgl. Freud GW I: 200, 227
4 Vgl. Freud GW I: 384
5 Vgl. Freud GW II/III: 174, 225, 374, 626

wirksam bleiben. Die Vorgänge im Unbewussten erweisen sich als überhaupt keiner zeitlichen Ordnung folgend und gegenüber der Zeit als beziehungslos. Im Unbewussten gelten wir damit auch als unsterblich. Erst das Bewusstsein schafft ein Verhältnis zur Zeit und erkennt uns als vergänglich. Indem er jedenfalls bemerkt, dass sich das Vergangene im Seelenleben eher regelmäßig als erhalten erweist, nimmt er schließlich an, «daß im Seelenleben nichts, was einmal gebildet wurde, untergehen kann, daß alles irgendwie erhalten bleibt und unter geeigneten Umständen ... wieder zum Vorschein gebracht werden kann.»[1]

Seinem topischen Modell von Es, Ich und Überich zugeordnet bedeutet das: Im Es, der ältesten psychischen Instanz mit allen ererbten Konstitutionen und physischen Grundlage der Triebe, findet sich keine Entsprechung für die Zeitvorstellung. Erst im Ich, der vermittelnden Instanz zwischen dem Es, dem Überich und der realen Außenwelt mit dem Zweck der Selbstbehauptung, wird durch das Wahrnehmungssystem die Beziehung zur Zeit vermittelt. Und im Überich wirkt die Zeitdimension über seine Fortsetzung des Einflusses der Eltern und der gesellschaftlichen Ideale und Maßstäbe. Das Es repräsentiert also die Einflüsse der organisch ererbten Vergangenheit, das Ich das selbst Erlebte, Akzidentelle und das Überich die von anderen übernommene kulturelle Vergangenheit, die das Kind in seiner Frühzeit nacherlebt.[2]

Die im Traum entdeckte zeitliche Beweglichkeit wird allerdings keineswegs gleichmäßig genutzt, sondern die Auswahl des Traummaterials wird vor allem von den Eindrücken aus der ersten Lebenszeit angezogen, die offenbar am intensivsten nach einer Reproduktion verlangen. In diesen «Nachwirkungen der Kindheitseindrücke» wird deutlich, dass im Traum die scheinbar vergessenen Kindheitserlebnisse wieder zugänglich werden können. Die außerhalb der Psychoanalyse bestehende Auffassung, dass die allerbedeutsamsten Eindrücke aus der frühen Kindheit im Gedächtnis nicht erhalten sind, erweist sich dadurch als unhaltbar. Die außerordentliche Bedeutung erwächst den ersten Kinderjahren dadurch, dass in dieser Zeit die Eindrücke der Frühblüte der Sexualität einem noch schwachen Ich gegenüberstehen und aus den Entwicklungen der daraus

1 Freud GW XIV: 426, vgl. II/III: 559, IV: 260, VIII: 462, X: 286, 341, 350, XIII: 28, XIV: 430, XV: 81

2 Vgl. Freud GW XV: 80, 82, XVII: 67–70, 138

sich ergebenden Konflikte eine Vorbildwirkung für das weitere Leben zu erwarten ist.[1]

«Die Psychoanalyse ist genötigt worden, das Seelenleben des Erwachsenen aus dem des Kindes abzuleiten, Ernst zu machen mit dem Satze: das Kind ist der Vater des Mannes. Sie hat die Kontinuität der infantilen Psyche mit der des Erwachsenen verfolgt, aber auch die Umwandlungen gemerkt, welche auf diesem Wege vor sich gehen.»[2]

Die Dimension der hierin entdeckten lebenslänglichen Wirksamkeit des infantilen Moments wird dann sichtbarer in der Erforschung der Neurosen. Freud entdeckt nämlich in den neurotischen Symptomen einerseits eine besondere Form einer Wiederkehr infantiler Sexualbefriedigung, andererseits Erinnerungssymbole für gewisse Erlebnisse. Die neurotischen Menschen leiden also sozusagen an Reminiszenzen. Die Rückgriffe in der Entwicklung durch deren zeitliche Regressionen und deren Fixierung einer bestimmten Vergangenheit lösen somit das Rätsel der oft sonderbar anmutenden neurotischen Symptome. Diese Erklärung wendet er schließlich auch auf den Wahn an. Eine Rückkehr zu früheren affektiven Zuständen und Funktionsweisen erklärt für ihn das Wesen der Geisteskrankheit. Aber schließlich interessiert ihn der Einfluss des infantilen Eindrucks nicht nur wegen einer späteren Erkrankung, sondern auch bezüglich der großen Leistungen.[3]

Wie sieht es aber aber aus mit der noch vor uns liegenden Zeit? Können etwa unsere Träume auch in die Zukunft sehen? Solchen Fragen stellt die Psychoanalyse immer wieder ihren Hinweis auf die erforderliche Besinnung auf die Nachwirkung des Vergangenen als Begleiterin zur Seite. Sie zeigt beispielsweise, dass durch die Erfüllung eines Wunsches der Traum in die Zukunft führen kann, indem er sie als Ebenbild der Vergangenheit des Wunsches gestaltet.[4]

Er zeigt etwa anhand einer Fantasie, wie der Wunsch aus einem aktuellen Anlass ein Zukunftsbild nach dem Muster der Vergangenheit entwirft: «eine Phantasie schwebt gleichsam zwischen drei Zeiten, den drei Zeitmomenten unseres Vorstellens. Die seelische Arbeit knüpft an einen aktuellen Eindruck,

1 Vgl. Freud GW II/III: 250, 552, V: 152, VIII: 412, XI: 191, 216, XV: 158

2 Freud GW VIII: 412, vgl. XVII: 113

3 Vgl. Freud GW VII: 196, VIII: 11 f., X: 337 f., 413, XI: 283, XII: 90, 133, 325, XVI: 56, Freud im Gespräch mit seinen Mitarbeitern: 286

4 Vgl. Freud GW II/III: 626, IV: 52

einen Anlaß in der Gegenwart an, der imstande war, einen der großen Wünsche der Person zu wecken, greift von da aus auf die Erinnerung eines früheren, meist infantilen Erlebnisses zurück, in dem jener Wunsch erfüllt war, und schafft nun eine auf die Zukunft bezogene Situation, welche sich als die Erfüllung jenes Wunsches darstellt, eben den Tagtraum oder die Phantasie, die nun die Spuren ihrer Herkunft vom Anlasse und von der Erinnerung an sich trägt. Also Vergangenes, Gegenwärtiges, Zukünftiges wie an der Schnur des durchlaufenden Wunsches aneinandergereiht.»[1]

Diese Erkenntnisse bestimmen in der Folge natürlich auch die psychoanalytischen Vorstellungen zur Entwicklung des Menschen. Im Unterschied zu historischen Überresten einer realen Entwicklung, in der immer wieder alte Materialien und Formen durch neue ersetzt werden, wird die seelische Vergangenheit nicht von ihren Abkömmlingen aufgezehrt. In der psychischen Entwicklung bleibt jede frühere Entwicklungsstufe neben den späteren bestehen, sodass Erlebensweisen und Reaktionsmuster aus verschiedenen Zeiten wieder gleichzeitig aktiviert werden können.[2]

In den unterschiedlichen Formen der Organisation in der psychosexuellen Entwicklung bleibt jede frühere Phase hinter der späteren erhalten. Frühe Entwicklungsschwierigkeiten äußern sich später als ursprüngliche Quelle krankhafter Erscheinungen, wodurch klar wird, dass die Disposition für eine spätere psychische Erkrankung bereits die ersten Kindheitsjahre festlegt.[3]

Es ist darum nicht verwunderlich, dass es gleichsam zum Markenzeichen der Psychoanalyse geworden ist, immer nach der Genese der Dinge zu fragen. Freud kritisiert stets die bloße Würdigung des Einflusses der realen Lebensaufgaben, ohne die individuelle Vergangenheit zu beachten. Selbst zur Würdigung der Inhalte der Gegenwart – fügt er hinzu – ist es nötig, dass sie zur Vergangenheit geworden ist.[4]

Jede Psychoanalyse setzt also die Erforschung und Berücksichtigung der frühen Kindheit voraus. Als Therapie erhält sie damit zwangsläufig einen «rückschreitenden» Charakter: «Es zeigte sich, daß die Psychoanalyse nichts Aktuelles aufklären

1 Freud GW VII: 217 f.

2 Vgl. Freud GW VIII: 413, X: 337, XIV: 172, 179 f., 426, 428

3 Vgl. Freud GW V: 109, XIV: 58, XV: 106

4 Vgl. Freud GW XI: 359, XIV: 326, Freud im Gespräch mit seinen Mitarbeitern: 115

könne außer durch Zurückführung auf etwas Vergangenes, ja daß jedes pathogene Erlebnis ein früheres voraussetzt, welches, selbst nicht pathogen, doch dem späteren Ereignis seine pathogene Eigenschaft verleiht.»[1]

Diesen erforderlichen Rückblick lässt er allerdings keineswegs an den Grenzen der Ontogenese enden. Er lässt sich auch auf spekulative Annahmen bezüglich der Phylogenese ein. Das «hereditäre, phylogenetisch erworbene Moment im Seelenleben» zieht Freud allerdings zunächst erst dann hinzu, «wenn die Psychoanalyse in Einhaltung des korrekten Instanzenzuges auf die Spuren des Ererbten gerät, nachdem sie durch die Schichtung des individuell Erworbenen hindurchgedrungen ist».[2]

Wenn er also in der Ontogenese keine Aufklärung für eine bestimmte Erscheinung findet, nimmt er sie als in der Phylogenese steckend an. Was er als Rest nicht aus dem sozialen Kontext resultierend erkennt, rechnet er schlichtweg dem Biologischen zu. «Die Phänomene, die wir bearbeiteten, gehören nicht nur der Psychologie an, sie haben auch eine organisch-biologische Seite und dementsprechend haben wir in unseren Bemühungen um den Aufbau der Psychoanalyse auch bedeutsame biologische Funde gemacht und neue biologische Annahmen nicht vermeiden können.»[3]

Diese Annahmen zu den prinzipiellen Möglichkeiten des biologisch Vererbbaren trägt ihm zu Recht die Kritik ein, dass er hiermit den Rahmen dessen, was sich als angeboren erweisen kann, beträchtlich überschreitet.[4]

Er zeichnet allgemein ein Entwicklungsmodell, das dem Aktuellen und Reiferen in skeptischer Weise gegenübersteht und das Vergangene und weiterhin wirksame Frühere betont. Auch streicht er etwa hervor, dass die Höherentwicklung des Lebenden in einem Punkt häufig durch Rückbildung in einem anderen erkauft und wettgemacht wird. Sein Augenmerk gilt allgemein vor allem den Auswirkungen der Vergangenheit. «Alles Neue muß seine Vorbereitungen und Vorbedingungen in Früherem haben.»[5]

Die methodischen Fehler hierin bestehen einerseits in der Verallgemeinerung einer in der individuellen Entwicklung ent-

1 Freud GW X: 47, vgl. XI: 336 f., XVI: 177

2 Freud GW XII: 157

3 Freud GW XVII: 125

4 Vgl. Wells 1974:188

5 Freud GW XVI: 118, vgl. XIII: 44

deckten Gesetzmäßigkeit auf die menschliche Geschichte und andererseits der Gleichsetzung des Entwicklungsprimats mit dem Wirkungsprimat. Was Freud in der menschlichen Ontogenese entdeckt, ist eine Wirkungsvielfalt in der Entwicklung, deren Berücksichtigung zahlreiche sonderbar anmutende Erscheinungen erklären und rätselhafte Entwicklungen auflösen kann. Aber indem er seine Erkenntnisse der Nachwirkung der Kindheit im individuellen Seelenleben auf die phylogenetische Entwicklung überträgt, gelangt er in das Unterfangen eines Versuches, in aktuellen gesellschaftlichen Problemstellungen die Auswirkungen frühgeschichtlicher Szenarien zu entziffern. Im methodischen Kurzschluss möchte er im historischen Maßstab der Geschichte das erahnen, was er in der Entwicklung der individuellen Psyche entdeckte.

Und in seiner Hervorkehrung der kausalen Zusammenhänge, die in ihrer Tendenz das jeweils Ursprüngliche in seinen Auswirkungen auf das Spätere betont, übersieht er in wesentlichen Bereichen die prinzipielle Möglichkeit, dass das Spätere nicht nur reifer, sondern auch qualitativ wirkungsvoller sein kann. Diese Möglichkeit macht sich vor allem auf einer gesellschaftlichen Ebene deutlich bemerkbar. Im Bereich der jüngeren internationalen politischen Ökonomie gibt es beispielsweise vielfältige Kombinationsformen zwischen hohen Entwicklungsstufen mit einer Rückständigkeit zu einem «Amalgam archaischer und neuzeitlicher Formen». Das hierin sichtbar werdende «Gesetz der ungleichmäßigen und kombinierten Entwicklung» lässt keinerlei Zweifel, dass sich die Dominanz des Weiterentwickelten durchsetzt.[1]

Wenn Freud auf die Kombinationen der Hinterlassenschaften aus unterschiedlichen Zeiten der Entwicklung im Psychischen hinweist, betont er vorzugsweise die bestimmenden Wirkungsmöglichkeiten des geringer Entwickelten.

5.2.2 Zum Aspekt der Totalität in der Psychoanalyse

Die Psychoanalyse hat bei vielen den Ruf «übergriffig» zu sein. Das beruht zum einen auf dem Vorwurf, dass sie sich mit den intimsten Angelegenheiten der Menschen beschäftigt, zum anderen auf ihrem Anspruch, die bestimmenden Wirkungsmechanismen, denen der Mensch unterliegt, in ihren konkreten Verhältnissen und Zusammenhängen zu erfassen.

1 Vgl. Trotzki 1981 a: S. 89 f.

Freud geht im Grunde von einem «Zusammenhang der Dinge in der Welt» aus. Er beschreibt die psychoanalytische Forschung als eine Aufdeckung von Zusammenhängen durch die Rückführung eines Offenkundigen auf Verborgenes und erfährt auch, dass erst durch die Berücksichtigung des innigen Zusammenhangs aller Dinge eine Vertiefung der Forschung möglich ist.[1]

Bereits in seinen frühen Untersuchungen bemerkt er, dass durch die Einbeziehung der in einem Zusammenhang der Reproduktion von Gedanken noch fehlenden Vorstellung neurotische Symptome aufhören können. Diese Verbindung zwischen Aufklärung und Heilung inspiriert ihn zu einer verstärkten Fortsetzung seiner Therapien mit den dafür geeigneten Methoden. Als zentrales Mittel in den Analysen wendet er die psychoanalytische Grundregel der freien Assoziation an. Entsprechend dieser Regel gilt es, alles gerade bewusst werdende auszusprechen – auch Unwichtiges, unsinnig Erscheinendes oder Unangenehmes.[2]

Das hiermit Produzierte ist aber sozusagen erst das Rohmaterial und nicht das Ergebnis. Dementsprechend unterscheidet Freud auch eine äußerliche Assoziation, die sich einer oberflächlichen Betrachtung zeigt, gegenüber einer inhaltlichen Verknüpfung, die sich erst in einer tiefergehenden Untersuchung erschließen lässt.[3]

Diese Vertiefung der Assoziationen kann sich auf eine Unterstützung durch die Dynamik unseres Seelenlebens stützen. Die psychischen Strebungen unterliegen nämlich insgesamt einem «Zwang zur Vereinheitlichung und Zusammenfassung». «Ist es uns gelungen, ein Symptom zu zersetzen, eine Triebregung aus einem Zusammenhange zu befreien, so bleibt sie nicht isoliert, sondern tritt sofort in einen neuen ein.»[4]

So kann er dieser Selbstbildung von Zusammenhängen folgend auch aus flüchtigen oder unwesentlich erscheinenden Vorgängen zu wesentlichen Entdeckungen vordringen. «In der wissenschaftlichen Arbeit ist es aussichtsreicher, das anzugreifen, was man gerade vor sich hat und zu dessen Erforschung sich ein Weg ergibt. Macht man das recht gründlich, voraussetzungs- und erwartungslos und hat man Glück, so kann sich infolge des

1 Vgl. Freud IV, 290, VIII, 87, XI, 230, XIV, 422
2 Vgl. Freud GW I: 272 f., VII: 385
3 Vgl. Freud GW II/III: 624, IV: 11
4 Freud GW XII: 186

Zusammenhanges, der alles mit allem verknüpft, auch das Kleine mit dem Großen, auch aus so anspruchsloser Arbeit ein Zugang zum Studium der großen Probleme ergeben.»[1]

Gemessen an den Ansprüchen bleibt aber selbst das Material der eingehendsten Analysen lückenhaft. Und letztlich muss auch die psychoanalytische Theorie, die sich in einem ständig fortschreitenden Prozess versteht, immer wieder lückenhaft bleiben. Die Psychoanalyse verzichtet damit wegen ihres Anspruches auf möglichst umfassende Vollständigkeit auf den «blendenden Glanz einer lückenlosen Theorie» und das «erhebende Bewusstsein des Besitzes einer gerundeten Weltanschauung».[2]

Damit grenzt er sich deutlich ab von einer Philosophie, die an der Illusion eines lückenlosen, zusammenhängenden Weltbildes festhält oder etwa auch einer animistischen Weltanschauung, die den Zusammenhang der Welt aus einem Standpunkt begreifen möchte.[3]

Spätestens mit dem Beginn seiner Beschäftigung mit dem Traum eröffnen sich für Freud jedenfalls vielfältige neue Zusammenhänge und Einsichten. Indem er nämlich feststellt, dass die Psychoneurosen über einen den Träumen vergleichbaren Aufbau verfügen, werden diese viel verständlicher und nach der Erkenntnis der neurotischen Erscheinungen erlangt der Traum wiederum eine zusätzliche Würdigung.[4] Indem er insgesamt die Beziehungen zwischen Traum und Geisteskrankheiten deutlicher erfasst, kann er schließlich den Traum wie ein neurotisches Symptom, eine Wahn- oder Zwangsidee behandeln.[5]

Zusätzlich bemerkt er Gemeinsamkeiten der Träume mit den Fehlleistungen, die ebenso ihren Sinn haben, der sich aus dem Kontext des Lebens der Personen ergibt, die sie produzieren. Und seinem Studium der Träume verdankt er auch Kenntnisse, die schließlich über die psychische Tätigkeit des einzelnen Menschen hinausweisen und den Weg zur Massenpsychologie bereiten. Sogar ein vertieftes Verständnis für Mythen und Märchen kann er von hier aus erreichen.[6]

Durch solche Entdeckung des Zusammenhanges der Erkenntnisse der Traumforschung mit allen psychischen Erschei-

1 Freud GW XI: 20 f.

2 Vgl. Freud GW XIII: 427, XIV: 136, XVII: 29

3 Vgl. Freud GW IX: 96, XV: 173

4 Vgl. Freud GW II/III: 624, XI: 79, 246, XIII: 415, XIV: 69

5 Vgl. Freud GW II/III: 97, 249–252, XIV: 69, XVII: 94

6 Vgl. Freud GW X: 76, XI: 249, 265, XIII: 423 f.

nungen zeigt sich schließlich, dass die Psychoanalyse mehr als die «Hilfswissenschaft der Psychopathologie» und für das Verständnis des Normalen erforderlich ist. «Man darf ihre Voraussetzungen und Ergebnisse auf andere Gebiete des seelischen und geistigen Geschehens übertragen; der Weg ins Weite, zum Weltinteresse, ist ihr eröffnet.»[1]

Freud beschäftigt sich aber zunächst vor allem mit den außerordentlich verschlungenen Momenten bei der neurotischen Symptombildung, die er jeweils hervorhebt, verfolgt, Unvollständiges und Unklares vorfindet, bis endlich ein erreichter Zusammenhang ein gutes Verständnis ergibt. Das Weiterkommen in der Analyse verlangt schließlich die Einbeziehung der ganzen psychischen Situation der analysierten PatientInnen. Immerhin ist es die Berücksichtigung der «Vielseitigkeit und Verwobenheit des Gegenstandes», die in ihrer Kompliziertheit die Entwicklung der Psychoanalyse erforderlich machte.[2]

In der Beschreibung des Ergebnisses strebt er dann eine so genannte metapsychologische Darstellung an, welche die psychischen Vorgänge in ihre dynamischen, topischen und ökonomischen Beziehungen aufgliedert. Die dadurch aufzeigbare Komplexität im Resultat lässt dann staunen, wie das angesichts der «Enge des Bewußtseins» in der Psychotherapie erreichbar war: «Wenn man nach vollendeter Erledigung das pathogene Material in seiner nun erkannten, komplizierten, mehrdimensionalen Organisation einem Dritten zeigen könnte, würde dieser mit Recht die Frage aufwerfen: wie kam ein solches Kamel durch das Nadelöhr?»[3]

Er entdeckt schließlich auch von den Neurosen ausgehend vielfältige Verbindungen. In der Folge seiner Feststellung der Zusammenhänge zwischen verschiedenen Neurosen gelangt er aufgrund der Einheit und Zusammengehörigkeit der psychischen Störungen über die hierbei gewonnenen Erkenntnisse auch zu Einsichten in psychotische Phänomene. So stellt er immer wieder fest, dass sich die erreichte Überzeugung leicht von einem Punkt zu einem größeren Teil des Ganzen fortsetzt.[4]

Angesichts der sich abzeichnenden inneren Verwandtschaft der Neurosen mit unserem gesamten Geistesleben, stellt er deren Bedeutung in einer ungewöhnlichen Verknüpfung vor:

---

1 Freud GW XIV: 73

2 Vgl. Freud GW X: 261, XI: 291, 310, XIV: 130

3 Freud GW I: 295, vgl. X: 281, XIV: 301

4 Vgl. Freud GW I: 252, XI: 197, XIII: 421, XIV: 232

«Die Neurosen zeigen einerseits auffällige und tiefreichende Übereinstimmungen mit den großen sozialen Produktionen der Kunst, der Religion und der Philosophie, andererseits erscheinen sie wie Verzerrungen derselben. Man könnte den Ausspruch wagen, eine Hysterie sei ein Zerrbild einer Kunstschöpfung, eine Zwangsneurose ein Zerrbild einer Religion, ein paranoischer Wahn ein Zerrbild eines philosophischen Systems.»[1]

Freud beschränkt sich allerdings keineswegs auf einzelne solcher Vergleichungen. Über die fokussierte Berücksichtigung der sexuellen Triebkräfte erkennt die Psychoanalyse in entscheidender Weise den Zusammenhang von Neurosen, normalem Seelenleben und kulturellen Leistungen. Aber alleine schon aufgrund der Tatsache der allgemeinen Erscheinungen unbewusster Prozesse sind die Erkenntnisse der Psychoanalyse für zahlreiche Bereiche wertvoll. «Wenn wir die allgemeinsten Verhältnisse des unbewußten Seelenlebens (die Konflikte der Triebregungen, die Verdrängungen und Ersatzbefriedigungen) als überall vorhanden annehmen dürfen, und wenn es eine Tiefenpsychologie gibt, welche zur Kenntnis dieser Verhältnisse führt, so ist es eine billige Erwartung, daß die Anwendung der Psychoanalyse auf die mannigfachsten Gebiete der menschlichen Geistestätigkeit überall wichtige und bisher unerreichbare Resultate zutage fördern wird.»[2]

Sein «Weg ins Weite» führt ihn über seine Entdeckung von Ähnlichkeiten, Verbindungen und kausalen Zusammenhängen der ursprünglichen psychoanalytischen Forschungen mit angrenzenden Fachgebieten in schließlich auch weit entfernt erscheinende Bereiche. Der Ansporn zu einem Fortschritt auf diesem Weg kommt aber weniger aus einem Wunsch nach Erweiterung der psychoanalytischen Einflussbereiche als aus der immanenten Notwendigkeit, die Überlegungen der Psychoanalyse auf eine breitere Basis zu stellen.[3]

Der Bezug zu anderen Fachgebieten beginnt mit einer Berührung mit der Psychiatrie, streift allerdings darüber hinaus auch noch andere Wissensgebiete und stellt zu ihnen unerwartete Beziehungen her. Im Zuge ihrer Ausarbeitung versteht sich die Psychoanalyse schließlich als Bindeglied zwischen der Psychiatrie und den Geisteswissenschaften.[4]

---

1 Freud GW IX: 91, vgl. VIII: 98, X: 76, XIII: 425, XIV: 92

2 Freud GW XIII: 424, XIV: 105, XV: 156

3 Vgl. Freud GW VIII: 91

4 Vgl. Freud GW VIII: 391, XIV: 305

Auf solche Beziehungen vorbereitet, ist es dann nur noch konsequent, wenn sie auch berücksichtigt werden. Wenn Freud beispielsweise ein unbewusstes Schuldgefühl erforscht, gelangt er rasch zu Fragen der Moral, Pädagogik, Kriminalität und Verwahrlosung. So stellt er Bezüge her etwa zu Dichtung und Kunst, Sprachwissenschaft und Kulturgeschichte, Mythologie und Religionswissenschaft, Ethnologie, Philosophie und Pädagogik.[1]

In der Folge bleibt es keineswegs bei einer Feststellung, dass eben verschiedene angrenzende Fachgebiete sich berühren und gelegentlich überschneiden. Zwangsläufig kommt es von hier aus zu einem «Übergreifen auf andere Wissensgebiete». Indem nämlich die Psychoanalyse von einer Therapie von Neurosen ausgehend über ihr unmittelbares Ziel hinausgreifen muss, indem sie die Auffassung des Seelenlebens auf eine neue Grundlage stellt, wird die Aufrechterhaltung der ursprünglichen fachlichen Eingrenzung unhaltbar.[2]

So betritt er das «Grenzgebiet der Physiologie», erklärt die Psychiatrie zum «nächsten Anwendungsgebiet der Psychoanalyse» und behandelt auch zahlreiche geisteswissenschaftliche Themen. Die Beschäftigungen der Psychoanalyse umfassen damit auch ihre Anwendungen in den Gebieten Literatur, Sprachforschung, Kunstwissenschaft, Religionswissenschaft, Prähistorie, Mythologie, Volkskunde und Pädagogik.[3]

In solchen Aufzählungen finden einerseits sicherlich nicht nur die aus unmittelbaren Forschungsinteressen erforderten Bezüge zu anderen Gebieten Eingang, sondern auch die darüber hinaus reichenden Interessen Freuds. Andererseits erwähnt er zwar hierbei auch die erforderliche Befassung mit der Gesellschaftsordnung, aber das klingt bei ihm dann eher beiläufig. Aus der Inkonsequenz an dieser zentralen Stelle werden letztlich zahlreiche Mängel und Fehleinschätzungen erwachsen.[4]

Eine zusätzliche methodisch angelegte Fehlerquelle, die in diesen Anwendungen deutlich wird, ergibt sich aus seiner Untersuchung der ‹psychologischen Bedeutung der realen Außenwelt›. Gerade wenn die sozialwissenschaftlichen Bezüge nicht ausreichend einbezogen werden, ist dadurch einem Psychologismus Tür und Tor geöffnet.[5]

1 Vgl. Freud GW X: 79, 454 f., XV: 117, 156
2 Vgl. Freud GW X: 75, XIV: 100 f.
3 Vgl. Freud GW IX: 93, XIII: 421, 425, XIV: 88, 90, XIV: 120, XV: 157, 161
4 Vgl. Freud GW XIV: 283
5 Vgl. Freud GW VIII: 231

Für Freud ist es immerhin keineswegs nur so, dass die Psychoanalyse – oftmals ungebeten – anderen Wissenschaften mit neuen Einsichten zu Hilfe eilt, sondern sie benötigt auch selbst immer wieder Hilfe aus ihren angrenzenden Gebieten. Sie geht also im Allgemeinen davon aus, dass aufgrund der verwickelten seelischen Probleme verschiedene Untersuchungen ihre jeweilige Unterstützung brauchen und erhofft sich darum auch eine Zuarbeit von außen. So vermisst er beispielsweise bei der Untersuchung des Traumes die Gesichtspunkte und Kenntnisse der Sprachforschung. An Jung schreibt er einmal, dass er sich ein «Heer von philosophischen Mitarbeitern» wünscht.[1]

Die Psychoanalyse erweist sich damit als eine Wissenschaft, die sich wie an einem zentralen Knotenpunkt befindend auf andere Gebiete ausstrahlt und selbst auch von außen Unterstützung benötigt. «Diese Wissenschaft kann nur selten für sich allein ein Problem voll erledigen; aber sie scheint berufen, zu den verschiedensten Wissensgebieten wichtige Beiträge zu liefern. Das Anwendungsgebiet der Psychoanalyse reicht ebensoweit wie das der Psychologie, zu der sie eine Ergänzung von mächtiger Tragweite hinzufügt.»[2]

Mit dem Bewusstsein dieser Position bemüht sich Freud nun, gegenseitig sich befruchtende Kooperationen zu erreichen. Nachdem die Anwendung der Psychoanalyse in anderen Wissensgebieten mit einem Mangel an Fachwissen beginnt und bei den Fachleuten wiederum das analytische Wissen und teilweise auch das Interesse dafür fehlt, erwartet Freud hier eine zunehmende Verbesserung von allen Seiten und vielfältige neue Erkenntnisse. Um die relative Bedeutung seiner Erkenntnisse zu verbessern, strebt er sozusagen eine Synthese mit anderen Forschungsgebieten an. So möchte er etwa eine Vermittlung der Psychoanalyse mit der Ethnologie, Sprachforschung, Religionslehre, Mythologie und der Folkloristik erreichen oder bemüht sich auch um einen Anschluss an die Biologie. Die Anbahnung der Beziehungen zwischen Psychoanalyse und diesen Gebieten soll seit 1912 durch die Herausgabe der Zeitschrift «Imago» unterstützt werden. Dabei ist für Freud aber klar, dass die Psychoanalyse hierbei nicht nur anfänglich eher gibt als empfängt, sondern dass sie es auch vor allem ist, welche die technischen Methoden und Gesichtspunkte beisteuert.[3]

---

1 Vgl. Freud GW VIII: 405, X: 446, Freud u. Jung 1984: 131

2 Freud GW XIV: 96

3 Vgl. Freud GW VIII: 410, IX: 3, 122, XI: 170 f., XV: 94, 102, 156 f.

Aber schließlich kann er doch feststellen, dass ein beträchtliches außerärztliches Interesse an seiner Wissenschaft besteht und verweist auf eine entsprechende Auflistung, welche neben der Psychologie auch die Sprachwissenschaft, Philosophie, Biologie, Entwicklungsgeschichte, Kulturgeschichte, Kunstwissenschaft, Soziologie und Pädagogik umfasst.[1]

Eine bedeutende Konsequenz aus den Erfordernissen einer fachübergreifenden Kooperation besteht in seiner Überlegung zu einer zukünftigen Ausbildung in der Psychoanalyse. Er hofft zwar auch bei den ÄrztInnen auf «Universalspezialisten» mit Kenntnissen der nervösen Störungen auf ihrem Gebiet, aber zumindest die PsychoanalytikerInnen sollen möglichst umfassend ausgebildet werden. Die für die Analyse erforderlichen Kenntnisse beschreibt er als von der Anatomie und Physiologie bis hin zur Kulturgeschichte und Mythologie reichend. Eine psychoanalytische Hochschule stellt er sich teilweise ähnlich einer medizinischen Fakultät vor, in der vorwiegend Tiefenpsychologie, eine Einführung in die Biologie, möglichst viel Sexualkunde und Psychopathologie, aber auch Kulturgeschichte, Mythologie, Religionspsychologie und Literaturwissenschaft gelehrt wird. «Der Unterrichtsplan für den Analytiker ist erst zu schaffen, er muß geisteswissenschaftlichen Stoff, psychologischen, kulturhistorischen, soziologischen ebenso umfassen wie anatomischen, biologischen und entwicklungsgeschichtlichen.»[2]

Zur Verbesserung der Gewährleistung des für die Psychoanalyse so kennzeichnenden Gesichtspunkts der Totalität organisiert sie sich von Anfang an in internationalem Rahmen. Aber nicht nur die äußeren Schwierigkeiten wirken hinderlich auf die psychoanalytische Entwicklung. Immer wieder erweist es sich, dass eine umfassende Forschungsarbeit erst beginnen kann, wenn die Analyse die Widerstände auf ihrem Mutterboden überwunden hat.[3] Freud wendet sich stets gegen Tendenzen, aus den bereits erkannten Zusammenhängen Rückschritte und willkürliche Reduktionen vorzunehmen, fordert entschieden die psychoanalytische Totalität ein. So kritisiert er etwa die Versuche von Jung und Adler, aus dem komplexen Ensemble der Psychoanalyse nur einen Aspekt herauszulösen und gegenüber den übrigen Aspekten als alleinige Wahrheit auszugeben.[4]

1 Vgl. Freud GW VIII: 421, XIV: 89

2 Freud GW XIV: 288 f., vgl. 238 f., 281, X: 451 f.

3 Vgl. Freud GW X: 79, XIV: 554

4 Vgl. Freud GW XII: 82, XV: 154

Ebenso wendet er sich gegen eine Beschränkung der Psychoanalyse auf ihre therapeutische Praxis und besonders gegen eine Tendenz, dass die Wissenschaft gegenüber der Therapie zurückbleibt. Unvorsichtigerweise vertraut er die Entscheidung hierzu einfach der weiteren Entwicklung an: «Die Zukunft wird wahrscheinlich urteilen, daß die Bedeutung der Psychoanalyse als Wissenschaft des Unbewußten ihre therapeutische Bedeutung weit übertrifft.»[1]

5.2.3 Die Einheit der dialektischen Aspekte

Zu entscheidenden wissenschaftlichen Fortschritten gelangt Freud durch die Zusammenführung des Aspektes der Entwicklung mit dem der Totalität. Den Gewinn aus diesem Prinzip erfährt er bereits sehr früh in seiner Erforschung der neurotischen Symptome, wozu er betont, dass es hierin gilt, Zusammenhang und Entwicklung zu berücksichtigen. Dementsprechend beschreibt er die Analyse so, dass es darin um die «Reproduktion von Erinnerungen» und den «Zusammenhang der Ereignisse» geht.[2]

In der Analyse eines Traumes geht er ähnlich vor. Diese verlangt nämlich einerseits die Berücksichtigung der konkreten Persönlichkeit in ihrer aktuellen Lebenssituation, andererseits die der auftauchenden Erlebnisse aus entlegenen Vergangenheiten. Eine typische Traumbildung beschreibt er folgendermaßen: «Ein Gedankenzug ist durch die geistige Tätigkeit des Tages wachgerufen worden und hat etwas von seiner Wirkungsfähigkeit zurückbehalten, durch die er dem allgemeinen Absinken des Interesses, welches den Schlaf herbeiführt und die geistige Vorbereitung für das Schlafen bildet, entgangen ist. Während der Nacht gelingt es diesem Gedankenzug, die Verbindung zu einem der unbewußten Wünsche zu finden, die von der Kindheit an im Seelenleben des Träumers immer gegenwärtig, aber für gewöhnlich verdrängt und von seinem bewußten Dasein ausgeschlossen sind. Durch die von dieser unbewußten Unterstützung geliehene Kraft können die Gedanken, die Überbleibsel der Tagesarbeit, nun wiederum wirksam werden und im Bewußtsein in der Gestalt eines Traumes auftauchen.»[3]

Aktuelle Gedanken, die im Tagesgeschehen keine vollständige Verarbeitung gefunden haben, verbünden sich im Schlaf mit unbewussten Wünschen aus der Kindheit und können da-

1 Freud GW XIV: 301, vgl. XIV: 291 f.
2 Vgl. Freud GW I: 291, 300, 315
3 Freud GW VIII: 437, vgl. VII: 67, 121

durch als Traum wieder Wirksamkeit erlangen. Eine bloße Berücksichtigung des aktuellen Geschehens und Zusammenhanges oder eine reine Untersuchung der Entwicklung hätte dieses Zusammenspiel nicht erfassen können. Erst die kombinierten Analysen beider Aspekte vermögen die Synthese der Traumbildung nachvollziehbar zu machen.

Zur Veranschaulichung dieser Methode kann auch etwa sein Verständnis der Sexualität dienen. Durch die Einbeziehung der infantilen Sexualität gelingt ihm eine Erweiterung des Begriffes der Sexualität um die gesamte Betätigung zärtlicher Gefühle, die aus den frühen sexuellen Regungen sich entwickelten und dabei ihr Ziel in gehemmter Weise anstreben oder auf andere Ziele verlegt wurden. Der in der Regel um einiges weiter gefasste Begriff der Liebe erscheint dann von hier aus in allen seinen Facetten nicht nur in einem neuen (besser gesagt: alten) Licht, sondern macht auch die darin enthaltene Leidenschaftlichkeit verständlicher. Und nicht zuletzt verdeutlicht sich dadurch auch der Zusammenhang des normalen Sexuallebens mit den Neurosen und Perversionen.[1]

Aufgrund seiner Berücksichtigung der Kombinationen der dialektischen Aspekte gelingen ihm Aufklärungen zahlreicher rätselhafter Erscheinungen. Indem er beispielsweise mit den Wirkungsmöglichkeiten der psychischen Ungleichzeitigkeiten rechnet, bleibt er nicht fixiert auf eine Suche nach einer Erklärung aus dem unmittelbaren Kontext, sondern fragt nach bereits vergangenen Zusammenhängen. Die Aufklärung eines Symptomes verlangt also gewissermaßen eine mehrdimensionale Erforschung. «Die Aufgabe stellt sich dann geradezu, für eine sinnlose Idee und eine zwecklose Handlung jene vergangene Situation aufzufinden, in welcher die Idee gerechtfertigt und die Handlung zweckentsprechend war.»[2]

Problematisch wird es dabei allerdings dann, wenn Freud keine Aufklärung aus den aktuellen Zusammenhängen erreicht und die ontogenetischen Möglichkeiten erschöpft sieht. Dann ist ihm das nicht ein Ansporn zur Auseinandersetzung mit der gesellschaftlichen Totalität, sondern er nimmt Zuflucht bei einer spekulativen Erklärung aus der Phylogenese.

«Ich möchte selbst gerne wissen, ob die Urszene bei meinen Patienten Phantasie oder reales Erleben war, aber mit Rücksicht auf andere ähnliche Fälle muß man sagen, es sei eigentlich

1 Vgl. Freud GW VIII: 49, 120

2 Freud GW XI: 278

nicht sehr wichtig, dies zu entscheiden. Die Szenen von Beobachtung des elterlichen Sexualverkehrs, von Verführung in der Kindheit und von Kastrationsandrohung sind unzweifelhaft ererbter Besitz, phylogenetische Erbschaft, aber sie können ebensowohl Erwerb persönlichen Erlebens sein.»[1]

Dabei hält er den Schlüssel zur Lösung solcher Problemstellungen bereits in seinen Händen. Indem er sich nämlich allgemein vom zu erforschenden Gegenstand zur Methode bringen lässt, damit spontan zu einer dialektischen Methode und folglich zur Möglichkeit und Notwendigkeit des theoretischen Übergreifens findet, erkennt er die erforderliche Einbeziehung einer Forschung, die weit über die unmittelbare Psychologie hinaus reicht. Allerdings verzichtet er im gesellschaftlichen bzw. kulturtheoretischen Rahmen auf die erforderliche Berücksichtigung von wesentlichen, ebenso bereichsübergreifenden und entscheidenden Ergebnissen aus angrenzenden Forschungszusammenhängen.

5.3 Freuds Parteilichkeit

In der Frage der Parteilichkeit Freuds wird oft auf bestimmte Positionierungen oder praktische Bezüge seiner Tätigkeiten verwiesen. Dabei ist dann beispielsweise zu erfahren, dass der Schöpfer der Psychoanalyse zuerst Jura studieren und sozialdemokratischer Politiker werden wollte. Sein Bezug zur Arbeiterbewegung zeige sich wiederum darin, dass in seiner Wiener Wohnung zuvor Viktor Adler wohnte. Nachdem er dann schließlich über die Medizin, die Zoologie und Chemie, die Physiologie und Neuropathologie bei den Neurosen landete, begann er jedenfalls nach einer entsprechenden Umorientierung seiner Interessen mit der Entwicklung seiner neuen Wissenschaft. Er umgab sich dabei mit einem Kreis von interessierten Intellektuellen, überwiegend jüdischen Ärzten, um mit ihnen systematisch das neue Fachgebiet zu besprechen. Das geschah zunächst in einem bei ihm eingerichteten psychoanalytischen Diskussionskreis und mündete später in die Einrichtung der Internationalen Gesellschaft für Psychoanalyse.[2]

Die Zusammensetzung des ursprünglichen Diskussionskreises in der so genannten «Mittwoch-Gesellschaft» beschreibt

1 Freud GW XII: 131, vgl. Eysenck 1985: 166, 172

2 Vgl. Fromm 1980 b: 67, Henning 1987: 117 f., Handlbauer 1990: 83, Abl 1993: 11

Handlbauer kurz folgendermaßen: «Die Mitglieder entstammten überwiegend der Schicht liberaler, jüdischer Intellektueller mit medizinischer Ausbildung, philosophischer Bildung und literarischen Ambitionen. Ihr Interesse für ein umfassendes Verständnis der Menschen konnte durch die zeitgenössische Psychologie nicht zufriedengestellt werden. Zur bestehenden Gesellschaft standen sie in mehr oder weniger unversöhnlich ausgeprägter Opposition.»[1]

Ihre überwiegende politische Haltung schätzt er als letztlich relativ zurückhaltend ein. «Die Mehrzahl der Mitglieder war liberal eingestellt und durch den Niedergang des Liberalismus als politische Kraft enttäuscht und verstört. Sie hielten sich daher dem politischen Leben fern. Mit der Sozialdemokratie verband sie weniger inhaltliche Übereinstimmung als die ähnliche gesellschaftliche Außenseiterposition gegenüber einer klerikal-konservativen und zunehmend antisemitischen Majorität.»[2]

Zur parteilichen Zuordnung Freuds wird auch gelegentlich darauf verwiesen, dass seine PatientInnen weitgehend aus einem oberen sozialen Milieu stammen und eine mögliche Verfälschung durch die «bourgeoisen Wiener Patienten» zu berücksichtigen sei. Immerhin konnte er sich relativ unabhängig von den sozialen Miseren auf die Neurosen seines ausgewählten Klientels konzentrieren.[3]

Verstehen wir unter der erforderlichen wissenschaftlichen Parteilichkeit eine möglichst vielseitige Erforschung des Wesentlichen, die vor allem für die Sozialwissenschaften eine im historischen Kontext sich begreifende gesamtgesellschaftliche Perspektive und den Ausdruck der hieraus erwachsenden Interessen verlangt, dann stellt sich die Frage nach der Parteilichkeit allerdings einigermaßen anders. Dann ist vor allem interessant, wie er seine wissenschaftliche Methodik gestaltet, seine praktische Tätigkeit ausrichtet und insgesamt seine Position bestimmt.

Freud bemüht sich, möglichst voraussetzungs- und erwartungslos seine Forschungen zu beginnen. Aber spätestens wenn die Resultate einer sich unbefangen verstehenden Wissenschaft sich zu einer Theorie formieren, wirkt sich das methodische Grundverständnis entscheidend aus. D.h., dass er damit zwar einerseits aus den Vorteilen der Unbefangenheit zu vielen unge-

1 Handlbauer 1990: 39 f.

2 Handlbauer 1990: 83, vgl. 27, 87

3 Vgl. Handlbauer 1990: 165, Hartmann u. Zepf 1997: 238, Eysenck 1985: 137

wöhnlichen Einsichten gelangen kann, dass er aber andererseits durch seine methodischen Problemstellen notgedrungen nicht schlichtweg zu einer Erweiterung des Bewusstseins beiträgt, sondern selbst auch falsches Bewusstsein schafft.[1]

Seine bewusste und ausdrückliche Parteilichkeit bezieht sich in der Regel allgemein auf seine «wissenschaftliche Weltanschauung» oder die Psychoanalyse als solche. Konkret setzt er sich beispielsweise für sexuell genötigte Kinder, seelisch Kranke oder Homosexuelle ein. Auch in der psychoanalytischen Therapie verhält er sich durchaus parteilich, nämlich in der Regel an der Seite des Ichs der kranken Person und in Anlehnung an die reale Außenwelt gegen ihr Es oder ihr Überich. In besonderen inneren Repressionsverhältnissen kann diese Parteilichkeit aber auch anders erforderlich sein.[2]

Insgesamt lässt sich darüber hinaus festhalten, dass sich die Psychoanalyse Freuds als ganzheitliche Wissenschaft versteht, die prinzipiell die erforderliche Vielseitigkeit in der Forschung anstrebt und sich mit einer bloßen Beschreibung und Klassifizierung bestimmter Erscheinungen keineswegs zufrieden gibt. Ihr geht es stets um die Erfassung des Wesentlichen. Dazu versucht sie, ihren Forschungsgegenstand aus seiner Bewegung und Entwicklung sowie in seinen Bezügen und Zusammenhängen zu begreifen.

Soweit Freud damit als materialistischer Dialektiker zu verstehen ist, ist seine Psychoanalyse geeignet, die erforderliche Parteilichkeit zu übernehmen. Wo er die dazu gehörenden methodischen Grundlagen verlässt, führen seine aus vermeintlicher Unparteilichkeit gewonnenen Erkenntnisse letztlich zu einer theoretischen Unterstützung konservativer und reaktionärer Kräfte.

Um aber aus der Psychoanalyse eine dialektisch-materialistische Psychologie zu machen, ist es erstens erforderlich, durch einen Bezug der psychoanalytischen Forschung auf den philosophischen Materialismus die idealistischen Spekulationen zu überwinden. Zweitens ist eine Bewusstmachung der Bedeutung des in der Psychoanalyse enthaltenen dialektischen Ansatzes nötig, der sich zunächst für Freud nur spontan ergibt. Und drittens ist allgemein eine Befreiung der Psychoanalyse von ihren ideologischen Scheuklappen nötig, die ihr ein Verständnis gesellschaftlicher Zusammenhänge und Entwicklungen verwehren.

---

1 Vgl. Abl 1993: 222

2 Vgl. Abl 1993: 222 f.

5.4 *Psychoanalytische Fehlleistungen*

Der Streit um die weltanschauliche Position und die gesellschaftswissenschaftliche Bedeutung der Psychoanalyse entzündete sich nun vor allem an den massenpsychologischen und kulturtheoretischen Stellungnahmen Freuds. In seiner Massenpsychologie geht er nämlich davon aus, dass sich beispielsweise die höchste intellektuelle Leistungsfähigkeit des Menschen im Individuum befindet. In Massen sieht er den Ausdruck einer Regression, welche die Intelligenz kollektiv hemmt, das Gewissen verringert und Triebkräfte freisetzt.[1]

Tatsächlich kann mit relativ einfachen gruppendynamischen Übungen gezeigt werden, wie kooperierende Individuen bessere intellektuelle Leistungen erreichen können als die Individuen für sich. Das Ganze kann also auch hier durchaus mehr sein als die Summe seiner Teile. Aber selbst die gewöhnliche Erfahrung einer Effektivierung von Arbeitsabläufen durch eine Zusammenarbeit, durch die auch die individuelle Qualifizierung sich verbessern kann, bleibt für Freud ausgeblendet. Und dass Massenorganisationen wie Parteien und Gewerkschaften es umgekehrt erreichen können, dass die Fähigkeiten der einzelnen Individuen nicht zwangsläufig reduziert werden müssen, sondern sich auch entfalten können, und dass solche Organisationen in weltweiten Auseinandersetzungen entscheidend für die eigene Überlebensfähigkeit sind, findet bei ihm keine Berücksichtigung. Vielmehr versteht er die Menschen als Einzelwesen einer von einem Oberhaupt geführten Horde und vermutet menschheitsgeschichtlich betrachtet in Massen das Wirken unbewusst erhaltener Dispositionen aus der Urgeschichte, in der ein väterlicher Führer die anderen zur Bildung einer Masse zwang. Als zentrales Problem seiner Zeit sieht er dementsprechend, dass überlegene, unbeirrbare und uneigennützige Führer fehlen, welche die triebhaften Massen niederhalten und als Erzieher wirken.[2]

In solchen Ausführungen projiziert er gewissermaßen seine aus besonderen Situationen gebildeten Verallgemeinerungen auf die gesamte Menschheitsgeschichte, womit er bei einer universalisierten und anthropologisierten Fassung der von ihm erforschbaren subjektiven Strukturiertheit landet. Ganz deutlich verkennt er die Bedeutung der für die bürgerliche Epoche charakteristischen Ersetzung persönlicher Verhältnisse durch sachliche und die dadurch wirksam werdende Verdinglichung.

1 Vgl. Freud GW XIII: 79, 89, 92, 95, 137

2 Vgl. Freud GW XIII: 135–138, 143, 160, XIV: 329, Abl 1993: 224

Nehmen wir seine Position gegenüber gesellschaftlichen Konflikten, so zeigt sich seine Unklarheit ganz deutlich. Zunächst versucht er sich etwa Kriege noch materialistisch zu erklären aus den unterschiedlichen Existenzbedingungen der Völker und den damit verbundenen Abstoßungen unter ihnen. Das bleibt zwar weit hinter den Möglichkeiten einer marxistischen Analyse, behält aber noch einen materialistischen Anspruch aufrecht. Später lässt er diesen Anspruch in diesem Zusammenhang außer Acht und macht psychische Prozesse für destruktive, antisoziale und antikulturelle Tendenzen des Menschen verantwortlich. Zur menschlichen Kultur stellt er dementsprechend fest: «Konnte man zunächst meinen, das Wesentliche an dieser sei die Beherrschung der Natur zur Gewinnung von Lebensgütern und die ihr drohenden Gefahren ließen sich durch eine zweckmäßige Verteilung derselben unter den Menschen beseitigen, so scheint jetzt das Schwergewicht vom Materiellen weg aufs Seelische verlegt.»[1]

Aufgrund seiner fehlenden Übersicht über die gesellschaftlichen Zusammenhänge vernachlässigt er also das reale Leben und orientiert sich auf eine Verdächtigung des Seelenlebens. In einer weiteren Wendung versteht er dann wieder die Kultur und besonders die Ideen als Träger seiner Hoffnung auf friedliche Entwicklungsmöglichkeiten. Hierin stellt er fest, dass Interessenskonflikte zwischen Menschen prinzipiell durch Gewalt entschieden werden, weshalb beispielsweise eine herrschende Klasse nur durch Gewaltproben zu Änderungen bereit ist. Eine kulturelle Wandlung wiederum sieht er nur durch eine friedliche Wandlung möglich. In diesem Dualismus zwischen gewaltvollen Interessenskonflikten und friedlichen Veränderungen der Kultur hofft er dann letztlich auf die künftige Macht der Vernunft. «Es gibt Personen, die vorhersagen, erst das allgemeine Durchdringen der bolschewistischen Denkungsart werde den Kriegen ein Ende machen können, aber von solchem Ziel sind wir heute jedenfalls weit entfernt, und vielleicht wäre es nur nach schrecklichen Bürgerkriegen erreichbar. So scheint es also, daß der Versuch, reale Macht durch die Macht der Ideen zu ersetzen, heute noch zum Fehlschlagen verurteilt ist.»[2]

Paradoxerweise hält er offenbar die «bolschewistische Denkungsart» für optimistischen Idealismus, während er sich aus materialistischen Erwägungen vorerst pessimistisch zeigt.

---

1 Freud GW XIV: 328, vgl. GW X: 354

2 Freud GW XVI: 19, vgl. 14–20

Als weiteres Beispiel seiner schwankenden Position mögen noch seine Stellungnahmen gegenüber der Religion dienen. Ausgehend von seiner kritischen Haltung gegenüber den nach außen gerichteten Projektionen, sei es die der inneren Erregungsquellen im Rahmen einer Neurose oder auch des Seelenlebens in die Außenwelt in vorwissenschaftlichen Auffassungen wie etwa im Animismus, gelangt er zwangsläufig in eine Konfrontationsstellung mit der Religion. Es ist von hier aus dann nicht mehr verwunderlich, dass die Psychoanalyse eine kindliche Hilflosigkeit als den Ursprung der Religion erkennt, deren Inhalte sie als Fortsetzung der Wünsche und Bedürfnisse der Kinderzeit im reifen Leben aufzeigt.[1]

In seiner Analyse der konkreten Gestaltung der Religiosität berücksichtigt er die politischen Verhältnisse und sogar noch die geografische Situation, die Beschaffenheit des Bodens und den Einfluss des Klimas. Dadurch zeigt er deutliche Absichten zu einer materialistischen Begründung. Das hindert ihn aber keineswegs, dem auch wieder eine idealistische Interpretation beizufügen, indem er religiösen Systemen, philosophischen Spekulationen und Idealbildungen eine führende Rolle im menschlichen Leben einräumt. «Menschen sind stark, solange sie eine starke Idee vertreten; sie werden ohnmächtig, wenn sie sich ihr widersetzen.»[2]

Insgesamt bleibt sein religionskritischer Ansatz dennoch ein allgemeines Merkmal seiner Psychologie. Für den Niedergang der Religiosität sieht er die psychoanalytische Religionskritik in einer wesentlichen Rolle, denn «je mehr Menschen die Schätze unseres Wissens zugänglich werden, desto mehr verbreitet sich der Abfall vom religiösen Glauben, zuerst nur von den veralteten, anstößigen Einkleidungen desselben, dann aber auch von seinen fundamentalen Voraussetzungen.»[3]

Er hofft, dass der religiöse Mensch durch die Aufklärung für die Aufgabe seiner Illusionen eine praktische Entschädigung findet. «Dadurch, dass er seine Erwartungen vom Jenseits abzieht und alle freigewordenen Kräfte auf das irdische Leben konzentriert, wird er wahrscheinlich erreichen können, daß das Leben für alle erträglich wird und die Kultur keinen mehr erdrückt.»[4]

1 Vgl. Freud GW I: 338 f., II/III: 4, IX: 112, XV: 91, 180 f.

2 Freud GW X: 113, vgl. 31, XIV: 453, XVI: 119,155, 161

3 Freud GW XIV: 362, vgl. XV: 179 f.

4 Freud GW XIV: 373 f.

5.5 Freud und Marxismus

Der erste Versuch zur Klärung des Verhältnisses zwischen Psychoanalyse und Marxismus besteht in Adlers Vortrag «Zur Psychologie des Marxismus», den er 1909 in der Mittwochgesellschaft hält. Darin wird Marx schlichtweg ein «Primat des Trieblebens» zugerechnet und die Schaffung eines Bewusstseins, das die Empfindlichkeit des Proletariats gegen Degradierung ausdrückt und für den Aggressionstrieb zu einer zweckmäßigen Organisation gegen Unterdrückung und Ausbeutung führt. In der Diskussion wird dann beispielsweise die Frage behandelt, ob der Sozialismus auch als Neurose aufgefasst werden kann. Freud weist wiederum in Analogie zur Beziehung zwischen der Erotik und den Neurosen auf den Zusammenhang zwischen den Ichtrieben und den «Krankheitserscheinungen des sozialen Körpers» hin.[1]

Die hierbei geäußerten Ideen zeigen zwar eine erfrischende Unbefangenheit, aber auch das Ausmaß an Unverständnis gegenüber dem Marxismus. In den frühen 30er-Jahren äußert sich Freud zu diesem Thema bereits etwas differenzierter. Dabei stellt er in der Auseinandersetzung mit dem ihm bekannten marxistischen Materialismus ein grundlegendes Einverständnis fest, aber auch eine prinzipielle Kritik. Er erkennt etwa den unverkennbaren Einfluss der fortschreitenden Beherrschung der Naturkräfte auf die ökonomischen Einrichtungen und die sozialen Beziehungen an. Beispielsweise glaubt er tatsächlich, «daß das Schießpulver, die Feuerwaffe Rittertum und Adelsherrschaft aufgehoben hat und daß der russische Despotismus bereits vor dem verlorenen Krieg verurteilt war, da keine Inzucht innerhalb der Europa beherrschenden Familien ein Geschlecht von Zaren hätte erzeugen können, fähig, der Sprengkraft des Dynamits zu widerstehen.»[2]

Er hält es auch allgemein für richtig, dass die Ideologien als Überbau ökonomischer Verhältnisse zu verstehen sind. Er fügt aber ausdrücklich hinzu, dass für ihn diese Erklärung nicht ausreichend ist, da sie auch eine von diesen Verhältnissen unabhängige Rolle spielen können. Und eine Reduzierung der Erklärung der Weltgeschichte aus bloß materiellen Motiven hält er für regelrecht frevelhaft.[3]

---

1 Vgl. Freud im Gespräch mit seinen Mitarbeitern 222, Handlbauer 1990: 82–88

2 Freud GW XV: 192, vgl. 193

3 Vgl. Freud GW XVI: 154, XV: 73 f.

In diesem Sinne würdigt er den Marxismus vor allem für den ökonomischen Materialismus. «Die Stärke des Marxismus liegt offenbar nicht in seiner Auffassung der Geschichte und der darauf gegründeten Vorhersage der Zukunft, sondern in dem scharfsinnigen Nachweis des zwingenden Einflusses, den die ökonomischen Verhältnisse der Menschen auf ihre intellektuellen, ethischen und künstlerischen Einstellungen haben.»[1]

Er fordert jedoch dazu auch die Berücksichtigung der psychoanalytischen Perspektive ein. «Man versteht überhaupt nicht, wie man psychologische Faktoren übergehen kann, wo es sich um die Reaktionen lebender Menschenwesen handelt, denn nicht nur, daß solche bereits an der Herstellung jener ökonomischer Verhältnisse beteiligt waren, auch unter deren Herrschaft können Menschen nicht anders als ihre ursprünglichen Triebregungen ins Spiel bringen, ihren Selbsterhaltungstrieb, ihre Aggressionslust, ihr Liebesbedürfnis, ihren Drang nach Lusterwerb und Unlustvermeidung.»[2]

Er betont hierzu die unterschiedlichen Verhaltensweisen verschiedener Personen oder Völker unter denselben ökonomischen Bedingungen und den Prozess der Kulturentwicklung in seiner ursprünglichen Unabhängigkeit. Erst eine Berücksichtigung aller dieser Momente in ihrer gegenseitigen Hemmung und Förderung unter den Bedingungen der sozialen Einordnung würde den Marxismus zu einer wirklichen Gesellschaftskunde ergänzen.[3]

So wie er von marxistischer Seite die Berücksichtigung des Lustprinzips einfordert, könnte diese allerdings auch hinterfragen, wie er es mit seinem Realitätsprinzip hält. Immerhin reguliert dieses Prinzip die seelische Tätigkeit nicht direkt im Sinne von unmittelbaren Wunschvorstellungen, sondern entsprechend den Erfordernissen der Realität. Und wenn sein Begriff der Realität sich nicht die jeweiligen gesellschaftlichen Konstellationen bewusst macht, sich also als eine irgendwie selbstverständliche Wirklichkeit einfügt, dann werden die herrschenden gesellschaftlichen Verhältnisse zur unhinterfragten Richtschnur seiner Psychologie. Eine an den objektiven Gegebenheiten unreflektiert orientierte Therapie wird dadurch zu einer Anpassungsleistung an die gegebenen Verhältnisse und ihre Kritik vermag kaum über das Individuum hinauszureichen. Aber individuelle

---

1 Freud GW XV: 193, vgl. XVI: 214

2 Freud GW XV: 193 f.

3 Vgl. Freud GW XV: 194

Kränkungen können in ihrer gesellschaftlichen Relevanz nur entziffert werden, wenn die sozialen Zusammenhänge in ihrer sich entwickelnden Gesamtheit auf den Begriff gebracht werden.[1]

Und wie hält es Freud mit dem in der marxistischen Literatur vorgefundenen Verhältnis zwischen Bedürfnis und Arbeit? Hierin wird ja häufig das Bedürfnis wenig berücksichtigt und die Arbeit als zentrale Kategorie hervorgehoben. Bei Freud zeigt sich dieses Verhältnis in umgekehrter Weise, denn er spricht viel von Bedürfnissen bzw. Trieben und die Bedeutung der Arbeit für den Menschen findet bei ihm nur wenig Berücksichtigung. Daraus wird ihm auch der Vorwurf gemacht, ein subjektiver Idealist zu sein, weil der so verstandene Mensch sich seine Welt bloß aus seiner Aktivität zur Befriedigung oder Unterdrückung seiner Instinkte schaffe.[2]

Eine Handlung entsteht für ihn anfänglich aus einer Umwandlung der Funktion der motorischen Abfuhr von Reizen, die nicht mehr in den Körper, sondern nach außen geschieht und dort die Realität zweckmäßig zu verändern beginnt. Diese Umwandlung wird ermöglicht durch die Hilfe des Denkprozesses, der einen Aufschub der Abfuhr durch das Ertragen einer erhöhten Reizspannung ermöglicht.[3]

Er nimmt in grundlegender Weise an, dass die Menschen nicht spontan arbeitslustig sind. Historisch gesehen entspringt für ihn die menschliche Kultur aus dem Umstand, dass eine bequeme Befriedigung der natürlichen Bedürfnisse nicht möglich war. Folglich versuchten die Menschen sich einerseits an die Umwelt anzupassen oder sie nach Möglichkeit zu beherrschen, was durch die Arbeit ermöglicht wurde. Dass die Menschen aber auf ihre direkten Befriedigungsmöglichkeiten zu verzichten und mit zunehmender Systematik zu arbeiten begannen, erforderte andererseits die Erfahrung einer dadurch erreichbaren Verbesserung und die Überwindung der ursprünglich bestehenden Rivalitäten. Und dass diese Kooperation möglich wurde, versteht er als Resultat aus Szenarien mit Zwängen, Überwältigungen und Liebesbeziehungen. Für die Möglichkeit einer dauerhaften Befriedigung sinnlich-vitaler Bedürfnisse durch die Teilhabe an der gesellschaftlichen Produktion bleibt in dieser Kulturtheorie jedenfalls nur wenig Raum.[4]

1 Vgl. Freud GW VIII: 231–238, X: 214, XIII: 69

2 Vgl. Wells 1974: 183–185, 191

3 Vgl. Freud GW VIII: 233

4 Vgl. Freud GW XIII: 424, XIV: 326–467, Egger 1987: 186, 261

Er nimmt den Stolz auf die Resultate der Arbeit nicht einfach für die Ergebnisse des Einsatzes der am weitesten entwickelten Produktivkräfte an, sondern sieht ihn konzentriert auf die ersten entsprechenden Leistungen. So stellt er zu den Kulturidealen fest, «daß sich die Ideale nach den ersten Leistungen bilden, welche das Zusammenwirken von innerer Begabung und äußeren Verhältnissen einer Kultur ermöglicht und daß diese ersten Leistungen nun vom Ideal zur Fortführung festgehalten werden. Die Befriedigung, die das Ideal den Kulturteilnehmern schenkt, ist also narzißtischer Natur, sie ruht auf dem Stolz auf die bereits geglückte Leistung.»[1]

Aus der Perspektive des gesellschaftlichen Alltags versteht er die Arbeit aus ihrer Bedeutung für den Bezug zur Wirklichkeit und Befriedigung verschiedener Bedürfnisse. «Keine andere Technik der Lebensführung bindet den Einzelnen so fest an die Realität als die Betonung der Arbeit, die ihn wenigstens in ein Stück der Realität, in die menschliche Gemeinschaft sicher einfügt. Die Möglichkeit, ein starkes Ausmaß libidinöser Komponenten, narzißtische, aggressive und selbst erotische, auf die Berufsarbeit und auf die mit ihr verknüpften menschlichen Beziehungen zu verschieben, leiht ihr einen Wert, der hinter ihrer Unerläßlichkeit zur Behauptung und Rechtfertigung der Existenz in der Gesellschaft nicht zurücksteht.»[2]

Für die durch die Arbeit erreichten Vergegenständlichungen findet er wenig Aufmerksamkeit. Allerdings könnte er beispielsweise hierzu anmerken, dass sich Kinder nicht nur für Vergegenständlichungen anderer interessieren, sondern sie drücken sich im wahrsten Sinne des Wortes schon sehr früh selbst gegenständlich aus und erwarten dafür auch das Interesse der anderen. Die erste Vergegenständlichung des Kindes findet Freud nämlich bereits im Kot. Ein entäußerter Teil des eigenen Leibes ist somit das erste Produkt der Menschen.[3]

Er würdigt freilich die zur Verbesserung unserer Sinnesfunktionen entwickelten Hilfsapparate und zur Effektivierung unserer Leistungen geschaffenen Geräte. «Mit all seinen Werkzeugen vervollkommnet der Mensch seine Organe – die motorischen wie die sensorischen – oder räumt die Schranken für ihre Leistung weg. Die Motoren stellen ihm riesige Kräfte zur Verfügung, die er wie seine Muskeln in beliebige Richtungen schi-

1 Freud GW XIV: 334

2 Freud GW XIV: 438

3 Vgl. Freud GW XII: 113

cken kann, das Schiff und das Flugzeug machen, daß weder Wasser noch Luft seine Fortbewegung hindern können. Mit der Brille korrigiert er die Mängel der Linse in seinem Auge, mit dem Fernrohr schaut er in entfernte Weiten, mit dem Mikroskop überwindet er die Grenzen der Sichtbarkeit, die durch den Bau seiner Netzhaut abgesteckt werden. In der photographischen Kamera hat er ein Instrument geschaffen, das die flüchtigen Seheindrücke festhält, was ihm die Grammophonplatte für die ebenso vergänglichen Schalleindrücke leisten muß, beides im Grunde Materialisationen des ihm gegebenen Vermögens der Erinnerung, seines Gedächtnisses. Mit Hilfe des Telephons hört er aus Entfernungen, die selbst das Märchen als unerreichbar respektieren würde; die Schrift ist ursprünglich die Sprache des Abwesenden, das Wohnhaus ein Ersatz für den Mutterleib, die erste, wahrscheinlich noch immer ersehnte Behausung, in der man sicher war und sich so wohl fühlte.»[1]

In dieser Beschreibung wird sein Blickwinkel sehr deutlich. Die in gegenständlicher Wirklichkeit bestehenden Errungenschaften beschreibt er aus der Sicht der menschlichen Physiologie als Verbesserungen unserer leiblich möglichen Leistungsfähigkeit. Sein Bezug zur gesellschaftlichen Vergegenständlichung erscheint darin äußerlich und trotz seiner imposanten Würdigung ihrer Bedeutung für die Entwicklung des Menschen diese kaum erfassend. Etwas ironisch spricht er in diesem Zusammenhang auch von einer Annäherung an die Allmacht und Allwissenheit der Götter durch den Menschen. «Der Mensch ist sozusagen eine Art Prothesengott geworden, recht großartig, wenn er alle seine Hilfsorgane anlegt, aber sie sind nicht mit ihm verwachsen und machen ihm gelegentlich noch viel zu schaffen.»[2]

Zur Aneignungskonzeption könnte Freud noch Ergänzungen beitragen, die auch geeignet sind, die fehlenden Bestandteile in dem konfliktfrei dargestellten Lernprozess vorstellbarer zu machen. Für ihn beginnt nämlich der Bezug zu einem Objekt mit einer körperlichen Berührung als erstem Ziel aggressiver oder zärtlicher Bedürfnisse. Sich eine Sache dienstbar machen, beginnt überhaupt mit der Bemächtigung durch eine Berührung. Diesem Streben nach einer Beherrschung von Objekten zur Befriedigung subjektiver Bedürfnisse stellen sich nicht nur Hindernisse entgegen, sondern auch soziale Grenzen. Die kind-

1 Freud GW XIV: 449 f.

2 Freud GW XIV: 451

liche Berührungslust wird genötigt, ein von außen auferlegtes Verbot aufzunehmen und zu verinnerlichen. Dieses Verbot gilt schließlich als Tabu und alles was tabuisiert ist, soll von einer Berührung ausgenommen werden. In der weiteren Folge bleibt dann nicht nur der ursprünglich direkte leibliche Kontakt verboten, sondern letztlich auch eine Gedankenberührung. Hieraus entfalten sich verständlicherweise vielfältige innere Konflikte, die entgegen den Hervorhebungen der kontinuierlichen Kompetenzerweiterungen die hinderlichen Einschränkungen beleuchten. Nicht die Aneignung des gesellschaftlich Veräußerten, sondern die gesellschaftlichen Begrenzungen des Anzueignenden stehen für die Psychoanalyse im Vordergrund.[1]

Somit bleibt festzuhalten, dass der Materialismus von Freud sich zwar aus den Schranken der Physiologie löst, sich aber dann letztlich vorwiegend an anthropologischen Überlegungen orientiert. Er setzt sozusagen die philosophische Linie Feuerbachs mit den Mitteln der Psychologie fort, ohne die Konsequenzen der Erkenntnisse von Marx zu berücksichtigen. Damit bleibt sein Materialismus im Großen und Ganzen vormarxistisch und eröffnet schließlich die Möglichkeit für einen Rückgriff auf den Idealismus. So gelangt er auch zu idealistischen Interpretationen gesellschaftlicher Ereignisse und ideologischer Erscheinungen. Seine Sozialpsychologie bzw. Massenpsychologie hält letztlich dem Paradigma des Individuums als vertrauenswürdigster, letzter und höchster psychischer Instanz die Treue. Über das in seiner gesellschaftlichen Bedeutung nicht hinterfragte Realitätsprinzip wirkt von hier aus seine gesellschaftliche Blindheit auch in seine therapeutische Praxis zurück und verhindert dort die Aufdeckung bedeutender sozialer Zusammenhänge.

Gegenüber dem marxistischen Mainstream seiner Zeit fordert er eine Berücksichtigung der Menschen als Wesen mit Bedürfnissen. Für ihn sind nämlich die Befriedigungsmöglichkeiten sowohl Ausgangspunkt als auch Entwicklungsbestimmung und Zielpunkt. Die Produktionsmöglichkeiten hingegen gelten hierbei lediglich als notgedrungen erforderliche Mittel zum Zweck. Insofern ist es auch nicht verwunderlich, wenn er angesichts der Vergegenständlichungen menschlicher Leistungen und Fähigkeiten sich von seiner anthropologischen Perspektive nicht zu lösen vermag und die damit zusammenhängende gesellschaftliche Eigendynamik nicht erfasst. Während der Mar-

1 Vgl. Freud GW IX: 44, 53, 68, XIV: 152

xismus die Entwicklung der Produktivkräfte und Produktionsverhältnisse erforscht, widmet die psychoanalytische Forschung ihr Augenmerk der Bedürfnisentwicklung. Aber erst die Erfassung der Arbeit in ihrer entscheidenden Bedeutung für die menschliche Entwicklung in ihrer historischen Dimension kann der Psychoanalyse den Rahmen zu einer Theorie der phylogenetischen Veränderungen der Bedürfnisse bereitstellen, die der psychoanalytischen Theorie der ontogenetischen Entwicklung ebenbürtig folgen kann. Bleiben die Bedürfnisse bei Feuerbach noch eine Lebensgrundlage mit geschichtlichem Hintergrund und zeigt Marx anhand ihrer historischen Bedingungen nicht nur die Unterschiede in der Art und des Umfanges ihrer Befriedigung, sondern auch ihre spezielle Ausbildung und damit die Möglichkeiten ihrer Veränderbarkeit auf, so kann Freud hierzu noch die konkreten lebensgeschichtlichen Herausbildungen nachvollziehbar machen.

Indem Freud über keine konsequent materialistische Weltanschauung verfügt, hinterlässt er seine Wissenschaft in einer schwierigen Position. Er eröffnet damit beispielsweise einen theoretischen Siegeszug der im Rahmen der bürgerlichen Familiensituation entdeckten Tragödien als Paradigma für die gesamte Menschheitsgeschichte. Der tatsächliche Erkenntniswert dieser Spekulationen erfordert eine konsequente Befreiung von solchen idealistischen Interpretationen.

Freud hinterlässt somit für den Marxismus nicht weniger als eine bahnbrechende Psychologie, deren Aneignung ihm bisher nur in ersten Ansätzen gelang. Aus marxistischer Sicht gibt es hierzu auch keine einhellige Position. Aber für eine selbstzufriedene Zurückhaltung gegenüber Freud mit Verweis auf eine existierende «marxistische Psychologie» gibt es kaum gute Gründe.

Die so genannte marxistische Psychologie konzentriert sich auf die Frage, was der Mensch kann, die Psychoanalyse geht von der Frage aus, was der Mensch will. Es handelt sich hierbei allerdings keineswegs einfach um eine Kontroverse zwischen einem Leistungs- und dem Lustprinzip. Vielmehr geht es um den prinzipiellen Standort und das Verständnis des Gegenstandes der Psychologie. Soll sie in Bezug auf Psychisches eine Beschreibung äußerer Erscheinungen mit abstrakten Erklärungsansätzen ergeben oder ein Verständnis für die inneren Erlebensweisen bringen?

Von der offiziellen Psychoanalyse wiederum gibt es nicht nur wenig Ambitionen zu einer marxistischen Orientierung, sondern auch eine allgemeinere Zurückhaltung gegenüber gesellschaftlichen Zusammenhängen, speziell in der Frage einer politischen Positionierung. Während Freud seine Theorien noch mit einem gegenstandsübergreifenden und kritischen Anspruch ausstattet, wirken die meisten neueren psychoanalytischen Abhandlungen dagegen reichlich «kastriert».

Im Verhältnis zwischen Psychoanalyse und Marxismus wurden inzwischen vielfältige gegenseitige Abgrenzungen und Kombinationsmodelle entwickelt. Zumindest die Entwicklung zu den grundlegenden Positionierungen sollte hier nachgezeichnet sein.

6. Freudomarxismus

In den frühen 20er-Jahren gibt es noch kaum eine besonders kritische Haltung in marxistischen Kreisen gegenüber der Psychoanalyse. Trotzki erwähnt sie beispielsweise durchaus wohlwollend: «Im tiefsten und finstersten Winkel des Unbewussten, Elementaren und Untergründigen hat sich die Natur des Menschen selbst verborgen. Ist es denn nicht klar, daß die größten Anstrengungen des forschenden Gedankens und der schöpferischen Initiative darauf gerichtet sein werden?»[1]

Einige Jahre später, nach der Durchsetzung der Theorie des Sozialismus` in einem Land, wird die Psychoanalyse allerdings als unpassend und feindlich bekämpft. Deborin ruft auf zum offenen und entschiedenen Kampf gegen den Freudismus, unter dessen Banner der Marxismus kritisiert wird.[2]

Trotzki hält dagegen, dass es weder einen Grund noch ein Recht gibt, das psychoanalytische Verfahren zu verbannen. «Der Versuch, die Psychoanalyse für ‹unvereinbar› mit dem Marxismus zu erklären und den Freudismus einfach zu ignorieren, ist allzu einfach, genauer: einfältig.»[3]

Solche Appelle bleiben allerdings wirkungslos gegenüber der sich festigenden und international sich auswirkenden stalinistischen Herrschaft in der Sowjetunion. Die gegen die Psychoanalyse vorgebrachte marxistische Kritik verweist zwar in vielen Belangen zurecht auf fehlerhafte Ansätze bei Freud, zeigt jedoch auch meistens die geringe Vertrautheit mit dem wissenschaftlichen Konzept der psychoanalytischen Forschung und ebenso mit den Grundlagen der marxistischen Philosophie. So wird etwa zu Recht eingewendet, dass Freud sich nicht mit einer ökonomischen Analyse beschäftigt, allgemein die sozialen Einflüsse vernachlässigt und die bürgerliche Familie verewigt. Aber schließlich wird der Psychoanalyse insgesamt vorgeworfen, nicht den Forderungen des Materialismus zu entsprechen, dass sie eine Bestimmung durch biologisch gegebene Triebe sucht und ihre Ideologiekritik idealistisch ist.[4]

1 Trotzki 1981 h: 372

2 Vgl. Deborin 1969 d: 148, 168

3 Trotzki 1981 g: 358, 1981 c: 400

4 Vgl. Sapir 1972: 55, 61 f., 68, 70, 76–78, Sternberg 1972: 122 f., Dahmer 1989: 286

Innerhalb der psychoanalytischen Organisation bildet sich Mitte der 1920er-Jahre in Berlin ein Diskussionsforum für jüngere PsychoanalytikerInnen, das sogenannte «Kinderseminar». Hier besprechen Otto Fenichel, Anni und Wilhelm Reich, Erich Fromm, Edith Glück, Nic Hoel, Käthe Misch, Francis Deri, Georg Gerö, Edith Jacobsohn u.a. außerhalb des offiziellen Rahmens ihre Überlegungen zur Psychoanalyse. Nachdem sich zunehmend die weltanschauliche Konfliktlinie verdeutlicht, trifft sich ab 1932 ein engerer Kreis daraus als Linksopposition zur speziellen Diskussion von psychoanalytisch-marxistischen Fragen. Nach der Emigration der meisten TeilnehmerInnen führen sie diese Diskussion ab 1934 über Rundbriefe fort.[1]

6.1 Bezug zur Dialektik

Fenichel eröffnet diese Rundbriefe mit den Worten: «Wir sind alle davon überzeugt, in der Psychoanalyse Freuds den Keim der zukünftigen dialektisch-materialistischen Psychologie zu erkennen, und daß deshalb Pflege und Ausbau dieser Wissenschaft dringend nottun.»[2]

In Bezug auf Reich stellt er zur Frage der Bedeutung des Begriffes der «marxistischen Psychoanalyse» fest: «Wenn unsere Anschauung richtig ist, daß das wirkliche Geschehen in praktisch brauchbarer Weise überhaupt nicht anders erfaßt werden kann als dialektisch-materialistisches Geschehen, so wird in diesem Sinne das Wort ‹marxistische Ps.A.› gleichbedeutend mit ‹richtige Ps.A.› überhaupt; wir können höchstens hinzufügen, gemeint sei, eine Psychoanalyse, deren Forschung sich ihrer eigenen Methodik besser bewußt ist als die heutige.»[3]

Eine dialektisch-materialistische Denkweise befindet sich allerdings innerhalb der psychoanalytischen Organisation von Beginn an in der Opposition, die als Freudomarxismus beschrieben wird. Indem sie einen bewussten Bezug zur Dialektik herstellbar macht, kann sie prinzipiell auch eine adäquatere Darstellungsform außerhalb des Bereiches der ursprünglichen Dialektik im Es wählen. Sie unterstreicht aufgrund ihrer dynamischen Auffassung das «Gegen- oder Miteinander verschiedener Kräfte oder Instanzen» in den von der Psychoanalyse unter-

1 Vgl. Reichmayr u. Mühlleitner 17, Fallend 1997: 21, 31, 35, Fenichel 1998 a: 70 f., 77

2 Fenichel 1998 a: 35

3 Fenichel 1998 d: 839 f.

suchten Erscheinungen. So gelangt Fenichel beispielsweise zu folgender Beschreibung: «In Libido und Angst wirkt dieselbe psychische Energieart, beide sind eigentlich eines, und sie sind doch Gegensätze, indem die aus der normalen Abfuhrbahn in die Angstbahn gedrängte Energie sich gegen die restliche Triebenergie wendet und sie zur Verdrängung zwingt.»[1]

Eine fundierte Kenntnis über die Dialektik als solche zeigt sich hierbei allerdings kaum. So besteht zwar ein bewusster Bezug zur dialektischen Methode, aber ihre wissenschaftstheoretische Bedeutung bleibt letztlich unberücksichtigt. Die Konsequenz dieses Versäumnisses ist, dass die Ablösung von undialektischen Wissenschaftsverständnissen nicht konsequent erfolgt.[2]

Dass die Psychoanalyse ein besonderes Augenmerk auf den Entwicklungsaspekt richtet, gilt im Freudomarxismus als selbstverständlich. Bernfeld betont ihren genetischen Aspekt und streicht dabei hervor, dass sie das in fortschreitender Entwicklung sich befindende psychische Geschehen in seiner dialektischen Bewegung erfasst. Fenichel bezeichnet die Psychoanalyse ausdrücklich als «historische Wissenschaft» und verweist speziell auf die Entwicklungsgeschichte der Triebe und Bedürfnisse des Menschen. Auf eine kurze Formel bringt das Leistikow: «Einen Menschen psychoanalytisch zu erforschen heißt ..., seine psychische Struktur historisch-genetisch erforschen.»[3]

Ähnlich betont auch Fromm, dass die Einforderung eines Verständnisses der Triebstruktur aus dem Lebensschicksal die Methode der Psychoanalyse zu einer «exquisit historischen» macht. Auf gesellschaftlichem Terrain gerät er allerdings etwas ins Schlingern, wenn er meint, «daß es die *Bedürfnisse* sind, die das Handeln und Fühlen der Menschen motivieren (Hunger und Liebe) und ferner, daß diese Bedürfnisse im Laufe der gesellschaftlichen Entwicklung steigen und dieses *Steigen der Bedürfnisse* eine Bedingung für die steigende wirtschaftliche Tätigkeit darstellt».[4]

Solche Positionierungen können zumindest für eine vom Konsum bestimmte Entwicklungsgeschichte den Boden bereiten. Aber er stellt schließlich – diesmal im Sinne einer ökono-

1 Fenichel 1998 d: 827, vgl. 1998 a: 122, 1998 c: 793, 798, Reich 1975: 21, Abl 1993: 38

2 Vgl. Reich 1975: 17 f.

3 Leistikow 1972: 193, vgl. Bernfeld 1972: 12 f., 15 f., Fenichel 1972 a: 240, 1998 c: 793

4 Fromm 1980 c: 26, vgl. 10

mistischen Anpassungstheorie – fest, «daß alle Veränderungen in letzter Instanz auf die ökonomischen Bedingungen zurückgehen, daß sich die Triebregungen und Bedürfnisse im Sinne der ökonomischen Bedingungen, d.h. des jeweils Möglichen bzw. Notwendigen verändern und anpassen».[1]

Anstelle einer konsequenten Abgrenzung gegenüber den lamarckistischen Spekulationen Freuds, dessen Versuch, phylogenetische Erbstücke zu erahnen, setzt Reich diese Mutmaßungen nicht nur fort, sondern erweitert sie auch noch. Die Schichtung der Charakterstruktur in «autonom funktionierende Ablagerungen der sozialen Entwicklung» erläutert er in folgendem Modell: Oberflächlich finde sich dazu eine Ansammlung sozialer Eigenschaften, unter der sich eine Schicht mit grausamen, lüsternen Impulsen zu einem unsozialen Verhalten im Sinne von Freuds «Verdrängtem» verdeutliche. Erst hierunter befinde sich der «biologische Kern des Menschentieres». «Zutiefst, in diesem Kern, ist der Mensch ein unter günstigen sozialen Umständen ehrliches, arbeitsames, kooperatives, liebendes oder, wenn begründet, rational hassendes Tier.»[2]

Damit versucht er gewissermaßen die wahren Interessen des menschlichen Wesens zu erfassen und erweist sich letztlich als in der Tradition des «wahren Sozialismus» stehend.[3]

Der psychoanalytische Totalitätsaspekt findet ebenso Anerkennung. Die Psychoanalyse erfährt aufgrund ihres besonderen Begreifens des Menschen in einem sozialen Zusammenhang und ihrer allgemeinen kulturpolitischen Bedeutung eine grundlegende Würdigung. Sie wird verstanden als «eine Reaktion auf die kulturellen und moralischen Verhältnisse, in denen der vergesellschaftete Mensch lebt».[4]

Eine hiervon ausgehende Kritik betrifft zunächst einen Mangel, der aus der Einstellung entspringt, analytische Erkenntnisse wegen der gesellschaftlichen Konsequenzen nicht zu Ende zu denken. Dementsprechend meint Gerö, dass es wissenschaftliche Pflicht jedes Analytikers ist, sich mit marxistischer Soziologie zu beschäftigen. Und Reich fordert explizit eine Aufnahme einer Vermittlung marxistischer Grundkenntnisse in die psychoanalytische Ausbildung.[5]

---

1 Fromm 1980 c: 40

2 Reich 1977: 11

3 Vgl. MEW 3: 441–531,488, Dahmer 1982: 365, Hartmann u. Zepf 1997: 235

4 Reich 1975: 30, vgl. Fromm 1980 c: 15, Fenichel 1998 a: 97 f., 125

5 Vgl. Fenichel 1998 a: 75, 88 f., 126

Fenichel fordert allgemein ein Verständnis jener Gebiete ein, auf die Psychoanalyse angewendet wird. Zur Untermauerung dieser Forderung verweist er auf einige Beispiele, in denen offensichtlich die wichtigsten Vorkenntnisse fehlen. Aus diesem Mangel resultiert etwa bei Freud eine Verallgemeinerung der gegenwärtigen Kultur und er führt bei Róheim dazu, «daß er Produktions- und Wirtschaftsverhältnisse der Völker, über die er berichtet, völlig außer acht läßt und statt dessen nur über unbewußte Triebwünsche schreibt».[1] Ein besonders drastisches Beispiel stellt auch Glovers Erklärung des Krieges aus dem Aggressionstrieb dar: «... als ob der Aggressionstrieb nicht Millionen andere Formen annehmen könnte als die des modernen Krieges und die Ursache, warum er diese Formen annimmt, doch schließlich mit dem Imperialismus mehr zusammenhängt als mit dem Destruktionstrieb des einzelnen Soldaten.»[2]

6.2 *Bezug zum Materialismus*

Mitte der 1920er-Jahre beschreibt Trotzki die ihm bekannte Psychoanalyse folgendermaßen: «Die Schule des Wiener Psychoanalytikers Freud ... nimmt von vornherein an, daß die Triebkraft der komplexesten und sublimsten psychischen Prozesse ein physiologisches Bedürfnis ist. In diesem allgemeinen Sinn ist sie materialistisch, läßt man die Frage beiseite, ob hier nicht dem sexuellen Faktor auf Kosten anderer zu viel Gewicht eingeräumt wird, denn das ist bereits ein Streit innerhalb der Grenzen des Materialismus. Aber der Psychoanalytiker geht an die Probleme des Bewußtseins nicht experimentell heran, indem er von den niedrigsten Erscheinungen zu den höchsten fortschreitet, vom einfachen Reflex zum komplexen Reflex, sondern indem er die Zwischenstufen in einem Satz von oben nach unten zu überspringen sucht, vom religiösen Mythos, dem lyrischen Gedicht oder den Träumen direkt zur physiologischen Grundlage der Psyche.»[3]

Eine materialistische Psychologie ohne direkte physiologische Fundierung scheint zu dieser Zeit nur schwer vorstellbar zu sein. Reich betont darum beispielsweise nicht nur den Trieb als Verbindung zwischen Seelischem und Somatischem, sondern beruft sich auch ausdrücklich auf eine Bestätigung der psychoanalytischen Sexuallehre durch die Physiologie. Das Ich präsen-

1 Fenichel 1998 c: 805, vgl. 807, 1998 d: 830

2 Fenichel 1998 c: 808

3 Trotzki 1981 g: 358, vgl. 1981 c: 402

tiert er aufgrund seines Anschlusses an das Wahrnehmungssystem der Sinnesorgane in seiner materiellen Natur und das Es als Ausdruck für den biologischen Anteil der Persönlichkeit.[1]

Für Fenichel ist der Kern der Psychoanalyse als materialistisch zu verstehen. Allerdings bemerkt er in ihr auch idealistische Elemente. Die materielle Fundierung, die er anstrebt, orientiert sich vor allem an der Biologie. Der Triebbegriff ist für ihn vor allem darum so bedeutend, weil er ihm als unentbehrliche Brücke der Psychoanalyse zur Biologie gilt. Und diese Brücke versteht er als die wichtigste, die von der Psychoanalyse ausgeht. Seine Hoffnung ist nämlich, dass eine «Trieb-Biologie» geschaffen werden kann. Insgesamt erfasst für ihn die Psychoanalyse das psychische Geschehen als Teilerscheinung von biologischem Geschehen und das Seelenleben als einen Spezialfall des Lebens. Es ist dann nur noch konsequent, wenn Leistikow fordert, dass sich eine materialistische Psychologie der Biologie einordnen muss.[2]

Fromm wiederum beschreibt die Psychoanalyse zunächst als eine materialistische Psychologie, die physiologisch verankerte Triebe hinter dem menschlichen Verhalten nachweist, kritisiert aber später einerseits einen physiologischen, mechanistischen Materialismus bei Freud und erinnert andererseits an den alten Vorwurf, er würde seine eigenen Gedanken in die PatientInnen hineinlesen.[3]

Bernfeld wendet sich klar gegen einen bloß physiologischen Materialismus, ohne am prinzipiell materialistischen Anspruch der Psychoanalyse zu zweifeln. «Die Psychoanalyse unterscheidet sich von jeder bisherigen Psychologie dadurch, daß sie prinzipiell, ausschließlich und konsequent, *materialistisch* ist, oder, besser gesagt, ihre Denkweise materialistisch zu bewerten ist.»[4]

Von einem Materialismusbegriff im Sinne der marxistischen Philosophie ist jedenfalls nur wenig zu bemerken. Reich erwähnt zwar einige Fragestellungen des marxistischen Materialismusverständnisses, lässt sich aber nicht explizit auf sie ein. Immerhin ist ihm aber klar, dass eine Beschäftigung mit den materiellen Gegebenheiten des Seelenlebens die Psychologie noch nicht materialistisch macht.[5]

---

1 Vgl. Reich 1975: 8–10, 13, 15, Fenichel 1972 a: 245

2 Vgl. Fenichel 1972 a: 232, 238, 241, 1998 c: 769, 782, 804 f., 1998 d: 816, Leistikow 1972: 190

3 Vgl. Fromm 1980 a: 496–506, 1980 b: 175–178, 1980 c: 9, 14, 27, 1981 a: 29, 33, 1981 b: 43, Wiesenhütter 1974: 50, 240

4 Bernfeld 1972: 13, vgl. 14

5 Reich 1975: 7 f.

Für Fenichel bedeutet Materialismus allgemein eine Anerkennung der Wirklichkeit – unabhängig von ihrem Vorfinden in äußerer oder innerer Wahrnehmung. D.h., «nicht nur das ist wirklich und ‹materiell›, was man sehen, sondern das, was man durch unmittelbare Erfahrung oder durch unmittelbaren zwingenden Schluß wahrnehmen kann».[1]

Als prägnantes Beispiel für die materialistische Ausrichtung gilt die erwiesene Auflösbarkeit des Moralbegriffes. Die Psychoanalyse widersetzt sich nämlich allen Werten, zeigt die Niedrigkeit hinter den hohen Werten und deckt beispielsweise das dahinterstehende Unbewusste auf.[2]

Soweit ein Vorwurf des Idealismus in der Psychoanalyse erhoben wird, wird dieser entweder abgewehrt, als Missverständnis aufgefasst oder auf einige idealistische Auslegungen begrenzt, die von den materialistischen Erkenntnissen der Psychoanalyse zu unterscheiden sind.[3]

Die vernachlässigte Auseinandersetzung mit dem marxistischen Materialismus schwächt aber nicht nur die Möglichkeit zur Abwehr des Idealismus-Vorwurfes, sondern zeigt sich auch in eigenen idealistischen Tendenzen. In einer Kritik am Ökonomismus bemerkt Reich: «Das Sein der Menschen und seine Bedingungen spiegeln, verankern, reproduzieren sich in ihrer seelischen Struktur, indem sie sie formen. Nur durch diese seelische Struktur hindurch ist dieser objektive Prozess für uns erreichbar, seine Hemmungen wie seine Förderung und Beherrschung. Nur durch den Kopf des Menschen, durch seinen Willen zur Arbeit und sein Sehnen nach Lebensglück, kurz seine psychische Existenz schaffen wir, konsumieren wir, verändern wir die Welt.»[4]

Weil unser Kopf es also will und so bestimmt, können die gesellschaftlichen Bedingungen bestimmend wirken. Die hier sich zeigende Inkonsequenz kann aber auch ganz deutlich in eine idealistische Interpretation münden, wie in seiner Einschätzung der materiellen Wirksamkeit der Ideologie. «Wer die materielle Gewalt der Ideologie unterschätzt, wird nichts ausrichten. Sie hat sich in unserer Geschichtsperiode stärker erwiesen als die Gewalt der materiellen Not; sonst wären nicht Hitler und Thyssen sondern der Arbeiter und Bauer an der Macht.»[5]

1 Fenichel 1972 a: 230, vgl. 230–232

2 Vgl. Bernfeld 1972: 13 f., Reich 1975: 14, Fenichel 1972 b: 32 f.

3 Vgl. Bernfeld 1972: 21, Reich 1975: 17, Fenichel 1972 b: 36

4 Reich 1976: 14

5 Reich 1976: 28

6.3 Freudomarxistische Parteilichkeit

Das parteiliche Selbstverständnis des Freudomarxismus ist zweifellos genötigt, sich gegenüber der Position Freuds zu bestimmen. Die weitgehende politische Enthaltsamkeit Freuds macht das gelegentlich etwas schwierig. So beschreibt ihn etwa Fromm als Pazifisten im weitesten Sinne, erwähnt aber an anderer Stelle, dass dieser Ende März 1918 an Abraham schreibt, dass man doch einen deutschen Sieg wünschen müsse. Eine durchgehende Distanzierung zeigt er allerdings aufgrund Freuds konventioneller Meinung über Frauen. Insgesamt versteht er ihn als einen liberalen Kritiker der bürgerlichen Gesellschaft und im Humanismus der Aufklärung verankert. «Aber Freud war niemals ein radikaler Kritiker der kapitalistischen Gesellschaft. Er stellte ihre sozioökonomische Basis niemals in Frage, noch kritisierte er ihr Weltbild – außer in bezug auf die Sexualität.»[1]

Aus freudomarxistischer Sicht ist Freud ansonsten zweifellos ein «bürgerlicher Wissenschaftler» und beispielsweise an seinem Krankheitsbegriff wird eine bürgerliche Wertung beanstandet. Aber indem das für die wichtigen Stellen seiner Forschung nicht gilt, wird betont, dass eben die Analyse nicht identisch mit Freud ist.[2]

In seinem Verhältnis gegenüber einer sozialistischen Weltanschauung nimmt ihn Fenichel in Schutz, indem er hervorhebt, dass dieser dem Marxismus fernstand, ihn missverstand und gegen ihn polemisierte – aber nicht bewusst. Reich hingegen wirft Freud vor, die reaktionären Strömungen innerhalb der Psychoanalyse zu unterstützen und die marxistischen scharf zu bekämpfen. Darum warnt er auch vor einer Zurückhaltung der Kritik gegenüber Freud. «Wir dürfen keinen Augenblick die Rücksicht auf Freud der Rücksicht auf die Zukunft der Psychoanalyse vorziehen.»[3]

Während in der Konsequenz Reich feststellt, dass die Psychoanalyse nur im Lager der politischen Linken ihre Funktion erfüllen kann und niemals im Lager der Rechten, ziehen es Fenichel u.a. innerhalb der psychoanalytischen Vereinigung vor, mit demokratisch-liberaler Ideologie zu agieren.[4]

---

1 Fromm 1981 b: 25 f., vgl. 1980 a: 45, 509, 512, 516 f., 1980 b: 174, vgl. 89, 95, 180, 184 f., 1981 a: 21, 29

2 Bernfeld 1972: 18, Fenichel 1998 a: 121

3 Fenichel 1998 a: 72, vgl. 72 f., Fenichel 1972 a: 239

4 Vgl. Fenichel 1998 a: 97, 116 f.

Reich ist zwar Mitglied der Kommunistischen Partei, stellt allerdings klar, dass er innerhalb einer wissenschaftlichen Bewegung nicht mit parteipolitischen Mitteln agieren möchte und es ihm nicht um die private politische Gesinnung der AnalytikerInnen geht. Vielmehr liegt ihm daran, die Auswirkung einer gegebenen Weltanschauung in der Theoriebildung und Therapiepraxis aufzuzeigen.[1]

Reich verdeutlicht das beispielsweise mit der Handhabung des Realitätsprinzips innerhalb der kapitalistischen Gesellschaft: «Erzieht man den Proletarier zu diesem Realitätsprinzip, stellt man es ihm als absolut gültig etwa im Namen der Kultur hin, so bedeutet das Bejahung seiner Ausbeutung, Bejahung der kapitalistischen Gesellschaft. Es muß klar werden, daß der Begriff des Realitätsprinzips, so wie er heute in der Psychoanalyse von vielen erfaßt wird, einer (wenn auch unbewußten) konservativen Einstellung entspricht und daher im Gegensatz zum objektiv revolutionären Charakter der Psychoanalyse steht.»[2]

Fallend beschreibt das Dilemma der psychoanalytischen Vereinigung gegenüber dem offen politisch agierenden Reich: «Man sprach von der Unvereinbarkeit von Politik und Wissenschaft; entzog sich der offenen politischen Diskussion, die dann aber doch über die vermeintlich wissenschaftliche Auseinandersetzung wieder zurückkehrte.»[3]

Durch die zunehmende Zuspitzung der allgemeinen politischen Situation erfährt Reich allerdings auch eine deutlichere Positionierung von seiner Gegenseite: Die Publikation seiner «Charakteranalyse» wird vom Internationalen Psychoanalytischen Verlag aus politischen Gründen abgelehnt und anlässlich einer Protestkampagne gegen Sanktionen gegen Reich versagt Freud seine Unterstützung.[4]

Auf die Relevanz einer Parteilichkeit im Sinne eines Bezuges zur Arbeiterbewegung weist Bernfeld noch hin. Seinem Appell, dass SozialistInnen Psychologie studieren und beherrschen sollten, stellt er ein deutliches Bild der Praxis dieser Wissenschaft voran: «Die praktischen Anwendungen der Psychologie berühren Lebenssphären, die für die Arbeiterbewegung entscheidend wichtig sind. Die Anwendung der Psychologie erfolgt, wenn kei-

1 Vgl. Fenichel 1998 a: 70, Fallend 1997: 27

2 Reich 1975: 12

3 Fallend 1997: 34

4 Vgl. Fallend 1997: 37, 46, Fenichel 1998 a: 96

ne Gegenbemühungen der Arbeiterbewegung einsetzen, in steigendem Maße, zum Teil mit dem Kapital der Industrie, unter deren direkter Aufsicht. Die psychologische Wissenschaft selbst wird von den Grenzen kapitalistischer Begriffsbildung eingeengt: sie sieht die Seelenwelt von einem Gesichtspunkt aus, der die konkrete, heutige gesellschaftliche Wirklichkeit nicht bewußt in Rechnung stellt; sie sieht die heutige Gesellschaftsordnung als eine fundierende Naturtatsache, nicht als eine Funktion des Kapitalismus, nicht als abhängige veränderliche Größe, sondern als nicht änderbar an, das heißt, sie sieht die Welt vom *ideologischen Standpunkt des Bürgertums* aus.»[1]

Hierin deutet sich zwar eine bewusste Parteilichkeit in ihrer erkenntnistheoretischen Bedeutung an, lässt sich aber ansonsten im Freudomarxismus aufgrund der mangelhaften philosophischen Fundierung kaum entwickeln. Sie zeigt sich noch am ehesten in verschiedenen Ausführungen bei Reich. Was aber ein Ausdruck gesamtgesellschaftlicher Interessen sein soll, erscheint bei ihm in der Tendenz als Ausdruck seines individuellen Interesses mit einem umfassenden Anspruch.[2]

6.4 Die Frage der Sozialpsychologie

Nachdem in verschiedenen psychoanalytischen Publikationen mit pionierhaftem Eifer vielfältige Anwendungen der Psychoanalyse ohne entsprechende Kenntnisse des entsprechenden Fachgebietes erscheinen und speziell zu sozialwissenschaftlichen Gebieten kühne Überlegungen mit gesellschaftstheoretischen Ausuferungen angestellt werden, sehen sich die FreudomarxistInnen veranlasst, dazu Stellung zu nehmen. Wenn also beispielsweise Lasswell über die unbewussten Motive von PolitikerInnen spekuliert, in ihren Handlungen den dorthin verschobenen Trieben nachspürt, die Schwierigkeit politischer Krisen auf reaktivierte primitive Impulse zurückführt und zur Vermeidung von Konflikten besser ausgebildete «soziale Administratoren» vorschlägt, dann können solche Thesen freilich dazu verwendet werden, um die Psychoanalyse innerhalb der marxistischen Öffentlichkeit schwer zu diskreditieren. Fenichel hält ihm darum entgegen, dass die Tatsache, dass Menschen die Ziele ihrer Triebe auf politische Handlungen verschieben, nicht bedeutet, dass die Ziele der Politik nicht rationale Problemlö-

1 Bernfeld 1969: 504 f.

2 Vgl. Fallend 1997: 54, 62 f.

sungen oder bloße Rationalisierungen wären. Eine solche Verschiebung betrifft nämlich prinzipiell alle menschlichen Tätigkeiten, weil sich Verdrängtes überall hineinzudrängen versucht. Und eine Ausschaltung der unbewussten Motive der PolitikerInnen beseitigt nicht die realen Klassengegensätze. Gesellschaftliche Konflikte können nicht auf intrapsychische Konflikte reduziert werden.[1]

Um den durch vergleichbare Publikationen angerichteten Schaden zu begrenzen, kann es nicht genügen, sie jeweils zu kritisieren. Eine eindeutige und methodisch begründete Abgrenzung davon erweist sich als erforderlich. In drastischer Weise versucht darum Reich, die Psychoanalyse auf ihr eigentliches Gebiet einzuschränken. Bei einer Anwendung auf Probleme der Gesellschaft bestehe nämlich die Gefahr, sie zu einer Weltanschauung auszubauen. «Der eigentliche Gegenstand der Psychoanalyse ist das Seelenleben des vergesellschafteten Menschen. Das der Masse kommt für sie nur insofern in Betracht, als individuelle Phänomene in der Masse in Erscheinung treten (etwa das Problem des Führers), ferner, soweit sie Erscheinungen der ‹Massenseele›, wie Angst, Panik, Gehorsam usw. aus ihren Erfahrungen am Einzelnen erklären kann.»[2]

Als Sozialpsychologie kann die Psychoanalyse demnach der Gesellschaftslehre als Hilfswissenschaft dienen, sofern in gesellschaftlichen Erscheinungen seelische Aspekte eine Rolle spielen und ebenso kann die Gesellschaftslehre ihr helfen, wo gesellschaftliche Tatsachen in das Seelenleben wirken.[3]

Fromm beschreibt seine Vorstellungen zu einer solchen psychoanalytischen Hilfestellung aus dem Zusammenhang zwischen den menschlichen Bedürfnissen und den gesellschaftlichen Bedingungen: «Die Psychoanalyse kann die Gesamtauffassung des historischen Materialismus an einer ganz bestimmten Stelle *bereichern, nämlich in der umfassenden Kenntnis eines der im gesellschaftlichen Prozeß wirksamen Faktoren, der Beschaffenheit des Menschen selbst, seiner ‹Natur›*. Sie reiht den Triebapparat des Menschen in die Reihe der natürlichen Bedingungen ein, die selber modifizieren, aber in deren Natur auch die Grenzen der Modifizierbarkeit liegen. Der Triebapparat des Menschen ist eine der ‹natürlichen› Bedingungen, die zum Unterbau des gesellschaftlichen Prozesses gehören; aber

1 Vgl. Fenichel 1998 e: 846–858

2 Reich 1975: 4, vgl. 36 f.

3 Reich 175: 4 f.

nicht der Triebapparat ‹im allgemeinen›, in seiner biologischen ‹Urform›. Als solcher erscheint er in Wirklichkeit niemals, sondern immer schon in einer bestimmten, eben durch den gesellschaftlichen Prozeß veränderten Form. Die menschliche Psyche beziehungsweise deren Wurzeln, die libidinösen Kräfte, gehören mit zum Unterbau, sie sind aber nicht etwa ‹der› Unterbau, wie eine psychologistische Interpretation meint, und ‹die› menschliche Psyche ist auch immer nur die durch den gesellschaftlichen Prozeß modifizierte Psyche.»[1]

Damit zeigt die Psychoanalyse, wie sich die ökonomische Situation über das Triebleben in Ideologie umsetzt und wie die Ideologien auf die Gesellschaft wirken. Indem er dabei allgemein die libidinösen Kräfte als Kitt für den Zusammenhalt der Gesellschaft beschreibt, stellt Fromm fest, dass jede Gesellschaft ihre «spezifische libidinöse Struktur» hat.[2]

Anders als Reich sieht Fromm keine prinzipiellen Schwierigkeiten in der Einrichtung einer analytischen Sozialpsychologie. Ihre Aufgabe versteht er in der Erreichung eines Verständnisses der Triebstruktur, Haltung und Ideologie einer Menschengruppe aus dem Kontext der auf sie einwirkenden sozialökonomischen Struktur. Die Methode dieser analytischen Sozialpsychologie beschreibt er als die der klassischen Psychoanalyse Freuds – übertragen auf soziale Phänomene.[3]

Dagegen wendet Reich ein, dass derselbe Gegenstand nicht mit verschiedenen Methoden untersucht werden kann. Zumindest kann jede Methode nur verschiedene Funktionen und Eigenschaften desselben Gegenstandes erforschen. «Wer den Standpunkt vertritt, man könne soziologische Fragen mit der psychoanalytischen Methode richtig lösen, bezieht gleichzeitig, ob er will oder nicht, auch den anderen Standpunkt, daß man etwa den Kapitalismus mittels der Methoden der chemischen Analyse erklären könne.»[4]

Reich fasst zusammen, «daß die bewußte oder unbewußte Anwendung des dialektischen Materialismus auf dem Gebiete der Psychologie die Ergebnisse der klinischen Psychoanalyse liefert, die Anwendung dieser Ergebnisse in der Soziologie und Politik zu einer marxistischen Sozialpsychologie führt, während die Anwendung der psychoanalytischen Methode auf Probleme der

1 Fromm 1980 c: 30, vgl. 1981 a: 75

2 Vgl. Fromm 1980 c: 30 f., 35–39

3 Vgl. Fromm 1980 c: 16 f., 23, 40

4 Reich 1975: 43, vgl. 44

Soziologie und Politik zu einer metaphysischen, psychologisierenden und überdies reaktionären Soziologie enden muß.»[1]

Während also Fromm keine Schwierigkeiten darin sieht, die Methode der Psychoanalyse zur Erforschung sozialer Erscheinungen anzuwenden, denselben Gegenstand damit mit verschiedenen Methoden zu untersuchen, besteht Reich auf eine Eingrenzung ihrer Reichweite auf das Individuum, weil das der speziellen Methode der Psychoanalyse entspricht. Als Sozialpsychologie kann damit nur ein Beitrag zur Gesellschaftswissenschaft geleistet werden, wenn diese Hilfe im Verständnis der Psychologie des Individuums benötigt. Indem dieser Aufforderung nach einem Rückzug die konservativen und reaktionären PsychoanalytikerInnen freilich nicht folgen, bietet er ihnen damit gewissermaßen eine Monopolstellung gerade in den Fragen der wesentlichen sozialwissenschaftlichen Positionierungen an. Die allgemeine Bezugnahme Fromms auf das methodische Inventar Freuds lässt zwar jene Problemstellen offen, die zweifellos zu fehlerhaften Theorien führen, aber prinzipiell ist damit ein offensiver Weg nach vorwärts eingeschlagen. Die starre Abgrenzung Reichs hingegen bleibt defensiv und rückwärts gewandt. Fenichel distanziert sich folglich von dieser simplen Abwehrhaltung und stellt fest, dass verschiedene Wissenschaften denselben Gegenstand haben können und sich dabei lediglich durch ihre Betrachtungsweise und Erkenntnismethode unterscheiden.[2]

Letztlich bleibt auch Reich seinem Kampf gegen psychologisierende Interpretationen keineswegs treu. So beschreibt er beispielsweise 1942 den Faschismus als «die emotionale Grundhaltung des autoritär unterdrückten Menschen der maschinellen Zivilisation und ihrer mechanistisch-mystischen Lebensauffassung.»[3]

6.5 Naturwissenschaftliches Selbstverständnis

Was für den Freudomarxismus ziemlich charakteristisch ist, ist dessen Berufung auf Freuds Psychoanalyse als «Naturwissenschaft von der Seele». Wie das psychoanalytische Denken als naturwissenschaftlich verstanden wird, gilt hierin ein nicht-naturwissenschaftliches Denken als eine Entfernung von der Psy-

1 Reich 1975: 47
2 Vgl. Fenichel 1998 d: 839
3 Reich 1977: 13

choanalyse. Fenichel würdigt diesen Anspruch ausdrücklich: «Die lebendige psychische Wirklichkeit in all ihrer Kompliziertheit naturwissenschaftlich erfassen, indem man zunächst die psychischen Phänomene des Einzelnen aus einem Zusammenspiel der Umwelteinflüsse und seiner historisch gewordenen und in ihrem historischen Werden zu erfassenden Struktur begreift, dann viele solche Einzelnen miteinander vergleicht, bis man Einblick in die Naturgesetze der Einflußnahme von Erlebnissen auf Triebstrukturen überhaupt erhält, – das kann nur die Psychoanalyse.»[1]

Wenn Leistikow die Psychoanalyse als eine «dialektisch-materialistische Naturwissenschaft» darstellt, dann wird deutlich, in welche Richtung das führen soll. Reich versteht nämlich konkret die marxistische Psychoanalyse als eine naturwissenschaftliche. Und für Fenichel bedeutet die marxistische Psychoanalyse eine naturwissenschaftliche Erfassung des menschlichen Seelenlebens für das Verständnis und die bewusste Beherrschung des gesellschaftlichen Entwicklungsprozesses.[2]

Die Verteidigung der naturwissenschaftlichen Psychoanalyse gegenüber den metaphysischen Abweichungen von der dementsprechenden Forschungs- und Betrachtungsart wird dann auch verstehbar als eine Verteidigung marxistischer Positionen. Dazu passt auch Reichs Unterscheidung eines Freud als «Naturforscher» gegenüber einem Freud als «bürgerlichen Naturphilosophen» oder eines naturwissenschaftlichen Lehrgebäudes der Analyse von einem abweichenden und widersprüchlichen.[3]

Eine solche Positionierung hinterlässt aber gleich eine ganze Serie von Missverständnissen und Fehleinschätzungen. Wenn die Naturwissenschaft mehr oder weniger als Synonym für Marxismus gilt, dann hat weder dieser das verdient, noch ist der Psychoanalyse damit geholfen.

Zunächst ist die Zweckmäßigkeit des Bezuges zur Natur zu klären. Wenn dieser Bezug sich auf einen marxistischen Hintergrund ergeben soll, dann müsste berücksichtigt werden, dass dieser das Verhältnis zwischen Mensch und Natur als ein widersprüchliches erfasst. Einerseits gilt der Mensch hier als Bestandteil der Natur, andererseits aber – als gesellschaftliches Wesen – als im Gegensatz zu ihr stehend. Die historische Entwicklung des

1 Fenichel 1998 c: 768 f., vgl. 794, 804, 809 f., 1972 a: 248, Fromm 1980 c: 9

2 Vgl. Leistikow 1972: 194, Fenichel 1998 a: 74, 115

3 Vgl. Reich 1976: 54, Fenichel 1998 a: 72, 86, 125, 145

Menschen wird hierin verstanden als eine Geschichte von Bemühungen, den schicksalhaften Naturgewalten zu entkommen und die eigentliche Menschwerdung kann dabei erst erreicht werden durch eine bewusste Gestaltung des gesellschaftlichen Geschehens. Eine schlichte Unterordnung des Menschen unter einen Naturbegriff kann jedenfalls nicht als marxistisch verstanden werden. Philosophiegeschichtlich könnte sie sich eher auf Feuerbach beziehen, für den nicht nur die Natur als die Grundlage des Menschen gilt, sondern der auch fordert, dass jede Wissenschaft sich auf Natur gründen muss.

Mit einem direkten und einseitigen Bezug auf die Natur kann die Theoriebildung lediglich innerhalb einer Naturalisierung des Gesellschaftlichen bleiben, womit sie zwar der Naturhaftigkeit der gesellschaftlichen Erscheinungen entspricht, aber damit auch den Anspruch als kritische Wissenschaft verliert. Allerdings passt diese Betonung des Natürlichen auch zu der stalinistischen Doktrin, in der entsprechend den Vorstellungen der herrschenden Bürokratie die gesellschaftlichen Entwicklungen als unabänderliche Naturgesetze präsentiert werden. Immerhin wird Reich erst Mitglied der Kommunistischen Partei, nachdem sie klar stalinistisch ausgerichtet ist.[1]

Ein Verständnis der Psychoanalyse als Naturwissenschaft ist aber nicht nur problematisch wegen dieser Implikationen. Es geht hier um die grundlegende Frage der wissenschaftstheoretischen Positionierung. Indem nämlich der übliche Begriff der Naturwissenschaft sich keineswegs als Synonym für Marxismus verstehen lässt, sondern im Gegenteil als zentrale Kategorie eines positivistischen Verständnisses von Wissenschaft gilt, betrifft dies das fundamentale Selbstverständnis einer Wissenschaft. Eine Beschreibung einer Forschung als naturwissenschaftlich sagt also in der Regel weniger über die Natürlichkeit des erforschten Gegenstandsbereiches aus, als über ein bestimmtes methodisches Inventar. Die darin ausgedrückten erkenntnistheoretischen und methodischen Standards beschränken die wissenschaftlichen Möglichkeiten auf elementare Aussagen, die einem Anspruch auf eine dialektische Wissenschaft keineswegs entsprechen können. Die Einforderung einer Naturwissenschaftlichkeit im Bereich der Sozialwissenschaften ist somit zu verstehen als eine Forderung nach einer Eingrenzung des Erkennbaren.[2]

1 Vgl. Fallend 1997: 27

2 Vgl. Abl 1993: 37

Es entspricht also dem im Stalinismus üblichen vormarxistischen Verständnis von Materialismus, wenn Fenichel die menschliche Psyche wie die Gesellschaftsform aus ihren materiellen Bedingungen verstehen will und dabei als Naturprodukt begreift und beschreibt. Und wenn er noch meint, dass dieses Geschehen nach naturwissenschaftlichen Kriterien studiert werden kann und dazu die Psychoanalyse wegen ihrer naturwissenschaftlichen Grundprinzipien würdigt, dann kann das wissenschaftstheoretische Selbstmissverständnis wohl kaum größer ausfallen.[1]

Fenichel präsentiert die Psychoanalyse sogar als «im Kerne die einzige empirische Wissenschaft vom Seelenleben» und wendet sich beispielsweise mit dem Vorwurf gegen Reik, dass dieser die Psychoanalyse ihres naturwissenschaftlichen und logischen Charakters beraube. Er spricht sich lediglich gegen eine Nachahmung experimenteller Methoden aus und plädiert für eine «gegenstandsadäquate» naturwissenschaftliche Methode.[2]

Eine Kritik an dem «naturalistischen Menschenbild», der «Naturalisierung der Geschichte», dem «naturalistischen Mißverständnis der Psychoanalyse» und der «naturwissenschaftlichen Sackgasse» im Freudomarxismus ist inzwischen weitgehend erfolgt.[3]

6.6 *Psychoanalyse und Arbeit*

Eine ausdrückliche Erwähnung verdienen hier noch einige Überlegungen Fenichels zur Bedeutung und Stellung der Arbeit aus psychoanalytischer Sicht, die er in einer Besprechung eines Artikels von Barbara Lantos anstellt.

Die Arbeit versteht er zunächst als eine von außen erzwungene Leistung und aus psychoanalytischer Sicht als eine an sich unlustvolle Handlung nach dem Realitätsprinzip. Die Organisation des Ichs leistet hierbei die Bewältigung der Außenwelt durch eine aktive Regulierung und das Ertragen von Spannungen ohne sofortige Abfuhr. Die Fähigkeit dazu entsteht aus den spielerischen Versuchen des Kindes, Erlebtes zur nachträglichen Bewältigung zu wiederholen und Zukünftiges übungsweise vorwegzunehmen. Aus der hierdurch erreichbaren Span-

1 Vgl. Fenichel 1972 a: 230–232, 1998 a: 75, 1998 c: 794 f

2 Vgl. Fenichel 1972 a: 238, 1998 c: 786, 803 f., 1998 e: 862

3 Vgl. Dahmer 1982: 282, Hartmann u. Zepf 1997: 228, 231, 233

nungstoleranz und Angstfreiheit entsteht eine Lust, die er «Funktionslust» nennt. Er unterscheidet also bei den Ich-Funktionen zwischen einer Lust, die sich direkt aus der Tätigkeit ergibt, und einer indirekten aus der Befriedigung über die eigene Leistung. Mit der zunehmenden Durchsetzung des Realitätsprinzips verringert sich die direkte Lust und vergrößert sich die Befriedigung außerhalb der Tätigkeit selbst.[1]

Der Anfang zur Entwicklung der Möglichkeiten des Erlebens einer Funktionslust im Spiel des Kindes erfolgt aus einem ursprünglichen Schutzbedürfnis und der Freude an der erreichten Sicherheit. «Das Kind lernt allmählich, das Überwältigtwerden durch plötzlich hereinbrechende Spannungsmengen dadurch zu vermeiden, daß es durch aktive Maßnahmen solche Spannungserhöhungen in geringer Dosis, die erwartete Zukunft antizipierend, selbst herbeiführt. Es genießt dabei ‹Funktionslust›, die sich zur Trieblust addiert. Das ist die wesentliche Funktion des Spiels, das auf solche Weise von der ursprünglichen ‹sofortigen Lustprinzip› Abfuhr zur ‹Meisterung der Umwelt› durch ‹Übung› überleitet. Diese Lust hat den Charakter von ‹Ich fürchte mich nicht mehr, denn ich kann es ja schon›.»[2]

Beim Erwachsenen zeigt sich diese Lust schließlich an der «Freude an der Leistung». Seine Arbeit erfordert in der Vorbereitung und Ausführung zwar die Fähigkeit zum Ertragen von viel Unlust, kann dafür aber viel Funktionslust erreichen. Die Lust an der Vergewisserung der eigenen Fähigkeiten ist sicherlich durch eine äußere Anerkennung der eigenen Leistung noch zu steigern. Objektbeziehungen im Sinne kollegialer Verhältnisse kommt hierfür eine herausragende Bedeutung zu. Soweit innerhalb der Arbeit sich eine Lust noch direkt aus der Tätigkeit ergibt, die eine Entspannung im Sinne einer Abfuhr angestauter Triebenergie vermittelt, handelt es sich in der Regel eher um versteckte Triebbefriedigungen oder sie drückt eine Reaktion auf ein verdrängtes, gegenteiliges Bedürfnis aus. «Unter den heutigen Arbeitsverhältnissen ist die Arbeit überhaupt viel häufiger nach dem Typus ‹Reaktionsbildung› als nach dem Typus ‹Sublimierung› gebaut. d.h. man benutzt die Arbeit, um widersprechende triebhafte Einstellungen, die im Unbewußten noch unverändert fortbestehen, zu überschreien.»[3]

1 Vgl. Fenichel 1998 b: 1018–1023

2 Vgl. Fenichel 1998 b 1022

3 Fenichel 1998 b: 1026, vgl. 1022 f.

6.7 Ausklang

Nach dem Ausschluss Reichs aus der Internationalen Psychoanalytischen Vereinigung 1934 zerreisst das Band zwischen ihm und Fenichel. «Für Reich war Fenichel der Verräter. Reich für Fenichel ein kompromißloser, uneinsichtiger Querulant.»[1]

Fenichel kritisiert an Reich allgemein dessen Schematisierungen, «daß vor lauter Ziehung des Rahmens, in dem die Phänomene erfaßt werden sollen, die konkreten Phänomene selbst zu kurz kommen. Über die sogenannten ‹großen Linien› werden die kleinen Wirklichkeiten vernachlässigt. Mit dieser sogenannten Schematisierung ist aber ... eine gewisse *undialektische* Denkweise verbunden, die widersprechende wissenschaftliche Meinungen nicht als auseinander hervorgegangen oder miteinander in Verbindung stehend sehen kann, sondern überall bemüht ist, scharfe kontradiktorische Fronten zu ziehen, die zueinander in mechanischem Gegensatz stehen.»[2]

Als Beispiel dazu führt Fenichel das Verhältnis zwischen Mensch und Umwelt an. Entgegen Reich geht er hierbei nicht von einem guten Menschen in einer diesen schlecht machenden Umwelt aus. Vielmehr stellt er fest, dass ein menschliches Zusammenleben auch eine allgemeine und ständige Notwendigkeit zur Einschränkung und Unterdrückung der Triebe bedeutet. Dabei versteht er die Triebstruktur des Menschen als im Laufe der Geschichte relativ gleichbleibend, während er die Art und Weise des Triebverzichts, die Mittel dazu und die daraus folgenden Konsequenzen als unterschiedlich entsprechend der jeweiligen Gesellschaft sieht.[3]

Dieser Konflikt zwischen den bedeutendsten Führungspersönlichkeiten des Freudomarxismus` leitet schließlich auch dessen Niedergang ein. Reich fordert zwar ursprünglich einen organisatorischen Zusammenschluss der marxistischen PsychoanalytikerInnen, beginnt aber selbst mit seiner «Sexualökonomie und politischen Psychologie» seine eigenständige Entwicklung. Nach seinem Ausschluss spezialisiert er sich in seiner Emigration auf seine Orgontheorie, versucht die biologischen Grundlagen der Lebensenergie aufzuspüren und bezieht zunehmend körpertherapeutische Techniken in seine Praxis mit ein. Fenichel hält noch bis 1945 an dem Kommunikationsmittel

1 Fallend 1997: 51, vgl. Fenichel 1998 a: 133–143
2 Fenichel 1998 d: 811, vgl. 829 f., 835
3 Vgl. Fenichel 1998 c: 806, 1998 d: 829, 831

der Rundbriefe fest, um mit den damit erreichbaren WeggefährtInnen eine marxistische Psychoanalyse zu schaffen. Danach löst sich der dadurch hergestellte organisatorische Zusammenschluss allerdings auf.[1]

So bleibt vom Freudomarxismus insgesamt eine erste systematische Kombination der psychoanalytischen Theorie mit einer marxistischen Weltanschauung. Eine sich ihrer Methode bewusste Psychoanalyse wird hierin als eine dialektisch-materialistische Psychologie verstanden. Allerdings führt die mangelhafte Vertrautheit mit der marxistischen Philosophie zu bedeutenden Schwächen, Missverständnissen und Fehlern.

Aufgrund einer oberflächlich gehaltenen Bezugnahme auf die Dialektik wird die gleichzeitige Beanspruchung eines positivistischen Wissenschaftsideals ohne entsprechendes Problembewusstsein präsentiert. Das daraus folgende Verständnis der Psychoanalyse und speziell ihrer materialistischen Interpretation als das einer Naturwissenschaft kann bestenfalls aus einem vormarxistischen Verständnis von Materialismus abgeleitet werden und führt zum Schulterschluss mit einem positivistischen Wissenschaftsbegriff. Ein solches Materialismusverständnis zeigt sich auch in der Orientierung auf die Physiologie und Biologie, die sich letztlich sogar eine Unterordnung der Psychologie als deren Spezialfall vorstellen kann. Schließlich erweist sich dann aber selbst dieser rudimentäre Materialismus nicht als bewahrend vor eigenen idealistischen Theorien.

Zur erforderlichen Ergänzung des Totalitätsaspektes wird vor allem auf die soziologischen Defizite in der klassischen Psychoanalyse verwiesen und ihre Beseitigung durch eine entsprechende Schulung eingefordert. Bezüglich des Entwicklungsaspektes wird die besondere Eignung der Psychoanalyse zu seiner Erfassung hervorgehoben, aber indem keine konsequente Kritik an den lamarckistischen Mutmaßungen Freuds erfolgt, können sogar noch Steigerungen in den Spekulationen zur Phylogenese produziert werden.

In der Frage der Parteilichkeit wird kaum eine Verknüpfung zwischen wissenschaftlicher Erkenntnismethode und sozialem Bezug hergestellt. Zur Bestimmung der eigenen Position behilft sich der Freudomarxismus mit einer Unterscheidung zwischen Freud und der Psychoanalyse bzw. einem bürgerlichen Wissenschaftler und seiner Theorie, deren Wert für den Marxismus

1 Vgl. Fenichel 1998 a: 74, 85, 118 f., 143, Fallend 1997: 59, 62 f., Hartmann u. Zepf 1997: 244

ihm nicht bewusst ist. Zu einer folgenreichen Uneinigkeit kommt es schließlich in der Frage der Taktik innerhalb der psychoanalytischen Organisation.

Für die theoretische Weiterentwicklung wesentlich ist die Auseinandersetzung um die Frage der Möglichkeiten einer analytischen Sozialpsychologie. Die hierbei entwickelte Konzeption der Eingrenzung auf eine Hilfswissenschaft für die Gesellschaftslehre mit einem speziellen Gegenstandsbereich bleibt zu rigoros und die schlichte Übernahme des methodischen Inventars aus der klassischen Psychoanalyse mit einer Bezugnahme auf die jeweiligen gesellschaftlichen Prozesse lässt die mit diesem Inventar noch verbundenen Problemstellen noch ungelöst.

Insgesamt hinterlässt der Freudomarxismus zahlreiche Konzeptionen, die zwar häufig noch wesentliche Mängel und Irrtümer aufweisen, aber prinzipiell auf die Möglichkeiten verweisen, die eine marxistisch verstandene Psychoanalyse in sich birgt. Als ein Beispiel für die Bedeutung der Psychoanalyse im gesellschaftlichen Kontext habe ich zuletzt noch auf entsprechende Überlegungen zum Verständnis der Arbeit verwiesen.

7. Kritische Theorie

Ein wesentlicher Anstoß zur Ausbildung einer kritischen Psychologie geht in der Folge von der Kritischen Theorie der Frankfurter Schule und vergleichbar von der Praxisphilosophie der Belgrader Schule aus. Diese Strömung stellt zwar für sich keine Psychologie dar, aber ihr grundlegender Einfluss auf die Sozialwissenschaften insgesamt kann nicht übersehen werden.

In lockerer Angliederung an die Frankfurter Universität und unterstützt durch eine private Stiftung wird 1923 das Institut für Sozialforschung gegründet. Die für die daraus entstehende Schule bezeichnenden Theorien entstehen in den 1930er-Jahren, wie etwa die «Studien über Autorität und Familie». Ihr Ziel besteht in einer Analyse der bürgerlichen Gesellschaft mit dem Mittel einer interdisziplinären Forschung. Unter teilweise schwierigen Bedingungen setzt sie ihre Forschungen zu den Themen Autorität, Faschismus und Massenkultur in den USA fort und kehrt schließlich 1950 wieder nach Frankfurt zurück. Eine wesentliche Rolle innerhalb der Sozialwissenschaften erlangt diese Schule durch ihre besondere Stellung im so genannten Positivismusstreit in den 1960er-Jahren. Zu ihren bekanntesten Vertreter zählen Theodor W. Adorno, Max Horkheimer und Herbert Marcuse.[1]

Was die Kritische Theorie auszeichnet, ist ihr grundlegender Bezug zum philosophischen Marxismus und ihr an der Auseinandersetzung mit Hegel geschultes Verständnis für Dialektik. Die dialektische Methode ist für Adorno abhängig von ihrem Gegenstand und damit real begründet. Er stellt hierzu allerdings fest, sich gegen eine eindeutig idealistische oder materialistische Festlegung abgrenzen zu wollen: «Tatsächlich ist Dialektik weder Methode allein noch ein Reales im naiven Verstande. Keine Methode: denn die unversöhnte Sache, der genau jene Identität mangelt, die der Gedanke surrogiert, ist widerspruchsvoll und sperrt sich gegen jeglichen Versuch ihrer einstimmigen Deutung. Sie, nicht der Organisationsdrang des Gedankens veranlasst zur Dialektik. Kein schlicht Reales: denn die Widersprüchlichkeit ist eine Reflexionskategorie, die denkende Konfrontation von Begriff und Sache. Dialektik als Ver-

1 Vgl. Gertzen 1981: 595, Adorno 1982 a: 7–9

fahren heißt, um des einmal an der Sache erfahrenen Widerspruches willen und gegen ihn in Widersprüchen zu denken.»[1]

Kurz gesagt versteht er also die Dialektik als «in den Sachen», allerdings «nicht ohne das Bewußtsein, das sie reflektiert». Diese Kombination wirkt zunächst wie ein materialistisch interpretierter Hegel mit einem idealistisch verstandenen Marx. Adorno wendet sich ausdrücklich gegen Hegels Idealismus und hält diesem vor, dass es sich bei ihm stets so verhält, dass «der Gedanke immer nur das aus seinen Gegenständen herausholt, was an sich schon Gedanke ist».[2]

Er verteidigt den Materialismus auch als berechtigte Kritik am Idealismus und als Bestandteil der kritischen Philosophie. Bezüglich der Entwicklungsgeschichte etwa versteht er das Bewusstsein zweifellos als spätere und ableitbare Errungenschaft und bezüglich der Wirkungsdominanz beschreibt Marcuse das Bewusstsein allgemein als von materiellen Prozessen bestimmt. Allerdings sieht Adorno es als wesentliche Aufgabe dieser Philosophie, gegen einen materialistisch inspirierten Rückfall in die Barbarei zu arbeiten. Und er weist nachdrücklich darauf hin, dass die primäre Wirksamkeit der materiellen Wirklichkeit nicht als dingliche Übermacht zu verstehen ist. «Trotz des Vorrangs des Objekts ist die Dinghaftigkeit der Welt auch Schein. Sie verleitet die Subjekte dazu, das gesellschaftliche Verhältnis ihrer Produktion den Dingen an sich zuzuschreiben.»[3]

Entsprechend dieser Überlegungen entwickelt er eine Kritik an einem Materialismus, der die dinghafte Erscheinung zum nicht weiter hinterfragbaren wesentlich Wirksamen verklärt. Umgekehrt findet er auch zu einer Würdigung für den Idealismus: «Der Idealismus ist nicht einfach die Unwahrheit. Er ist die Wahrheit in ihrer Unwahrheit. Der idealistische Schein ist in seinem Ursprung so notwendig wie in seiner Vergängnis.»[4]

Aufgrund dieser herausragenden Berücksichtigung der Wirkung einer Verdinglichung ergibt sich ein grundlegender Vorbehalt gegen die Abbildtheorie. Adorno wendet zunächst gegen sie ein, dass sie die Entfremdung zwischen Subjekt und Objekt verdeckt und dadurch den falschen Schein einer Ähnlichkeit ausdrückt. Aber vor allem wirft er ihr eine Reflexionslosigkeit vor. «Wird das Subjekt zur sturen Widerspiegelung des

1 Adorno 1982 b: 148, vgl. 17 f., 22, 1982 a: 15
2 Adorno 1982 b: 38, vgl. 49, 146, 195, 205, 1981 b: 142 f.
3 Adorno 1982 b: 190, vgl. 186, 197, 204 f., Marcuse 1982: 280
4 Adorno 1981 b: 79, vgl. 235

Objekts verhalten, die notwendig das Objekt verfehlt, das nur dem subjektiven Überschuß im Gedanken sich aufschließt, so resultiert die friedlose geistige Stille integraler Verwaltung.»[1]

Der hierin steckende Seitenhieb auf die erkenntnistheoretischen Vorstellungen der stalinistischen Bürokratie ist keineswegs neu. Bereits zuvor argumentiert Lukács gegen die Abbildtheorie wegen ihres fotografischen Charakters und ihrem mechanischen Fatalismus. Er fordert als Voraussetzung für eine dialektische Theorie der Widerspiegelung zumindest eine scharfe Trennung zwischen Naturalismus und Realismus.[2]

Adorno geht allerdings darüber hinaus mit seiner Einforderung einer umfassenderen Beteiligung des Subjekts im Erkenntnisprozess. Die Objektivität der dialektischen Erkenntnis versteht er als nicht erreichbar durch eine Verringerung des Anteils des daran beteiligten Subjekts, sondern in einer Abhängigkeit von der Vergrößerung dieses Anteils. Diese Argumentation unterstützt er mit einem Bezug zu psychologischen Erkenntnissen. «Die der Psychologie seit Georg Simmel und Freud vertraute Einsicht, daß die Bündigkeit der Erfahrung von Gegenständen, wofern diese ihrerseits, wie die Gesellschaft, wesentlich subjektiv vermittelt sind, mit dem Maß des subjektiven Anteils der Erkennenden steigt und nicht fällt, haben die Sozialwissenschaften sich noch nicht einverleibt.»[3]

Er weist zusätzlich darauf hin, dass die Versuche zur Verringerung des subjektiven Anteils nicht die Objektivität vergrößern, sondern sich gegenteilig auswirken. «Gerade die Objektivität der Wahrheit bedarf des Subjekts; von diesem getrennt, wird sie Opfer bloßer Subjektivität.»[4]

Dabei geht es ihm nicht bloß um einen Mangel an Subjektivität, sondern letztlich um einen Mangel an Theorie. Er prangert die Unselbständigkeit oder gar die «Liquidation der Theorie» an und versteht ihren Wert nicht nur beispielsweise für den Erkenntnisprozess, sondern durchaus auch für die Praxis. «Eigentlich gibt es keine andere Instanz für richtige Praxis und das Gute selbst als den fortgeschrittensten Stand der Theorie.»[5]

Damit gilt für ihn letztlich doch wieder das Bewusstsein als Kriterium für die Erkenntnis. Die Theorie überprüft sich am Bei-

---

1 Adorno 1982 b: 205, vgl. 1981 b: 148

2 Vgl. Lukács 1983: 27, 44

3 Adorno 1982 c: 96, vgl. 1982 b: 50

4 Adorno 1981 b: 78

5 Adorno 1982 b: 240, vgl. 146 f.

spiel einer Praxis abermals an einer Theorie – wenn auch an einer besonders weit entwickelten. Der Kampf gegen Hegels Idealismus versiegt hier.

Die dialektische Methode der Kritischen Theorie versteht sich also als ein erforderlicher Ausdruck einer objektiven Dialektik im Sinne einer bewussten Reflexion. Ein konsequenter Materialismus erscheint ihr als unannehmbar, weil ihr die darin enthaltene Objektivität als zu undifferenziert erscheint, das Problem der Verdinglichung nicht zwangsläufig einbezieht und die Rolle der Subjektivität und der Theorie darin vernachlässigt zu werden droht.

Bezüglich der Aspekte der Dialektik betont die Kritische Theorie die Geschichtlichkeit und Totalität als wichtige Dimensionen, das Sein als Gewordenes und das Einzelne als Totalitätsanteil. Als zentrale Kategorie der Dialektik präsentiert sie vor allem die Totalität, die sie als «Inbegriff der gesellschaftlichen Verhältnisse der Individuen untereinander» mit aller Ideologie und Verdinglichung versteht. Indem sie eine spezielle Einzelerscheinung als Teil eines Ganzen betrachtet und selbst zum Verständnis von Einzelfeststellungen sich die dialektische Totalität als erforderlich erweist, findet sie keineswegs mit einem speziellen Fachwissen oder einer besonderen Methode ihr Ausreichen.[1]

Vergleichbar bezieht sich ivoti ć auf die Kategorie der Historizität und betont die Kategorie der Totalität als eine «Formulierung des allgemeinmenschlichen Wesens». Für ihn «ist die dialektische Methode als Methode der Erforschung des menschlichen Wesens der Wirklichkeit eine *historische* Methode und die Kategorie der Totalität eine Form des Suchens nach den historischen Möglichkeiten einer Humanisierung der Welt.»[2]

Die in der Kritischen Theorie herausragende Bezugnahme auf die Kategorie der Totalität befindet sich in einem speziellen theoretischen Kontext, der sich als sehr nahe an der Konzeption des frühen Lukács erweist. Die Dialektik ist darin nämlich eingegrenzt auf eine nicht ontologisiert zu verstehende gesellschaftliche Totalität. «Das antithetisch Entfaltete ... ist nicht, ..., das Gefüge des Seins an sich, sondern die antagonistische Gesellschaft, ...»[3]

Die objektive Grundlage der Dialektik beschreibt Marcuse als die Negativität der gesellschaftlichen Wirklichkeit. «Die To-

1 Vgl. Adorno 1982 a: 19–21, Marcuse 1982: 353, Lang 1975: 13, 20 ff.

2 ivoti ć o.J.: 50, vgl. 39–42, 44, 46, 49–52

3 Adorno 1981 b: 12, vgl. 1982 a: 48, 1982 b: 352, Marcuse 1982: 275–277

talität, zu der die Marxsche Dialektik gelangt, ist die Totalität der Klassengesellschaft. Die Negativität, die ihren Widersprüchen zugrunde liegt und einen jeden ihrer Inhalte bestimmt, ist die Negativität der Klassenverhältnisse. Die dialektische Totalität schließt außerdem die Natur ein, aber nur insofern, als diese in den historischen Prozess der gesellschaftlichen Reproduktion eintritt und ihn bedingt.»[1]

Diese Dialektik ist somit nicht in allen Gegenstandsbereichen anwendbar, sondern bezieht sich lediglich auf die Tatsachen einer bestimmten historischen Totalität, in deren gesellschaftlichen Prozessen sich Antagonismen entfalten. Die Ausgestaltung dieser Prozesse erfolgt durch blind wirkende ökonomische Kräfte und die Gesetze der Dialektik repräsentieren hierzu die entwickelte Erkenntnis.[2]

Indem die Gesellschaft beispielsweise eher dem System als dem Organismus ähnelt, lässt sich in den Gesellschaftswissenschaften im Unterschied zu den Naturwissenschaften nicht vom Sektor zum Ganzen fortschreiten. Ebenso kann aufgrund der realen Uneinheitlichkeit im Gesellschaftlichen nicht die naturwissenschaftlich erprobte begriffliche Vereinheitlichung umgesetzt werden.[3]

Ein Verständnis der Dialektik als eine allgemeine Methode, die auch gegenüber den Erscheinungen der Natur anwendbar ist, beruht für Adorno auf einer falschen Interpretation der bei Marx bezogenen Position zu den Naturgesetzen. «Erst eine Verkehrung der Marxischen Motive wie die des Diamat, ..., konnte darauf verfallen, den polemischen Marxischen Begriff der Naturgesetzlichkeit aus einer Konstruktion der Naturgeschichte in eine szientifische Invariantenlehre umzufälschen.»[4]

Aber auch eine strikte theoretische Trennung von Natur und Gesellschaft wäre keine zufriedenstellende Lösung, weil damit wiederum der natürliche Schein der Gesellschaft ignoriert wäre. «So wenig Dialektik auf Natur als universales Erklärungsprinzip auszudehnen ist, so wenig doch sind zweierlei Wahrheiten nebeneinander aufzurichten, die dialektische innergesellschaftlich und eine gegen sie indifferente. Die an der Einteilung der Wissenschaften orientierte Trennung von gesellschaftlichem und außergesellschaftlichem Sein täuscht darüber, daß in

1 Marcuse 1982: 275 f., vgl. 274

2 Vgl. Marcuse 1982: 276–278

3 Vgl. Adorno 1981 a: 97, 1982 c: 95

4 Adorno 1982 b: 348

der heteronomen Geschichte blinde Naturwüchsigkeit sich perpetuiert.»[1]

Trotz der Kritik an der Naturgesetzlichkeit, die als Beschreibung einer unveränderlichen Naturgegebenheit Ideologie ist, drückt dies auch reale Bewegungsgesetze einer bewusstlosen Gesellschaft aus. Es gilt also, den Schein in seiner Notwendigkeit zu erfassen und zu kritisieren. «Sein Kern ist der Wert als Ding an sich, als ‹Natur›. Die Naturwüchsigkeit der kapitalistischen Gesellschaft ist real und zugleich jener Schein.»[2]

Ähnlich wie Lukács wendet sich Adorno also mit einem nur fragmentiert übernommenen Marxismus gegen die unkritische Übernahme eines naturwissenschaftlichen Selbstverständnisses und weist auf die Problematik der naturhaften Erscheinung der Gesellschaft hin. Wenn hierin die eigentliche Dimension der Weltanschauung von Marx unterschlagen wird, wirft ihm Adorno auch noch vor, mit seiner Aufforderung zur Veränderung der Welt das bürgerliche Programm einer absoluten Naturbeherrschung unterschrieben zu haben.[3]

Vergleichbar kritisiert Habermas die indifferente Anwendung der exakten Naturwissenschaften auf die von Menschen hervorgebrachte Welt. Er hält es für eine Illusion, die gegenüber der Natur mithilfe wissenschaftlicher Kontrolle erreichte Emanzipation von ihren Zwängen in derselben Weise auf die Gesellschaft anwenden zu wollen. Soweit nämlich das Erkenntnissystem dem Gesellschaftlichen dieselbe Haltung entgegenbringt wie dem Natürlichen, die Zweck-Mittel-Relationen aus der technischen Verfügung über die Natur auf die Gesellschaft angewendet werden oder das Subjekt in den zu analysierenden Bereichen verhaftet bleibt, wird das Objekt verfälscht.[4]

Und ivoti ć, der den Marxismus als humanistisch-kritische Philosophie versteht, argumentiert gegen die durch eine Dialektik der Natur eingeführte schematische Verallgemeinerung im Sinne einer «allgemeinen Theorie der Ordnung und der Strukturbeziehungen des Bestehenden». «Diese Umkehrung der humanistisch engagierten Dialektik in eine positive Wissenschaft vom Bestehenden lebt vor allem aus dem bürokratischen Interesse an der Erhaltung des Bestehenden.»[5]

---

1 Adorno 1982 b: 145

2 Adorno 1982 b: 348, vgl. 349, 351 f.

3 Vgl. Adorno 1982 b: 242

4 Vgl. Habermas 1982: 157 f., 174, 188, 191

5 ivoti ć o.J.: 42, vgl. 40, 46, 52, Colletti 1977: 52, 54, 58

Nach seiner Auffassung begreift der Marxismus «den Menschen als Wesen einer spezifischen Gattung, unter dem Blickpunkt seines authentischen Wesens. Dabei gelangt man nicht zur Gesetzmäßigkeit der objektiven Realität, sondern zu deren menschlicher Widerspiegelung.»[1]

In der Auseinandersetzung mit einem positivistischen Wissenschaftsverständnis entwickelt die Kritische Theorie trotz ihrer Schwachstellen eine ansehnliche Schlagkraft. Adorno kritisiert am Positivismus vor allem die Übertragung naturwissenschaftlicher Testbarkeit auf die Gesellschaftswissenschaft. Dieser setzt nämlich seine logische Methode als primär gegenüber dem Gegenstand und reduziert damit speziell Soziales auf passende Elemente, wodurch die objektiven Widersprüche zum Verschwinden gebracht werden sollen. Durch diese Wirkungsweise zeigt sich die parteiliche Funktion des Positivismus`. «Seine Kategorien sind latent die praktischen der bürgerlichen Klasse, in deren Aufklärung von Anbeginn mitschwang, man dürfe nicht auf Gedanken verfallen, welche die Rationalität der herrschenden relativ in Zweifel rücken.»[2]

Während sich der Positivismus der Erfahrung der blind herrschenden Totalität und deren Veränderbarkeit versperrt, liegt der dialektischen Theorie in der Kritischen Theorie «die Erkenntnis zugrunde, psychische wie gesellschaftliche Phänomene nicht als unveränderliche, statische zu betrachten, sondern als bewegte, abhängige von der eigenen Geschichte, der sie prägenden Totalität, abhängige von den anderen Elementen dieser Totalität. Dies macht es unmöglich, je eine definitive und abschließende Definition und Beschreibung von Phänomenen zu geben, die als abhängige und veränderliche erkannt wurden.»[3]

Durch diese Positionierung wird es jedenfalls schwierig, von der Frankfurter Schule eine klare Festlegung zu erwarten. Aber abgesehen von der Berufung auf die gesellschaftliche Veränderbarkeit, zeigt sich in der teilweise sprunghaft anmutenden Theorieformation und der weltanschaulichen Inkonsequenz sicherlich auch ein Ausdruck der materiellen Bedingungen und organisatorischen Ausrichtung dieser Schule.

Das theoretische Inventar zu einer parteilichen Positionierung ist in der Frankfurter Schule zweifellos weitestgehend vor-

---

1 ivoti ć o.J.: 40

2 Adorno 1982 a: 69, vgl. 53, 55, 1982 c: 82, 86 f.

3 Lang 1975: 34, vgl. Adorno 1982 a: 22

handen. Es bleibt jedoch praktisch relativ bezuglos. So erklärt etwa Marcuse in etwas abstrakter Weise: «Die Revolution hängt in der Tat von einer Totalität objektiver Bedingungen ab; sie erfordert, daß ein bestimmtes Niveau der materiellen und intellektuellen Kultur erreicht ist, eine selbstbewußte und auf internationaler Basis organisierte Arbeiterklasse, akuten Klassenkampf.»[1]

Soweit er das konkretisiert, verlegt er seine Aufmerksamkeit auf den subjektiven Faktor, dem er dann die Aufgabe zuteilt, unter den Bedingungen der gesellschaftlichen Repression und Irrationalität eine freie Rationalität zu erlangen. «Die Revolution erfordert die Reife vieler Kräfte, aber die größte unter ihnen ist der subjektive Faktor, nämlich die revolutionäre Klasse selbst. Die Verwirklichung von Freiheit und Vernunft erfordert die freie Rationalität jener, die sie erlangen.»[2]

Mit einer solchen Gegenüberstellung, die das allgemeinere Resultat eines revolutionären gesellschaftlichen Prozesses diesem als voraussetzende Bedingung abverlangt, gelangt Marcuse in ein Naheverhältnis zu Bernstein, der Ende des 19. Jahrhunderts aus den Schwierigkeiten des subjektiven Faktors seine politische Zurückhaltung begründet und in der Konsequenz feststellt: «Wir können nicht von einer Klasse, deren große Mehrheit eng behaust lebt, schlecht unterrichtet ist, unsicheren und ungenügenden Erwerb hat, jenen hohen intellektuellen und moralischen Stand verlangen, den die Einrichtung und der Bestand eines sozialistischen Gemeinwesens voraussetzen.»[3]

7.1 Die Rolle der Psychologie

Die Psychoanalyse versteht die Kritische Theorie als Sozialwissenschaft hermeneutisch-dialektischen Typs. Als materialistisch gilt sie ihr beispielsweise aufgrund der Bemühungen Freuds, die höchsten Werte von materiellen abzuleiten. Zu einer konsequenten materialistischen Auseinandersetzung mit ihr konnte sie allerdings nicht gelangen. Allgemein findet sie eine grundlegende Wertschätzung der Psychoanalyse aufgrund ihrer wesentlichen Erkenntnismöglichkeiten. «Das Zusammenspiel der Erkenntnis gesellschaftlicher Determinanten und der in den

---

1 Marcuse 1982: 279

2 Marcuse 1982: 279 f., vgl. 1980 b: 18 f.

3 Bernstein 1984: vgl. 25

Massen vorherrschenden Triebstrukturen versprach volle Einsicht in den Zusammenhang der Totalität.»[1]

In der Frage der Stellung der Psychologie befindet sie sich für Horkheimer in der Rolle einer «Hilfswissenschaft der Geschichte», womit er gewissermaßen die freudomarxistische Tradition fortsetzt. Soweit sie die primär bestimmende Wirkung der Ökonomie in ihren tiefer liegenden Faktoren untersucht, wird sie das jedenfalls nur als eine Psychologie des Unbewussten erreichen können. «Die Bedeutung der Psychologie als Hilfswissenschaft der Geschichte ist darin begründet, daß sowohl jede Form der Gesellschaft, die auf der Erde herrschend gewesen ist, einen bestimmten Entwicklungsgrad der menschlichen Kräfte voraussetzt und daher psychisch mitbedingt ist, als auch vor allem das Funktionieren einer schon bestehenden und auch die Aufrechterhaltung bereits versagender Organisationsformen unter anderem auf psychischen Faktoren beruht.»[2]

Die Massenpsychologie möchte er allerdings durch eine differenzierte Gruppenpsychologie ersetzen: «Sie wird vor allem zu untersuchen haben, inwiefern die Funktion des Individuums im Produktionsprozeß durch sein Schicksal in einer bestimmt gearteten Familie, durch die Wirkung der gesellschaftlichen Bildungsmächte an dieser Stelle des gesellschaftlichen Raums, aber auch durch die Art und Weise seiner eigenen Arbeit in der Wirtschaft für die Ausgestaltung seiner Charakter- und Bewußtseinsformen bestimmend ist. Es wäre zu erforschen, wie die psychischen Mechanismen zustandekommen, durch die es möglich ist, daß Spannungen zwischen den gesellschaftlichen Klassen, die auf Grund der ökonomischen Lage zu Konflikten drängen, latent bleiben können.»[3]

Zu der Auseinandersetzung um das Verhältnis von Soziologie und Psychologie bemerkt Marcuse, dass aufgrund der fundamentalen Bedeutung der politischen Ökonomie für eine selbständige Existenz dieser Wissenschaften ohnehin kein Platz mehr ist. Und Adorno argumentiert gegen einen naturwissenschaftlich inspirierten Versuch einer harmonisierenden Vereinheitlichung ebenso wie gegen eine zusammenhangslose Getrenntheit. «Die Trennung von Gesellschaft und Psyche ist falsches Bewußtsein; sie verewigt kategorial die Entzweiung des

1 Adorno 1981 a: 95, vgl. Horkheimer 1980 a: 141 f., Dahmer 1982: 12, 22 f., Schneider 1977: 151

2 Horkheimer 1980 b: 168, vgl. 166–176

3 Horkheimer 1980 b: 169, vgl. 173, 176 f.

lebendigen Subjekts und der über den Subjekten waltenden und doch von ihnen herrührenden Objektivität.»[1]

Sein Vorschlag besteht folglich darin, aufgrund der Entfremdung des Subjekts von der selbst hergestellten Objektivität bzw. des Individuums vom gesellschaftlichen Ganzen, die diesem Verhältnis entsprechende Differenz der Fachgebiete in ihrer jeweiligen Einseitigkeit aufeinander zu beziehen. «Was die arbeitsteilige Wissenschaft auf die Welt projiziert, spiegelt nur zurück, was in der Welt sich vollzog. Das falsche Bewußtsein ist zugleich richtiges, inneres und äußeres Leben sind voneinander gerissen. Nur durch die Bestimmung der Differenz hindurch, nicht durch erweiterte Begriffe, wird ihr Verhältnis angemessen ausgedrückt. Die Wahrheit des Ganzen steht bei der Einseitigkeit, nicht bei der pluralistischen Synthese ...»[2]

Gegenüber der dogmatischen Selbstbeschränkung einer Sozialpsychologie etwa bei Reich mit ihrer absoluten Trennung der Methoden wird damit ein Modell einer historisch begründeten und insofern relativen Gegenüberstellung vorgestellt. Nur aufgrund der Besonderheit der aktuellen gesellschaftlichen Situation mit ihrem Konflikt zwischen Individuum und Gesellschaft ist demnach der Mensch von der Psychologie und Soziologie in jeweils einseitiger Weise theoretisch zu erfassen. Die Hoffnung, dass aus der historisch bedingten Gegenüberstellung von Subjektivität und Objektivität in ihrer Fortsetzung als Konkurrenz zwischen den von unterschiedlichen Enden her ansetzenden Wissenschaften Psychologie und Soziologie sich die Wahrheit ergibt, entspricht allerdings nicht nur dem arbeitsteilig organisierten Wissenschaftsbetrieb, sondern stellt letztlich ein Plädoyer für eine Marktwirtschaft der Theorien dar.

Eine ausdrückliche Würdigung verdient die Frankfurter Schule noch wegen ihrer Theorie der Bedürfnisse. Diese gelten ihr nämlich als nicht invariant und unableitbar, sondern weisen aufgrund ihrer Entwicklungsmöglichkeiten eine Veränderbarkeit auf und drücken damit in ihrer Weise gesellschaftliches Geschehen aus. Adorno setzt an wie Feuerbach, bezieht aber die marxistische Ausrichtung bis hin zu Lukács mit ein: «Der Gedanke ohne Bedürfnis, der nichts will, wäre nichtig; aber Denken aus dem Bedürfnis verwirrt sich, wenn das Bedürfnis bloß subjektiv vorgestellt ist. Bedürfnisse sind ein Konglomerat des Wahren und Falschen; wahr wäre der Gedanke, der Richtiges

1 Adorno 1981 a: 97, vgl. 97 f., Marcuse 1982: 281

2 Adorno 1981 a: 97 f.

wünscht. Trifft die Lehre zu, der zufolge die Bedürfnisse an keinem Naturzustand sondern am sogenannten kulturellen Standard abzulesen seien, so stecken in diesem auch die Verhältnisse der gesellschaftlichen Produktion samt ihrer schlechten Irrationalität.»[1]

Mithilfe des Bezuges zu psychoanalytischen Erkenntnissen veranschaulicht Adorno, dass ein Fortschritt in der Zivilisation keineswegs einen Rückgang an Aggression bewirken muss. «Roheit gegen die Menschen reproduziert sich in ihnen; die Geschundenen werden nicht erzogen sondern zurückgestaut, rebarbarisiert. Nicht mehr auszulöschen ist die Einsicht der Psychoanalyse, daß die zivilisatorischen Mechanismen der Repression die Libido in antizivilisatorische Aggression verwandeln.»[2]

Die Verankerung der gesellschaftlichen Falschheit und Irrationalität in den Bedürfnissen der Menschen führt allerdings auch zu der Konsequenz, dass sie einer grundlegenden Veränderung gegenüber skeptisch sind. «Wahrscheinlich wäre für jeden Bürger der falschen Welt eine richtige unerträglich, er wäre zu beschädigt für sie.»[3]

Idealerweise meint Marcuse hierzu, «die ökonomischen, politischen und kulturellen Züge einer klassenlosen Gesellschaft müssen die Grundbedürfnisse derer geworden sein, die um sie kämpfen».[4]

Zusätzlich weist Marcuse auf die Möglichkeit hin, dass eine Befreiung der Sexualität nicht zwangsläufig als Vergrößerung der Freiheit gelten muss, sondern durchaus dazu dienen kann, eine Herrschaft zu intensivieren. Indem nämlich die durch die zunehmende Mechanisierung frei werdende Triebenergie eine Rückbildung von Sublimierungen ermöglicht, werden dafür Befriedigungsmöglichkeiten angeboten, welche eher einer Unterwerfung als einer Befreiung dienen. Einerseits werden hierbei die Sublimierungsmöglichkeiten verringert, andererseits erhält die Entsublimierung in kontrollierbarer und teilweise sogar institutionalisierter Weise eine prinzipiell konformistische Funktion.[5]

Insgesamt zeigt sich also in der Kritischen Theorie im Vergleich mit dem Freudomarxismus eine sehr umfassende philo-

1 Adorno 1982 b: 100, vgl. 29, 99, Horkheimer 1980 b: 172–174

2 Adorno 1982 b: 330

3 Adorno 1982 b: 345

4 Marcuse 1982: 130

5 Vgl. Marcuse 1980 a: 444–448

sophische Ausbildung. Die Fragestellungen des Materialismus sind vertraut und ein wesentliches Verständnis der Dialektik ist deutlich. Allerdings wird die Dialektik als eine gesellschaftshistorische Spezialität aufgefasst und bleibt der Materialismus letztlich inkonsequent. Mit diesen methodischen Mängeln wird freilich auch der Bezug zum Marxismus zu einem theoretischen Stückwerk.

Eindrucksvolle Leistungen gelingen dieser Theorie dort, wo der Freudomarxismus seinen empfindlichsten Mangel zeigt, nämlich in ihrer Positionierung gegenüber der Naturwissenschaft. Ausgehend von ihrer Untersuchung der Verdinglichungen und der Entfremdung zwischen Subjekt und Objekt entwickelt sie eine besondere Kritik an der naturhaften Erscheinung des Sozialen und damit an den naturwissenschaftlichen Konzeptionen zur Erforschung gesellschaftlicher Zusammenhänge. Objektivität erfordert für sie eine vermehrte Einbeziehung des Subjekts in den Erkenntnisprozess und insgesamt mehr Theorie.

Die Psychologie gilt ihr als sozialwissenschaftliche Hilfswissenschaft zur Erforschung des subjektiven Faktors innerhalb der Totalität der gesellschaftlichen Entwicklung. Das Begreifen sozialer Prozesse erfordert eine Zusammenarbeit verschiedener Sozialwissenschaften bzw. ihre Konfrontationen miteinander. Zur Theorie der Bedürfnisse liefert sie ein Verständnis der historischen Veränderbarkeit und gesellschaftlichen Bedingtheit, womit sie gegen alle Konzeptionen steht, die bestimmte Triebe als unabänderliche und nicht weiter zu hinterfragende Kräfte sehen. Sie weist ferner darauf hin, dass bestimmte gesellschaftliche Entwicklungen auch eine Regression einleiten oder auch kulturfeindliche Impulse auslösen können. Und schließlich zeigt sie, dass eine vermehrte Befriedigung von Bedürfnissen nicht zwangsläufig eine Vergrößerung der Freiheit bedeuten muss.

8. Kritische Psychologie

Was an Kritik an etablierten Wissenschaftsverständnissen in der Frankfurter Schule bereits anklingt, wird von zahlreichen StudentInnen in den späten 1960er-Jahren Ziel ihres Protestes. Für viele PsychologiestudentInnen wird eine grundlegende Kritik ihrer Ausbildungsverhältnisse und eine Reflexion ihrer beruflichen Perspektive unausweichlich. Der Marxismus findet unter ihnen eine zunehmende Verbreitung und ihre Unzufriedenheit drängt von der theoretischen Kritik rasch in eine kritische Praxis.[1]

Zur Frage der Rolle einer Psychologie bilden sich zwei Strömungen heraus: Die eine erklärt, dass die individuellen Probleme auf soziale Widersprüche verweisen und deren Psychologisierung einer Aufrechterhaltung der zu diesen Problemen führenden gesellschaftlichen Verhältnissen dient; die andere möchte eine bessere Psychologie entwickeln und der bürgerlichen Psychologie entgegenstellen. Während die einen die Psychologie zerschlagen wollen, möchten sie die anderen mit einem emanzipatorischen Anspruch ausstatten.[2]

Am Psychologischen Institut der Freien Universität Berlin entstehen schließlich systematischere Ansätze zu einer Kritik bürgerlicher Psychologie, die sich gegen ihre Inhalte, ihre Methoden und ihre gesellschaftliche Funktion richten. Darin erweist sich aber bald, dass die Kritik einer Psychologie zwar deren Ansehen verringern kann, aber ansonsten keine besser geeignete Psychologie anzubieten hat. Über diese Kritik hinaus ergibt sich damit die Notwendigkeit der Einrichtung einer Psychologie, die den eigenen kritischen Ansprüchen gerecht werden kann und den Erfordernissen einer Psychologieausbildung für vorgegebene Berufspositionen entspricht. Eine bedeutendere Position in den dazu entfalteten Bemühungen erlangt Klaus Holzkamp, der mit seiner Gruppe den Namen «Kritische Psychologie» beanspruchen möchte. Holzkamp und seine SchülerInnen beginnen somit ab 1973 mit der Ausarbeitung einer Theorie der Subjektivität. Seine Entwicklungen zu dieser Psychologie beginnen nun freilich keineswegs überall mit neuen Ansätzen, sondern setzen durchaus bereits bestehende

1 Vgl. Mattes 1979: 13, 1981: 588 f.

2 Vgl. Mattes 1979: 15–21, 1981: 589 f., Holzkamp 1978: 15

Konzeptionen fort. Allerdings knüpft er nicht an den marxistischen Traditionen aus der Psychoanalyse an, sondern orientiert sich vor allem an der Kulturhistorischen Schule.[1]

Die in der Folge von einem «eigenen» Institut ausgehende Psychologie setzt sich nicht nur das allgemeine Ziel eines Fortschrittes der Erkenntnis von den Erscheinungen zum Wesen, sondern erhebt in Konkurrenz zu allen anderen psychologischen Schulen den Anspruch eines größeren wissenschaftlichen Wertes. Diese Kritische Psychologie soll also auch eine bessere Erkenntnismöglichkeit zu den bereits erforschten Gebieten anbieten als alle anderen psychologischen Schulen. So meint Holzkamp, *«daß die Gewinnung eines neuen wissenschaftlichen Standortes anzustreben ist, von dem aus der gleiche Wirklichkeitsbereich in umfassenderer, weniger verzerrter, ‹richtigerer› Weise erkannt werden kann.»*[2]

Es geht schließlich darum, ein Subjekt in bürgerlichem Kontext mit marxistischer Methodik zu erforschen und dadurch nicht nur im Erkenntniswert des Ergebnisses alle anderen psychologischen Bemühungen zu übertreffen, sondern auch eine kritische Praxis zu unterstützen. «Kritische Psychologie nimmt ... für sich in Anspruch, die wissenschaftliche Weiterbildung *begreifender* Alltagserkenntnis über die empirische Subjektivität des Menschen in der bürgerlichen Gesellschaft zu sein und als Teilmoment marxistischer Gesellschaftstheorie einen Aspekt des begreifenden Erkennens bürgerlicher Lebenswirklichkeit, damit die Entfaltung kritischer Praxis, tendenziell vorantreiben zu helfen.»[3]

Damit werden die Erwartungen freilich immens erhöht. In der konkreten Umsetzung und Vorgabe zu praktikablen Methoden ergibt sich dann allerdings eine dementsprechende Unzufriedenheit, wenn sich die Distanz dazu verdeutlicht. Und diese Unzufriedenheit lässt sich auch nicht beseitigen, wenn sich Holzkamp als Wahrnehmungstheoretiker in der Ausarbeitung seiner Psychologie beispielsweise auf die Erforschung der Wahrnehmung konzentriert und diesem Gebiet eine zentrale und fundierende Funktion zuweist: «Die Wahrnehmungsforschung ist ein wichtiger, wenn nicht der wichtigste Bereich innerhalb der bestehenden Psychologie.»[4]

---

1 Vgl. Holzkamp 1978: 12–16, 19 f., Mattes 26, 1981: 590 f., Engelhardt 1979: 29

2 Holzkamp 1978: 14, vgl. 15, Engelhardt 1979: 30, Mattes 1979: 13, 24

3 Holzkamp 1978: 402

4 Holzkamp 1978: 18, vgl. 20, Engelhardt 1979: 29

8.1 Probleme mit der Dialektik

Bezüglich der Dialektik offenbaren sich die Schwächen dieser Psychologie ausgesprochen deutlich. Ein vorgeblicher Bezug darauf verblasst rasch angesichts ihrer wissenschaftstheoretischen Positionierung. Zwar sieht Holzkamp seine Psychologie beispielsweise als im Gegensatz zum Positivismus des kritischen Rationalismus`, aber sein Verhältnis zum logischen Empirismus bleibt letztlich relativ unkritisch. In diesem Sinne fordert er auch völlig unbefangen positivistische Standards ein, also etwa eine strenge empirische Prüfung, die auf eine Wiederholbarkeit der Beobachtung usw. besteht.[1]

Und im Gegensatz zur Tradition der Dialektik, welche die Widersprüchlichkeit aufspürt und darin das zentrale Moment theoretischer Entfaltung erfährt, ist Holzkamp bestrebt, sie einzugrenzen und auszuschließen. Für das begreifende Erkennen sind für ihn widerspruchsfreie Denkvollzüge eine unerlässliche Voraussetzung. «Die Befangenheit des Denkens in logischen Widersprüchen, die als Resultate inhaltlichen Wissensgewinns entstanden sind, zeigt an, *daß die auf Begreifen gerichtete Erkenntnistätigkeit an dieser Stelle noch keinen angemessenen Begriff von der Wirklichkeit erreichen, keine adäquate Erfassung der gesellschaftlichen Realität leisten konnte.*»[2]

In solcher Widersprüchlichkeit nimmt er also zwangsläufig einen Mangel im Erkenntnisprozess an. Diesen Mangel versucht er durch eine erweiterte Verarbeitung der Wirklichkeit im Denken zu beseitigen, indem er die darin enthaltenen Realwidersprüche aufspürt. Ein logischer Widerspruch wird dann dadurch eliminierbar, dass die darin enthaltene objektive Widersprüchlichkeit auf den Begriff gebracht wird. «Der logische Widerspruch ist hier dadurch beseitigt, daß man ihn innerhalb einer umfassenderen Gedankenentwicklung logisch widerspruchsfrei als objektiven Widerspruch begriffen hat.»[3]

Und umfassend wird für Holzkamp diese Gedankenentwicklung vor allem durch seinen «logisch-historischen Aufweis der Gewordenheit eines Realwiderspruchs». Im Ergebnis bleiben dann für einen verbliebenen logischen Widerspruch nur zwei Möglichkeiten: Entweder ist ein Realwiderspruch nicht richtig verstanden oder er ist Ausdruck eines falschen Denkens.[4]

1 Vgl. Holzkamp 1971: 6, 8, Holzkamp 1978: 16, 1985: 37, 47

2 Holzkamp 1978: 387, vgl. 398

3 Holzkamp 1978: 387

4 Vgl. Holzkamp 1978: 387 f.

Ein bewusst dialektisches Denken bezieht sich für Grüter beispielsweise auf den Übergang zwischen abstraktem zum konkreten Wissen. Sie unterscheidet schlichtweg die Rationalität eines abstrakt-rationalen Denkens von der Irrationalität eines Denkens mit Widersprüchen. Sie warnt noch ausdrücklich vor einer Gleichgültigkeit gegenüber den positiven Denkbestimmungen, denn diese würde zu einer theoretischen Beliebigkeit führen.[1]

Damit erweist sich diese Psychologie als in der zu Kant führenden aristotelischen Tradition, in der sich die Dialektik letztlich nicht über den Rahmen elementarer Logik erheben darf. Gegenüber der Methode Hegels kann sich die Schule Holzkamps jedenfalls nur distanzieren. Wenn Hegel alle Dinge als an sich selbst widersprechend erfasst, hierin das Wesentliche dieser Dinge erkennbar macht, und den wissenschaftlichen Fortgang in Abhängigkeit von der Einsicht erklärt, dass das Negative ebenso sehr positiv ist, dann kann die Kritische Psychologie das letztlich nur als Ausdruck eines beliebigen und falschen Denkens auffassen. Für Hegel ist diese Zögerlichkeit wiederum lediglich Ausdruck eines Reflexionsmangels. «Eine geringe Erfahrung in dem reflektierenden Denken wird es schon wahrnehmen, daß, wenn etwas als positiv bestimmt worden, indem man von dieser Grundlage weitergeht, sich dasselbe unmittelbar unter der Hand in Negatives verkehrt hat und umgekehrt das negativ Bestimmte in Positives, daß das reflektierende Denken sich in diesen Bestimmungen verwirrt und sich widersprechend wird. Die Unbekanntschaft mit der Natur derselben ist der Meinung, diese Verwirrung sei was Unrechtes, das nicht geschehen soll, und schreibt sie einem subjektiven Fehler zu.»[2]

Dabei versteht Hegel die Widersprüchlichkeit keineswegs als eine bloße Eigenschaft des Denkens, sondern als eine Eigenschaft, die letztlich jeglicher Bewegungsform und damit auch der gesamten objektiven Realität innewohnt. «Die gemeine Erfahrung ... spricht es selbst aus, daß wenigstens eine Menge widersprechender Dinge, widersprechender Erfahrung usf. gebe, deren Widerspruch nicht bloß in einer äußerlichen Reflexion, sondern in ihnen selbst vorhanden ist. Er ist aber ferner nicht bloß als eine Abnormität zu nehmen, die nur hier und da vorkäme, sondern ist das Negative in seiner wesenhaften Be-

1 Vgl. Grüter 1979: 170–174

2 Hegel 1983 b: 70, vgl. 74–79, 85, 92, 1983 a: 49, Adorno 1982 b: 238 f., Lukacs 1983: 230, Abl 157

stimmung, das Prinzip aller Selbstbewegung, die in nichts weiter besteht als in einer Darstellung derselben. Die äußerliche sinnliche Bewegung selbst ist sein unmittelbares Dasein. Es bewegt sich etwas nur, nicht indem es in diesem Jetzt hier ist und in einem anderen Jetzt dort, sondern indem es in einem und demselben Jetzt hier und nicht hier, indem es in diesem Hier zugleich ist und nicht ist.»[1]

Wer die Welt allerdings in ihrer Widersprüchlichkeit nicht wahrhaben möchte und der Erkenntnis eine Treue zur logischen Konsistenz abverlangt, wird verständlicherweise auch keine realen Inkonsistenzen entdecken können. Ein realer Widerspruch mit seinen Bewegungsformen und Vermittlungszusammenhängen wird somit zwangsläufig entweder ignoriert oder in seiner theoretischen Erfassung als subjektive Willkür abgelehnt. Das Beharren auf eine Widerspruchsfreiheit lässt jedenfalls gerade in der Psychologie wesentliche Gegenstandsbereiche unerforschbar. Bereits das relativ einfache Geschehen einer Ambivalenz müsste konsequenterweise einfach ignoriert werden. Allerdings sehen sich auch die marxistischen Klassiker in der Tradition Hegels. So betont etwa Engels, dass es für ihn kein unbedingtes und allgemein gültiges Entweder-Oder gibt.[2]

In der konzeptionellen Ausarbeitung der Kritischen Psychologie betont sie nun vor allem den Aspekt der Entwicklung in einer Weise, die gewissermaßen ihr Markenzeichen ist. Neben der Betonung der Bedeutung der funktional-historischen Methode erhält der Aspekt der Totalität hierin keine vergleichbare Würdigung. Zumindest beschreibt Grüter die materialistische Dialektik als die «Wissenschaft vom Gesamtzusammenhang – jenes Zusammenhanges, der sich in der Produktion praktisch realisiert».[3]

Holzkamp entwickelt jedenfalls ein Verfahren, das die historischen Bestimmungen hervorhebt und sich dabei nicht nur auf die Psychologie als solche beschränkt. «Die kritische Psychologie verhält sich also nicht mehr nur ‹kritisch› gegenüber der bürgerlichen Psychologie, sie verhält sich auch *‹kritisch› gegenüber den Forschungsgegenständen der Psychologie*, indem sie diese in ihrer historischen Bestimmtheit durch die bürgerliche Gesellschaft erneut aufgreift.»[4]

---

1 Hegel 1983 b: 75 f., vgl. 558

2 Vgl. MEW 20: 482

3 Grüter 1979: 174, vgl. Egger 1987: 149

4 Holzkamp 1978: 47, vgl. 46 f.

Der für die Forschung relevante Zeitraum erweitert sich in diesem Zusammenhang von der im historischen Rahmen relativ kurzen Zeitspanne der Existenz einer Psychologie auf die gesamte Entwicklung dessen, was die Psychologie beschäftigt. Indem er bemerkt, dass er hiermit die im stalinistischen Wissenschaftsverständnis klassische Trennung zwischen «historischem Materialismus» und «dialektischem Materialismus» aufhebt und zu einem «dialektischen Geschichtsmaterialismus» gelangt, stellt er ausdrücklich fest, dass er damit nicht insgesamt für die Aufhebung dieser Trennung Stellung bezieht.[1]

Eine historische Analyse begreift er in Berufung auf Marx als ein Verfahren, in dem die letzte Entwicklungsstufe die vorausgegangenen Stufen als zu sich führend betrachtet und dabei das bekannte Höhere als zuvor bereits in Andeutungen sich zeigend erfasst. So kann beispielsweise eine Erforschung des Menschen den Affen verständlicher machen. Eine solche Analyse ist im Verständnis von Holzkamp also «keine kausalgenetische Erklärung, sondern eine mit den Kategorien der höchsten Entwicklungsstufe erfolgende *Rekonstruktion* früherer Entwicklungsstufen. Die historische Sicht eröffnet sich bei einem bestimmten Grad an Eindringlichkeit und Reflektiertheit der Explikation gegenwärtiger Gegebenheiten, da sich verschiedene Momente an diesen Gegebenheiten als *von unterschiedlicher historischer Herkunft und unterschiedlichem Ursprungsalter erweisen und ihre gegenwärtige Eigenart und ihr gegenwärtiges Verhältnis zueinander nur bei Rekonstruktion der Stufen ihres jeweiligen Gewordenseins angemessen erfassbar sind.*»[2]

Früheres lässt sich also mithilfe der Kategorien des Späteren rekonstruieren. Auf das Kriterium der Wiederholbarkeit der Beobachtung, das die gesamten Geschichtstheorien als unwissenschaftlich abqualifizieren würde, weil sich komplexe Entwicklungsprozesse nicht für den Wunsch nach einer zusätzlichen Beobachtung wiederholen lassen, verzichtet er hierbei also.

Die Momente der menschlichen Subjektivität versteht er jedenfalls als Resultate einer ontogenetischen und einer phylogenetischen Entwicklung. In letzterer betont er in deutlicher Anlehnung an die Kulturhistorische Schule, dass die naturgeschichtliche Entwicklung, aus welcher der Mensch als Organismus resultiert, schließlich überlagert wird von einer gesell-

1 Vgl. Holzkamp 1978: 48 f.

2 Holzkamp 1978: 50

schaftlich-historischen Entwicklung. «Während die naturgeschichtliche Entwicklung als ‹biologischer› Evolutionsprozeß in der Veränderung von ‹Erbanlagen› besteht, muß als Träger der gesellschaftlich-historischen Entwicklung die vergegenständlichende menschliche Arbeit angesehen werden, die in ihren Objektivationen eine Bewahrung, Weitergabe und kumulative Verwertung gesellschaftlicher Erfahrung möglich macht.»[1]

Damit gelangt er zum Problem der Vermittlung der gesellschaftlich-historischen Entwicklung im Rahmen der individualgeschichtlichen Entwicklung. Das Individuum entfaltet dabei in seiner Entwicklung die menschliche Gesellschaftlichkeit durch seine tätige Aneignung der geschichtlichen Erfahrungen. Und wie bereits die Kulturhistorische Schule, scheint Holzkamps Kritischer Psychologie an dieser wichtigen Stelle der kritische Blick zu fehlen. Den Konflikt zwischen Individuum und Gesellschaft versucht er schlichtweg dadurch zu beseitigen, als er ihn für einen bloßen Schein erklärt, der nur in einem bürgerlichen Verständnis als wesentlich aufgenommen wird. «Es muß klar erkannt werden, daß die *Rede von der ‹Gesellschaft› eine Abstraktion darstellt* und daß die Hypostasierung der Gesellschaft als einer dem Menschen gegenüberstehenden selbständigen Entität ein Charakteristikum (wie immer ‹kritisch› sich gerierender) *bürgerlicher* Sozialwissenschaft ist.»[2]

Zu einer originellen Konzeption gelangt Holzkamp noch mit seiner besonderen Methode, die Aspekte der Entwicklung und des Zusammenhanges miteinander zu verknüpfen. In Anlehnung an Iljenkow beschreibt er nämlich beispielsweise ein Pferd und eine Kuh als Abkömmlinge eines gemeinsamen Ahnen wie einen Apfel und eine Birne als Differenzierungen einer gemeinsamen Fruchtform. Daraus begründet sich für ihn das «logisch-historische» Verfahren zunächst in der biologischen Forschung und schließlich auch im gesellschaftlich-historischen Prozess. «Das Vorhandensein und die Charakteristik gesellschaftlicher Zusammenhänge ist allein durch die logisch-historische Ursprungs- und Differenzierungsanalyse ausweisbar (sei es nun in gesellschaftswissenschaftlicher Forschung oder im mehr nachvollziehenden begreifenden Alltagserkennen).»[3]

Das Allgemeine erhält durch dieses Verfahren eine spezielle Bestimmung. Anstatt es als Kategorie zur Erfassung von Ge-

1 Holzkamp 1978: 52, vgl. 51 f., Grüter 1979: 162 f., Engelhardt 1979: 30 f.

2 Holzkamp 1978: 53, vgl. 52 f.

3 Holzkamp 1978: 376, vgl. 375 f.

meinsamkeiten zu verstehen, bestimmt er es aus dem historischen Bezug. Er identifiziert das historisch Frühere schlichtweg mit dem logisch Allgemeinen. Was früher war, ist allgemein, was sich daraus entwickelt, eine Besonderung. Entwicklung wird hierin zu einer speziellen Konkretisierung, einer Differenzierung des jeweils Früheren, das als Allgemeines bzw. als abstrakte Grundform gesetzt ist.[1]

Holzkamps Entwicklungsmodell einer kontinuierlichen Auffächerung kann allerdings nur eine besondere Form einer realen Entwicklung erfassen. Im Regelfall verhindert der darin verfestigte Mangel an Dialektik eine angemessene Berücksichtigung der Widersprüchlichkeiten in den einzelnen Bewegungsformen und unterschiedlichen Entwicklungsschritten. In der Geschichte befinden sich nämlich stets auch besondere Momente, die nur in einer bestimmten Epoche in den Vordergrund treten und ansonsten eine unbedeutende Rolle spielen oder auch völlig verschwinden können. Eine Ausblendung dieser Momente unterschlägt nicht nur den Untergang bestimmter Momente, sondern letztlich auch die Vergänglichkeit des Bestehenden. Außerdem können spezielle Entwicklungen auch durchaus umgekehrt als spätere Verallgemeinerungen früherer Besonderheiten verstanden werden. Außerdem würde das ja auch in seiner eigenen Konsequenz bedeuten, dass seine Erklärung des Früheren mit den Bestimmungsmöglichkeiten des Späteren zur Behauptung gelangt, dass sich das Allgemeine mit den Mitteln der Erkenntnis des Besonderen bestimmen lässt. Geschichte ist jedenfalls keineswegs auf eine Besonderung des Allgemeinen reduzierbar.[2]

Die Schwierigkeit dieses Modells verdeutlicht sich beispielsweise bei seiner Heranziehung zur Darstellung der gesellschaftlichen Entwicklung. Es deklariert nämlich die Urgesellschaft in ihrer Gesamtheit als die allgemeine Gesellschaftsform. Die Produktionsverhältnisse vor einer Konstituierung einer Klassengesellschaft bleiben im Laufe der geschichtlichen Entwicklung jedoch keineswegs durchgehend als allgemeine Verhältnisse neben den späteren besonderen erhalten und die speziellen Arbeitsteilungen können völlig gegensätzlichen gesellschaftlichen Funktionen entsprechen. Die wirkliche Unterscheidung der gesellschaftlichen Entwicklungsstufen äußert sich selbst bei einer Kontinuität einzelner Teilmomente in deren veränderter

1 Vgl. Engelhardt 1979: 41, 45, 48–50

2 Vgl. Engelhardt 1979: 49, 68 f.

Funktion im geschichtlichen Gesamtprozess. Allgemein ist lediglich das, was sich in allen Gesellschaftsformationen findet.[1]

Eine Begründung dieses Entwicklungsmodells mit einem Bezug auf Marx ist jedenfalls unhaltbar. Zum Primat des Historischen stellt er fest: «Es wäre ... falsch, die ökonomischen Kategorien in der Folge aufeinander folgen zu lassen, in der sie historisch die bestimmenden waren. Vielmehr ist ihre Reihenfolge bestimmt durch die Beziehung, die sie in der modernen bürgerlichen Gesellschaft aufeinander haben, ...»[2]

Holzkamp stellt also einen Teilaspekt des historischen Gesamtzusammenhanges in den Vordergrund und setzt ihn als wesentlich und allgemein. Er überträgt in der Konsequenz sämtliche Bestimmungen aus seinem historischen Verfahren auf die Gegenwart, was letztlich dazu führt, dadurch die Untersuchung der aktuellen Bewegungsgesetze zu ersetzen. Im Resultat ergibt sich dann ein entsprechend eingeengtes Bild gesellschaftlicher Verhältnisse. «Bei der Untersuchung dessen, was allen Gesellschaftsformationen gleich ist, reduziert er die Gesellschaft auf die konkret-nützliche Seite der Arbeit und auf die Produktivkräfte und ignoriert die Eigentums- und Klassenverhältnisse, die politischen, Macht- und ideologischen Verhältnisse völlig.»[3]

8.2 *Probleme mit dem Materialismus und der Parteilichkeit*

In den philosophischen Fragestellungen zum Materialismus ist auch keine klare marxistische Positionierung festzustellen. Während beispielsweise Grüter die Dialektik der Natur einfordert, begreift Holzkamp die Natur offenbar lediglich als gesellschaftliche Kategorie, wenn er feststellt, «daß Naturerkenntnis allein durch die Aneignung der Natur in gesellschaftlicher Arbeit möglich ist, daß die Erkennbarkeit von Kausalitäten die gegenständliche Schaffung der Ausgangsbedingungen voraussetzt, und daß somit naturwissenschaftliche Erkenntnis nur ‹Kausalzusammenhänge› erforschen kann, die im Rahmen der gesellschaftlichen Produktion/Reproduktion des Lebens genuin bedeutungsvoll sind.»[4]

---

1 Vgl. Engelhardt 1979: 47, 51, 65, Busch u. Engelhardt 1979: 108, Lukács 1983: 71

2 MEW 13: 638

3 Busch u. Engelhardt 1979: 149, vgl. 148, Engelhardt 1979: 35–37, 43

4 Holzkamp 1985: 59, vgl. Grüter 1979: 173

In der Frage der Entwicklung dominiert eine spezifische Darstellung der Vorgaben aus der Kulturhistorischen Schule, die sich bei Holzkamp in Kurzform so anbietet: «Mit der Überlagerung der evolutionären Entwicklung durch den von kooperativer Arbeit getragenen gesellschaftlich-historischen Prozeß, damit der Aufhebung individueller Lebenserhaltung in gesellschaftlicher Lebenserhaltung, ist die progressive Veränderung der menschlichen Gattung nicht mehr, wie die Progression bis zum subhumanen Hominiden, primär durch die Mechanismen der Mutation, natürlichen Selektion etc. über den Erbgang vermittelt, sondern ... in ihrer ‹menschlichen› Spezifik Ergebnis der individuellen Aneignung objektivierter, gesellschaftlich kumulierter Erfahrung.»[1]

Der Bezug auf den Materialismus stellt sich dann in den Beschreibungen der ontogenetischen Entwicklung besonders einprägsam dar. Für die Kritische Psychologie wird der Denkprozess eines sich entwickelnden Individuums nämlich erst im Rahmen einer gegenständlichen Tätigkeit begreifbar. Das geschieht in dieser Vorstellung so, dass sich ein Individuum im Laufe seiner Entwicklung mit bestimmten Gegenständen zu identifizieren beginnt. Mit diesen Gegenständen bildet es im Rahmen besonderer Tätigkeitszusammenhänge dann neue materielle Organe aus. Und hiermit eröffnen sich schließlich neue psychische Bedeutungssysteme und Zusammenhänge mit anderen Menschen.[2]

Angesichts solcher Entwicklungsmodelle gegenüber allen anderen Theorien der Entwicklungspsychologie zu behaupten, dass sie «umfassender, weniger verzerrt und richtiger» sind, ist zumindest eine anspruchsvolle Aufgabe. Wenn Marx in der politischen Ökonomie der Produktion eine letztlich bestimmende Rolle einräumt, dann heißt das weder, dass die anderen Ebenen gesellschaftlicher Wirklichkeit zu vernachlässigen sind, noch dass sich das einfach auf die individuelle Entwicklung übertragen lässt. In der ontogenetischen Entwicklung steht nämlich anfänglich das Bedürfnis vor der Tätigkeit. Und aus einem menschheitsgeschichtlichen Wirkungsprimat lässt sich nicht einfach ein individualgeschichtliches Entwicklungsprimat ableiten. Dies nicht wahrhaben zu wollen, gibt der Kritischen Psychologie vor allem in der Kinderstube eine so befremdende Form und ein so unpassendes Erkenntnisinstrumentarium.

---

1 Holzkamp 1978: 137

2 Vgl. Grüter 1979: 168–171

Ähnlich verhält es sich in der Frage der Wirkung. In der Tätigkeit, Interaktion, Wechselwirkung und Beziehung betont die Kritische Psychologie nämlich vor allem die Gegenständlichkeit. Allerdings sorgt Holzkamp hierbei auch für idealistische Entfaltungsmöglichkeiten durch sein postuliertes Primat des Theoretischen. Als Grundsatz seiner konstruktivistischen Konzeption fasst er nämlich ein «logisches Primat des Theoretischen», indem er die Theorien als «den empirischen Daten logisch vorgeordnet» ansieht. Indem er folglich beispielsweise in seiner Ideologiekritik falsches Bewusstsein nicht aus dem Sein, sondern dem falschen Denken erklärt, weist Schulte auf den Idealismus an dieser Stelle hin.[1]

Diesen Vorrang der Theorie kombiniert er in der Folge noch mit einer Einengung seines Begriffes von Praxis auf experimentelle Situationen. Das Experiment gilt ihm als «die beste empirische Zurüstung bei der bedingungsanalytischen Hypothesenprüfung». Darum kritisiert Mattes die sich ergebende Distanz seiner Psychologisierung von der gesellschaftlichen Praxis.[2]

Bezüglich der Parteilichkeit der Kritischen Psychologie findet Holzkamp hingegen einen klaren Standpunkt. Er plädiert nämlich insgesamt für eine «Parteinahme für die Lebensinteressen des Subjekts». Dabei versteht er innerhalb der antagonistischen Klassengesellschaft die Erkenntnismöglichkeiten in Abhängigkeit vom Klassenstandpunkt, was sich aus der gesellschaftlichen Funktion der Erkenntnis verstehen lässt. «*Die begreifende Erkenntnis der historischen Klassenwirklichkeit der bürgerlichen Gesellschaft steht dem Interesse des Kapitals radikal entgegen.*»[3]

In der Entwicklung seiner Psychologie gelangt er in allgemeiner Weise zu der Einsicht, «daß tiefgreifende und umfassende *Gesellschaftskritik in der bürgerlichen Gesellschaft*, an welchen Erscheinungsformen und in welchen Vermittlungsebenen die Kritik auch immer sich entfaltet, letztlich notwendig *Kritik vom Standpunkt des Proletariats und im Interesse der Werktätigen (als Ausdruck des gesamtgesellschaftlichen Interesses gegen das Partialinteresse des Kapitals) ist* (...).»[4]

---

1 Vgl. Schulte 1979: 156, Holzkamp 1971: 5, 7, 22, 46, Grüter 1979: 162, 164, 173

2 Vgl. Mattes 1981: 591, Holzkamp 1985: 22 f., 1971: 5–7

3 Holzkamp 1978: 399, vgl. 1985: 67

4 Holzkamp 1978: 12

Seine methodische Konsequenz dieses Standpunktes zeigt sich dann in seiner Kritik an der Psychoanalyse. Diese ordnet er zunächst schlichtweg einem kleinbürgerlichen Klassenstandpunkt zu, indem er auf die soziale Zugehörigkeit der therapeutisch behandelten Personen «aus der Oberschicht und gehobenen Mittelschicht – und die besondere Existenzweise der PsychoanalytikerInnen mit den individuellen Honorierungen hinweist. Mit einer marxistischen Parteinahme sei sie jedenfalls nicht vermittelbar.[1]

Er geht jedoch über diese simple Zuordnung hinaus und begründet seine Kritik an der Psychoanalyse methodisch. Er wirft ihr vor, sich durch ihre wissenschaftstheoretischen Mängel mit den herrschenden Verhältnissen in der bürgerlichen Gesellschaft zu arrangieren. «Die Psychoanalyse erkennt zwar die gesellschaftliche Unterdrückung der individuellen Subjektivität, nimmt sie aber als Merkmal ‹der› Gesellschaft und damit als unveränderlich gegeben hin und sucht (und findet) so trotz ihrer Parteinahme für das Subjekt einen Platz in dieser Gesellschaft: Diese Parteinahme für das Subjekt ist damit ‹gebrochen› und widersprüchlich zurückgenommen durch die umgreifende Parteinahme (und sei es als Hinnahme) für die herrschenden Verhältnisse und die Unvermeidlichkeit der darin liegenden Unterdrückung subjektiver Lebensinteressen.»[2]

Wie versteht die Kritische Psychologie diese wissenschaftstheoretischen Mängel? – Ausgehend von der akademischen Psychologie als die Nichterfüllung naturwissenschaftlicher Kriterien. Mithilfe dieses Maßstabes findet Holzkamp freilich zahlreiche Mängel in der Psychoanalyse. So kann er der Psychoanalyse einen «wissenschaftstheoretisch unhaltbaren Zustandes der Widersprüchlichkeit, der Unklarheit und Unentschiedenheit» und «essentialistisch-mythologische Theoriekonstruktionen» vorwerfen. Und schließlich kann er in ihr damit im Ganzen wissenschaftsfeindliche und irrationalistische Tendenzen feststellen.[3]

Holzkamps theoretische Parteilichkeit bleibt also in einem Selbstverständnis eines sozialen Bezuges, der losgelöst ist von einer methodischen Konsequenz. Er bemerkt zwar einen übergreifenden Grundansatz der Psychoanalyse und Freuds Bemühungen um phylogenetische Begründungen, aber was darin

1 Vgl. Holzkamp 1985: 26, 61

2 Holzkamp 1985: 61, vgl. 66

3 Vgl. Holzkamp 1985: 24, 26, 35, 45, 53, 58, 67

neben Kritikwürdigem an methodischer Relevanz steckt, bleibt offenkundig unentdeckt. Und indem er die Psychoanalyse mit einem positivistischen Wissenschaftsverständnis kritisiert, also eine relativ einfache Theoriekonzeption einfordert, verlässt er hier auch noch sein Prinzip, das komplexere Ausgereiftere nicht aus dem Einfacheren beurteilen zu wollen.[1]

8.3 Probleme mit der Subjektivität

In der Auseinandersetzung mit der Psychoanalyse verdeutlichen sich auch weitere bedeutende Unterschiede. Holzkamp wirft der Psychoanalyse einen Subjektivismus vor, weil sie Aussagen über die subjektive Erfahrung nicht eliminiert, sondern sie als Forschungsgegenstand nimmt und Theorien dazu entwickelt. Sie begreife das Subjektive nicht als eine bestimmte Erfahrung des Objektiven, sondern als eine dazu in einem Gegensatz stehende «Innerweltlichkeit». «‹Subjektivität› ist damit vereinseitigt als bloße ‹Innerlichkeit›, in der nichts über die reale Befindlichkeit des Individuums in seiner objektiven Lebenslage gesagt ist, sondern die sich zirkulär aus sich selbst versteht: ‹Psychisches› erklärt sich allemal nur aus ‹Psychischem›.»[2]

Durch diesen fehlenden Realitätsbezug und die Abhängigkeit von der Zustimmung der AnalysandInnen könne auch keine Deutung in ihrer Richtigkeit überprüft werden und bleibe zwangsläufig beliebig. Aber erst hierdurch habe sich das Vorgehen der Psychoanalyse in ihrer Spezifik herausgebildet. Um einen Eindruck von eindeutigen Resultaten in der empirischen Überprüfung zu erhalten, verweist er dann beispielsweise auf Rattenexperimente.[3]

Subjektivität wird in dieser Psychologie also als erfahrene Objektivität verstanden. Und indem diese Erfahrung aus einer aktiven Erkundung des Objektiven resultiert, kann diese Subjektivität auch als Fähigkeit zu einer Tätigkeit beschrieben werden. «Unter *individueller Subjektivität* ist die *lebendige* und *wirkende* Handlungsfähigkeit zu verstehen.»[4]

Was nur psychisch bleibt, hat in dieser Psychologie jedenfalls keinen Platz. Das Psychische bleibt für sie letztlich in einer «black-box». Zumindest erwähnt Grüter neben den Erkennt-

1 Vgl. Holzkamp 1985: 13 f., 64, 67

2 Holzkamp 1985: 25, vgl. 62, 65 f.

3 Vgl. Holzkamp 1985: 26, 29 f., 34, 42 f., 52 f., 62–66

4 Grüter 1979: 164

nis- und Handlungsmöglichkeiten auch die Bedürfnisse als «vergesellschaftete, in Inhalt und Form historisch bestimmte Natureigenschaften».[1]

Nach einer solchen Positionierung gegenüber der Psychoanalyse bemerkt Holzkamp aber auch eine Affinität zwischen Marxismus und Psychoanalyse durch die jeweilige Differenzierung zwischen Erscheinung und Wesen. «Demgemäß gehen Marxismus und Psychoanalyse von einem antagonistischen Widerspruch zwischen den Interessen des Subjekts und den unterdrückenden gesellschaftlichen Verhältnissen aus und fassen die unmittelbaren Bewusstseinsformen als Verschleierungen und Mystifikationen dieses Unterdrückungsverhältnisses. Die allgemeine ‹kritische› Stoßrichtung des Marxismus wie der Psychoanalyse besteht also darin, daß im Durchschauen der in der unmittelbaren Erfahrung mystifizierten Unterdrückungsverhältnisse die bewußte Selbstbestimmung des Subjekts zu erweitern ist.»[2]

Er würdigt die subjektwissenschaftliche Qualität der Psychoanalyse, die nicht Begriffe «über» Menschen, sondern Angebote an die Subjekte zum Umgang mit sich hervorbringt. In dieser Wissenschaft hat sich für ihn «eine subjektwissenschaftliche Umwälzung des psychologischen Denkens im weitesten Sinne vollzogen, an der keine philosophisch-weltanschauliche Grundposition vorbeigehen konnte, die aber insbesondere für den Marxismus eine permanente Herausforderung darstellt.»[3]

Mit Berufung auf eine Methodenanordnung bei Marx meint er allerdings, «daß man keineswegs für verschiedene Wissenschaftsarten einander ausschließende Universalmethodologien hypostasieren darf, sondern daß das methodische Vorgehen von dem jeweils konkreten Verhältnis von Fragestellung und kategorial zu erschließender Gegenstandsbeschaffenheit abhängt, also beim Aufkommen neuer Wissenschaftszweige wie Psychologie bzw. Psychoanalyse jedesmal radikal neu zur Debatte steht.»[4]

Darum meint er schließlich, es sei nicht zu rechtfertigen, dass sich zwei psychologische Methoden auf den gleichen Gegenstand beziehen. Um einen psychologischen Gegenstand in adäquater Weise kategorial aufzuschlüsseln, kann es nur eine psy-

1 Vgl. Grüter 1979: 164

2 Holzkamp 1985: 57

3 Holzkamp 1985: 58, vgl. 55

4 Holzkamp 1985: 59

chologische Methode geben. Folglich regt er eine Aufhebung der Psychoanalyse im Sinne seiner subjektwissenschaftlichen Interpretation an, die er als über die bürgerlichen Formen der Ideologie hinausführend versteht. Und ein vergleichbares Schicksal empfiehlt er auch der gesamten anderen konkurrierenden Psychologie: eine neue methodologische Basis entsprechend der zu übernehmenden subjektwissenschaftlichen Grundbegrifflichkeit.[1]

Es bedarf keiner allzu großen Vorstellungskraft, um zu ahnen, dass es die konkurrierenden psychologischen Schulen nicht als erstrebenswert annehmen, sich eine neue Form zu geben, um eine Interpretation Holzkamps der eigenen vorzuziehen. Die reale Wissenschaftsgeschichte ist voller Kontroversen gegensätzlicher Positionen – in der Psychologie sogar ganz besonders. Die Entscheidung über die jeweilige theoretische Vorherrschaft lässt sich dabei allerdings keineswegs auf ein Prinzip «es kann nur eine geben» reduzieren.

Dass sich Marxismus und Psychoanalyse allerdings in weit grundlegenderer Weise berühren und sich in einer methodischen Nähe zueinander befinden, welche die Kritische Psychologie aus ihrer Grundkonzeption heraus niemals erreichen kann, bleibt offenkundig ungeahnt. Ihre Interpretation von Marx ist so willkürlich, wie es eine Auslegung von einzelnen Zitaten wäre, die ihn als Vorboten der Psychoanalyse darstellen. Beispielsweise könnte so bei Marx das Konzept einer unbewussten Verarbeitung unterstellt werden, das er in einer Beschreibung der Kunst vorstellt: «Die griechische Kunst setzt die griechische Mythologie voraus, d.h. die Natur und die gesellschaftlichen Formen selbst schon in einer unbewußt künstlerischen Weise verarbeitet durch die Volksphantasie.»[2]

Holzkamp und seine Schule liefern also eine Konzeptionierung einer Psychologie mit marxistischer Terminologie, die sich bemüht, aus speziellen Interpretationen bestimmter Begriffe des klassischen Marxismus` eine wissenschaftliche Fundierung zu erreichen. Gesellschaftliche Kategorien von Marx werden dabei mit Begriffen des individuellen Handelns unscharf vermischt und als Interpretationsmuster anderer psychologischer Schulen vorgeführt. Dieses Verfahren ist nicht neu und kann auf die Tradition der sowjetischen Psychologie zurückgreifen. Im Unterschied zu dieser Tradition kann sie sich jedoch nicht auf

1 Vgl. Holzkamp 1985: 57, 60, 67

2 MEW 13: 641

die materiellen Grundlagen bürokratischer Herrschaft stützen, sondern sieht sich vor allem konzentriert auf die Möglichkeiten eines Instituts. Die aus ihrem Verfahren resultierende Erscheinungsweise zieht freilich eine Kritik an ihrer Abstraktheit, ihrer konkreten Belanglosigkeit und «praktischen Irrelevanz» auf sich. «Der Praktiker findet einfach seine Wirklichkeit, d.h. die Probleme, die ihm alltäglich begegnen und denen er sich stellen muß, in Holzkamps Theorie nicht wieder. Er hat das Gefühl, Holzkamp rede von etwas ganz anderem, was ihm bei der Bewältigung seiner Probleme nicht hilft.»[1]

Der Anspruch Holzkamps, zu einem «Begreifen der wesentlichen Bestimmungen» auf dem «Weg vom Vostellungskonkreten über die Abstraktion zum Gedankenkonkretum» zu gelangen, stellt sich dar in einer Konzeption, deren formalistische Kategorisierungen der menschlichen Wirklichkeit so vorgesetzt werden, dass die Abstraktion kein Vermittlungsschritt wird, sondern notwendiger Ausgangspunkt ist und zwangsläufiges Resultat bleibt. Die Folge ist für Engelhardt, «daß gerade die brennenden Fragen, mit denen linke Psychologen an Theorie herangehen, von vornherein weggedrängt werden, und daß die Kritische Psychologie die Wirklichkeit im Kapitalismus nur in einer systematisch verzerrten Form erfassen kann.»[2]

Mattes betont vor allem die institutionalisierte Praxisferne: «Kritische Psychologie als akademisch erstarrte, ihrer praktischen Dimension beraubte Denkweise ist Ausdruck des bornierten Interesses des Wissenschaftlers, der seine institutionell beschränkte Situation bloß widerspiegelnd ein Programm formulieren will, das für diejenigen, denen die Verhältnisse konkret und näher an ihren zentralen Widersprüchen begegnen, keine Handlungsperspektive weisen kann.»[3]

Darüber hinaus ergibt sich das Bild einer Psychologie, das den eingangs zusammengestellten Kriterien einer kritischen Psychologie durch ihre formalen Bekenntnisse ausgesprochen gut entspricht, allerdings durch ihre faktische Ausgestaltung in der theoretischen Konzeptionierung und psychologischen Praxis dazu eine kaum überwindbare Distanz aufweist.

Sie stellt sich insgesamt dar als eine positivistische Psychologie mit marxistischem Antlitz. Ihr Bezug zur Dialektik bleibt ein

---

1 Engelhardt 1979: 69 f., vgl. Holzkamp 1971: 3, 8, Busch u. Engelhardt 1979: 148 f., Mattes 1981: 591, Schulte 1979: 154

2 Engelhardt 1979: 70, vgl. Holzkamp 1978: 365

3 Mattes 1979: 26

bedeutungsleerer Fetisch, bloß formal vorgesetzt und ohne entsprechende Relevanz für die wissenschaftstheoretische Positionierung. In grundlegenden weltanschaulichen Fragen bleibt sie entweder unklar oder verbindet eine formale Klarheit mit faktischer Inkonsequenz. So erscheint ihr grundlegendes Verhältnis zur Natur als nicht eindeutig geklärt und durch ihre Fixierung auf die Theorie und Vernachlässigung der Praxis als gesellschaftlicher Kategorie öffnet sie sich für idealistische Tendenzen. Ihre Parteilichkeit postuliert sie allgemein und aus einem sozialen Gesichtspunkt zwar eindeutig, aber zu einer entsprechenden methodischen und wissenschaftstheoretischen Umsetzung gelangt sie nicht. Der Reichtum der marxistischen Philosophie bleibt in seiner Aufnahme also eher eklektisch und in seiner methodischen Bedeutung nur oberflächlich erfasst. Marxismus fungiert hier als Etikett für ein deutlich stalinistisch geprägtes Menschenbild. Aufgrund ihres grundlegenden Missverständnisses der marxistischen Methode erleidet sie das tragische Schicksal, dass sie, je intensiver sie ihren Bezug auf Marx dokumentiert, desto mehr dazu beiträgt, den Marxismus zu diskreditieren.

Als besondere Spezialität der Kritischen Psychologie wirken ihre Anstrengungen um eine historische Bestimmung. Ihr Modell der phylogenetischen Entwicklung als einer Differenzierung unterschlägt aber den Untergang und damit eine wesentliche Seite ihrer immanenten Widersprüchlichkeit. Und die auf die Ontogenese bezogene Entwicklungslehre dieser Psychologie beginnt erst mit dem Auftritt äußerer Gegenstände. Während die Psychoanalyse in der ontogenetischen und phylogenetischen Entwicklung des Menschen die bestimmenden Nachwirkungen des Früheren betont und versucht, die menschliche Gegenwart aus ihrer Gewordenheit zu verstehen, bemüht sich die Kritische Psychologie um eine Erklärung des Früheren mit den Bestimmungen des Späteren, der Vergangenheit der Menschen aus ihrem gegenwärtigen Sein.

Der Mensch muss in dieser Psychologie offenbar erst beweisen, etwas zu können, bevor er etwas wollen darf. Sie macht aus einem leidenschaftlichen Wesen mit Bedürfnissen und inneren Widersprüchen ein Arbeitstier, das nur zu sich finden kann, wenn es außer sich ist. Sollte sie versuchen, eine Persönlichkeitspsychologie zu entwickeln, lässt das eine spannende Auseinandersetzung mit der Personifizierung ökonomischer Funktionen von Marx erwarten. Aber spätestens angesichts der Aufgabe zur Entwicklung einer Krankheitslehre und Therapietheorie muss ihr deutlich werden, dass ihre Grundkonzeption gravierende Mängel aufweist. Und das nicht nur darum, weil sich für therapeutische Zwecke eine Couch effektiver als eine Werkbank erwiesen hat.

Indem Holzkamp der Psychoanalyse vorwirft, dass die von ihr beschriebene Subjektivität ohne ein Objektives bleibt, lässt sich ahnen, wie direkt eine Beziehung zwischen Subjekt und Objekt sein muss, um von seiner Psychologie erfasst werden zu können. Seine Psychologie bleibt nämlich dort stehen, wo Subjektivität beginnt, mehr als ein direktes Abbild gegenständlicher Wirklichkeit und eine unmittelbare Erfahrung objektiver Realität zu sein. Wenn sie schließlich ihre Parteinahme für das Subjekt verkündet, aber aus ihrer Sichtweise die Subjektivität als erfahrene Objektivität definiert, gerät sie zwangsläufig in eine Positionierung, die sie der Psychoanalyse vorwirft und tatsächlich in der Kulturhistorischen Schule bereits deutlich ist: parteilich im Sinne der jeweils herrschenden gesellschaftlichen Verhältnisse zu sein.

9. Dialektische Psychologie

Angesichts der gravierenden Mängel der Kritischen Psychologie bezüglich der Dialektik zieht freilich eine andere psychologische Schule die Aufmerksamkeit auf sich, die diesen Mangel bereits in ihrem Namen zu beseitigen verspricht. Vor dem Hintergrund eines gestiegenen Interesses an der Dialektik als Instrument für die Psychologie entwickelt sich Mitte der 1970er-Jahre nämlich in Kanada und in den USA ein psychologischer Ansatz um Klaus F. Riegel und seine Schule, die sich Dialektische Psychologie nennt.[1]

Philosophiegeschichtlich bezieht sich diese Schule auf Heraklit, Hegel und Marx und psychologiegeschichtlich verweist sie auf ihre wesentliche Inspiration durch die sowjetische Psychologie. Nur geht es hier weniger um einen Bezug auf Leontjew, sondern auf die in den frühen 1930er-Jahren in der Sowjetunion entstandene Psychologie und letztlich eher auf Rubinstein.[2]

9.1 Dialektische Konzeption

Es geht in der Dialektischen Psychologie nicht einfach um eine Kritik an anderen psychologischen Schulen, sondern darum, dass «konstruktiv auf dialektischer Grundlage eine neue, integrative und umfassende psychologische Theorie und Methodologie entwickelt wird».[3]

Ausgangspunkt ist ein Verständnis der Dialektik als «Methode der Theoriekonstruktion» und die Einschätzung, «daß für den weiteren Fortschritt der wissenschaftlichen Psychologie mit der allgemeinen Methodologie und dem konzeptuellen Apparat der Dialektik ein erfolgversprechendes Werkzeug bereitsteht».[4]

Der Dialektischen Psychologie geht es um die Erfassung und das Verständnis der «konkreten Handlungen des Individuums in einer konkreten sozialen Umgebung». Gegenüber der traditionellen Psychologie legt sie dabei Wert auf die Aufhebung

1 Vgl. Wozniak 1978: 31, Grüter 1979: 158

2 Vgl. Meacham 1980: 13, Riegel 1980: 34, 50 f., Wozniak 1978: 48 f.

3 Meacham 1980: 11

4 Lawler 1978: 8, vgl. Wozniak 1978: 50

von Trennungen auf der Grundlage unangemessener Unterscheidungen. «Dialektische Psychologie verdeutlicht die Notwendigkeit, das innerhalb der traditionellen Psychologie bestehende bipolare Denken zu überwinden, das ein tiefergehendes Verständnis verhindert; gemeint ist hier die Unterscheidung zwischen Leib und Seele («mind and body»), zwischen Individuum und Gesellschaft, zwischen Quantität und Qualität, zwischen konkretem Inhalt und abstrakter Form, zwischen Psychologen und ihren Untersuchungsobjekten, zwischen Diagnose und Therapie, zwischen Biologie und der sozialen Umwelt, zwischen Subjekt und Objekt.»[1]

Riegel weist in diesem Zusammenhang auf die Notwendigkeit der Überwindung der Grenzen der aristotelischen Logik hin. «Im Rahmen unserer zweiseitigen aristotelischen Logik können wir nicht verstehen, daß etwas beides zugleich sein kann, Subjekt *und* Objekt, richtig *und* falsch, Geist *und* Seele, Realität *und* Illusion. Zur Entwicklung solcher Vorstellungen brauchen wir eine vielseitige Logik wie beispielsweise die dialektische Logik.»[2]

Während er die traditionelle Logik als Folge der «nicht-entwicklungsorientierten Denkweise der Eleatischen Philosophie» sieht, versteht er ihre Strukturen auch als Voraussetzung dialektischer Logik. Letztere bildet allerdings mit einer erweiterten Basis ein offenes System.[3]

Für Meacham etwa geht es darum, dass der Fortschritt der wissenschaftlichen Forschung eine solche Erweiterung benötigt. «Die Weiterentwicklung wissenschaftlicher Erkenntnis, ja, die Grundlage für alles Denken selbst, hängt davon ab, daß das Identitätsprinzip weniger stark betont und dafür die Tatsache akzeptiert wird, daß es Widersprüche gibt.»[4]

Eine Öffnung gegenüber den Widersprüchen ist für Riegel eine wesentliche Bedingung zur Erreichung der erforderlichen Kreativität in der wissenschaftlichen Forschung. «Bei kreativer wissenschaftlicher Tätigkeit ist das spielerische Umgehen mit Widersprüchen vorherrschend, und es werden dabei Problembereiche miteinander in Verbindung gesetzt, die durch formal-operationales Denken auseinandergerissen worden sind.»[5]

1 Meacham 1980: 13, vgl. Riegel 1980: 21, 40, 58
2 Riegel 1980: 204
3 Vgl. Riegel 1980: 205
4 Meacham 1980: 13
5 Riegel 1980: 72

Widersprüchlichkeit ist für ihn schließlich «eine notwendige Bedingung allen Denkens» und beispielsweise in der Wissenschaftsentwicklung selbst auch nicht ungewöhnlich. Eine gegenseitige Durchdringung widersprüchlicher Theorien sieht er sogar als einen notwendigen Vorgang wissenschaftlicher Erkenntnis. In Anlehnung an Hegel beschreibt er die Widersprüche als «die grundlegendsten Eigenschaften von Natur und Geist». In diesem Sinne geht er davon aus, dass jedes Ding es selbst und gleichzeitig vieles andere ist, eine bestimmte Qualität hat und doch nicht hat.[1]

Vergleichbar spricht auch Wozniak von inneren Widersprüchen in Objekten und Erscheinungen und beschreibt Lawler eine Dialektik in der objektiven Realität. «Wirklichkeit ist nicht abstrakte Selbstidentität, sondern *konkretes Sein*, bei dem jeder Gegenstand in sich selbst einen Unterschied und einen Gegensatz enthält.»[2]

Konkret unterscheidet die Dialektische Psychologie dann etwa einfachere Formen der Dialektik, welche sie als Grundlage individueller und sozialer Tätigkeiten versteht, von einer wissenschaftlichen Dialektik, die ihren Ausdruck in Dialogen und Debatten findet. Außerdem unterscheidet sie eine innere Dialektik im Sinne kognitiver Strukturen von einer äußeren Dialektik im Sinne einer Interaktion zwischen verschiedenen Individuen.[3]

Diese Formen der Dialektik sieht Riegel im Rahmen einer Wissenschaft, die sich auf dialektischer Logik gründet und in deren Mittelpunkt Entwicklung und Veränderung steht, die auf einem «Konzept von Widerspruch und Spannung zwischen konkreten Ereignissen» aufbaut und Identität und Balance als vorübergehende Zustände versteht. Grundlage jeder Entwicklung ist für ihn ein Ungleichgewichtsprozess und er geht davon aus, «daß das, was mir harmonisch und stabil erscheint, nur eine flüchtige Abstraktion ist».[4]

Bewegung und Entwicklung, ein wesentliches Charakteristikum dialektischer Philosophie, werden in der Dialektischen Psychologie vor allem verstanden als eine Folge von Widersprüchen zwischen Ereignissen in unterschiedlichen Abläufen.[5]

---

1 Vgl. Riegel 1980: 60, 68

2 Lawler 1978: 27, vgl. Wozniak 1978: 36

3 Vgl. Riegel 1980: 35 f.

4 Riegel 1980: 183, vgl, 22, 184, 206

5 Vgl. Meacham 1980: 12, Lawler 1978: 9

Riegels dialektische Entwicklungstheorie bezieht sich vor allem auf die «inner-biologische», die «individuell-psychologische», die «kulturell-soziologische» und die «äußere-physikalische» Dimension. In diesen Dimensionen geht es dann um Interaktionen, Koordinierungen und Synchronisierungen. Eine sprunghafte Entwicklung oder Krise entsteht in dieser Anordnung dann, wenn die Sequenzen zwischen zwei Dimensionen unkoordiniert und ohne Synchronisierung verlaufen. Stufen oder Perioden entstehen durch die Erfordernisse einer Umstrukturierung oder Reorganisation.[1]

Den Bezug dieser Dimensionen zur Zeit stellt er so vor: «Auf inner-biologischer Ebene erscheinen Zeitmarkierungen als Entwicklungsumschwünge von Aktivität zu Passivität, von Erregung zu Befriedigung, von Wachstum zu Abbau. Auf individuell-psychologischer Ebene werden sie als Konflikte und Lösungen, Zweifel und Entscheidungen, Bewegung und Ruhe erlebt. Auf kulturell-soziologischer Ebene sind sie objektiviert als Anreize und Einschränkungen, Eroberungen und Niederlagen, Expansion und Rückzug. Und auf äußerer-physikalischer Ebene schließlich erscheinen sie als Tag und Nacht, Sommer und Winter, Fluten und Dürren.»[2]

Damit erstellt er eine «Vergleichs-Matrix», die mindestens zwei Aktivitätsserien beinhalten muss und deren Interdependenz im Rahmen einer interaktionistischen Analyse erklärt wird. Die Betrachtung einer einzelnen und isolierten Ereignissequenz bleibt in diesem Ansatz hingegen eine bloße Abstraktion.[3]

Die Einteilung in diese Dimensionen und die Art ihrer Zuordnung laden freilich dazu ein, ähnliche Ausgestaltungen zu unternehmen. Anstatt von den Inhalten zu den Strukturen zu gelangen, nimmt er eine geläufige Struktur und füllt sie dann mit den gerade verfügbaren Inhalten. Die jeweiligen Vorlieben ergeben dann theoretische Systeme, die sowohl die eigenen Spezialisierungen hervorhebt als auch noch Platz für verschiedene kulturelle Neigungen bietet – bei ihm etwa für den Bezug zur Musik.[4]

Das Konzept der Dimensionen von Riegel ist folglich in seiner Beschaffenheit keineswegs wesentlich anders als beispielsweise das Konzept der Welten bei Popper. In dessen Welten-Konzeption steht eine Welt 1 für physikalische Gegenstände – von den

1 Vgl. Riegel 1980: 32, 133 f., 156–160, 175, 181
2 Riegel 1980: 188
3 Vgl. Riegel 1980: 188 f.
4 Vgl. Riegel 1980: 201 f.

einfachen Elementen bis zu den Organismen –, eine Welt 2 für die subjektiven Erlebnisse – von den Empfindungen bis zum Bewusstsein – und eine Welt 3 für die Erzeugnisse des menschlichen Geistes – von der Sprache bis zur Wissenschaft und Kunst. Auch diese Konzeption betont die Kreativität in der Entwicklung und untersucht die gegenseitigen Wechselwirkungen. Nur ist das wissenschaftliche Selbstverständnis bei Riegel ein dialektisches, während Popper eine klar positivistische Position vertritt.[1]

Riegels Entwicklungspsychologie bemüht sich jedenfalls speziell um ein Allgemeinheitsniveau, in dem sowohl die Individuen als auch die Gesellschaft einbezogen sind. Darin sucht er keine unveränderlichen Fähigkeiten, sondern erforscht die Überwindung von Ruhezuständen und die dadurch eintretenden Veränderungen und gelangt damit zu einer positiven Uminterpretation von Widersprüchen und Krisen.[2]

Die bestimmenden inneren und äußeren Interaktionen in der Entwicklung des Individuums und der sozialen Gruppe gilt es nun zu erforschen. «Im dialektischen Paradigma wird die Interaktion zwischen individueller und historischer Entwicklung betont, und beide Entwicklungsstränge werden auf ihre inneren und äußeren Grundlagen zurückgeführt.»[3]

Riegel beschreibt die Entwicklung damit vor allem als eine dialektische Interaktion des menschlichen Organismus mit der Gesamtheit der durch die Bemühungen der Menschheit geschaffenen äußeren Bedingungen. «In einer dialektischen Theorie wird ... der individuelle und menschliche Charakter von Wissen und Erkenntnis betont, aber als Ergebnis einer kulturhistorischen Entwicklung verstanden.»[4]

Bereits bei kleinen Kindern erfasst dieses Konzept die Entwicklung als eine Restrukturierung äußerer Strukturen auf der Grundlage ihrer inneren Strukturen durch ihre eigene Aktivität und weist dabei auf eine wesentliche Problemstelle hin: «Nur bei einer Synchronisierung von individuellen und gesellschaftlichen Veränderungen kann das Individuum glücklich und die Gesellschaft leistungsfähig sein.»[5]

Im Zentrum der Entwicklungstheorie der Dialektischen Psychologie steht das Denken. Riegel unterscheidet eine «ursprüng-

1 Vgl. Popper u. Eccles 1982: 38, 44–64
2 Vgl. Riegel 1980: 34, 136, 152 f.
3 Riegel 1980: 41, vgl. 155
4 Riegel 1980: 55, vgl. 152 f.
5 Riegel 1980: 182, vgl. 80

liche Dialektik» im Denken von Kindern von einer «wissenschaftlichen Dialektik» im reifen Denken und Handeln Erwachsener. Etwa gegenüber Piaget, der den Denkprozess als eine Beseitigung von Widersprüchen versteht, begreift die Dialektische Psychologie also das Denken auf einer ersten und letzten Entwicklungsstufe auf dialektischer Grundlage. «Das unkritische Festhalten am Identitätsprinzip – und damit auch an der klassischen Logik – steht ... einem Verständnis der widersprüchlichen Natur menschlichen Denkens im Wege, und zwar des Denkens sowohl in seiner reifen Form als auch auf sehr frühen Stufen.»[1]

Zu dieser Unterscheidung zwischen diesen Entwicklungsstufen merkt Riegel noch an, dass dialektisches oder reiferes Denken freilich auf jeder Stufe auftreten können. Piagets Modell der kognitiven Entwicklung unterwirft er einer dialektischen Interpretation. Die damit verbundenen Erweiterungen beginnen dabei bereits damit, dass sich Riegel nicht wie Piaget auf Problemlösungen konzentriert, sondern auch mit der Frage beschäftigt, wie sich die Fragestellungen und Probleme ergeben. Aber vor allem Piagets Modell der Entwicklung als eine Verringerung von Inkonsistenzen beschreibt Riegel vor dem Hintergrund eines dialektischen Verständnisses. «In dialektischem Sinne ist Denken der Prozeß, in dem widersprüchliche Erfahrungen, Gegensätze, in vorübergehend stabile Strukturen transformiert werden.»[2]

Darüber hinaus sieht Kvale bei Piaget auf einer allgemeinen Ebene dialektische Aspekte und für Lawler ist dessen Denken trotz seines formallogischen Ideals der Entwicklung der Intelligenz in einem urwüchsigen Sinn «generell dialektisch».[3]

Der umfassenden Spezialisierung der Dialektischen Psychologie auf verschiedene Entwicklungsformen steht eine relativ abstrakte Berücksichtigung des Aspektes der Totalität gegenüber. So betont etwa Kvale im Gegensatz zu einem positivistischen Wissenschaftsverständnis, das Widersprüche zu eliminieren und die sich widersprechenden Aspekte einer Totalität zu isolieren trachtet, die untrennbare Verbindung des Individuums mit der Gesellschaft und die Bedeutung des kritischen Durchschauens der politischen Totalität. «Die Widersprüche im Denken eines Individuums müssen auf die Grundwidersprüche der Welt bezogen werden, in der es lebt.»[4]

1 Riegel 1980: 59, vgl. 64, 155, Meacham 1980: 13
2 Riegel 1980: 67, vgl. 22, 77, 154
3 Vgl. Kvale 1978: 248 f., Lawler 1978: 10, 20
4 Kvale 1978: 248, vgl. 249, 258

9.2 Weltanschauliche Ausrichtungen

Eine Auseinandersetzung mit den philosophischen Fragestellungen bezüglich einer materialistischen Orientierung wird in dieser Psychologie darum hinfällig, weil sie sich dazu explizit nicht festlegen möchte: «Dialektische Theorie muß ... weder materialistisch noch idealistisch sein; sie kann eine Fülle verschiedenster Richtungen umfassen.»[1]

Letztlich sieht Riegel sich näher an Hegel als an Marx. Sein von Hegel abgeleitetes Modell der Entwicklung eines Organismus` möchte er jedenfalls nicht marxistisch verstanden wissen. «Es wäre in der Tat eine Regression, würde man diese wohldurchdachte Konzeption zu rasch beiseiteschieben zugunsten eines naiven Unterbaus, der zwar für eine Theorie über Arbeit, Produkte und Ökonomie als nützlich erkannt worden ist, nicht aber für eine Theorie über einen sich entwickelnden Organismus in einer sich wandelnden Welt.»[2]

Die weltanschauliche Unentschiedenheit lässt Riegel in eine wechselhafte Positionierung gelangen. Einerseits sieht er innerhalb der geschichtlichen Entwicklung den Vorrang der menschlichen Tätigkeiten gegenüber den Gedanken darüber, andererseits versteht er die Entstehung historischer Ereignisse aus einer Interpretation von Fakten und geschichtliche Veränderungen als Resultat eines veränderten Bewusstseins. «So wie ein aufgeschlosseneres historisches Bewußtsein Geschichte selbst zu verändern beginnt, so wird eine größere Bewußtheit der eigenen Entwicklung den Verlauf dieser Entwicklung verändern.»[3]

Und soweit nicht das Bewusstsein die Führung in der geschichtlichen Entwicklung übernimmt, werde ein historischer Fortschritt schlichtweg von Individuen durch die Änderung ihrer Gruppenzugehörigkeit gemacht bzw. geschehe sie durch einen Generationswechsel, «das Ersetzen einer Kohorte führender Individuen durch die nächste». «Fortschritt insgesamt kommt dadurch zustande, dass sich verschiedene Familiengenerationen im Laufe der historischen Zeit ablösen.»[4]

Der einer Naivität zugeschriebenen marxistischen Theorie gesellschaftlicher Entwicklung hält er also ein Verständnis entgegen, das die menschliche Geschichte als eine Geschichte familiärer Streitigkeiten begreift. Damit erscheint sein Geschichtsbild al-

---

1 Riegel 1980: 36, vgl. 77

2 Riegel 1980: 77

3 Riegel 1980: 153, vgl. 151, 206

4 Riegel 1980: 176, vgl. 174, 179

lerdings wie eine Theorie gewordene Hollywood-Perspektive auf die geschichtliche Wirklichkeit, in der historische Ereignisse durch familiäre Bezüge erfassbar gemacht werden sollen.

Riegel bemüht sich mit seiner theoretischen Konzeptionierung auch um eine allgemeinere Krisentheorie. Gesellschaftliche Krisen erklärt er sich dabei aus einem Mangel an Koordinierung und Synchronisierung. Eine hervorragende Rolle erhalten in dieser Theorie die Individuen. «Krisen, die in der Gesellschaft erzeugt werden, sind in allen Fällen auf Handlungen einzelner Individuen rückführbar; solche Krisen können als Katastrophen erlebt werden.»[1]

Dass Riegel die Auflösung der Rätsel gesellschaftlicher Krisen in den Individuen finden möchte, ergibt sich aus seiner allgemeinen Einschätzung, dass sozialer Wandel durch Individuen bewirkt wird. «Das Individuum, vor allem das kreative Individuum, bewirkt sozialen Wandel; aber sowie die Veränderungen in Gang gesetzt sind, wirken die neuen Bedingungen zurück auf das Individuum.»[2]

Eine soziale Krise einer Gesellschaft soll also aus dem Blickwinkel der Krise einer individuellen Kreativität erklärt werden. Die einfache Idee, dass gesellschaftliche Krisen so stark auf die Individuen wirken können, weil sie eben nur Individuen sind, also nicht als organisierte soziale Kraft in Erscheinung treten, kommt hierin nicht vor. Anstelle solcher Ideen setzt er vor allem auf eine Lösung von Krisen durch «strukturelle Transformationen der individuellen Entwicklung in Übereinstimmung mit der Sozialgeschichte», d.h. eine Anpassung an den Zeitgeist sowie eine irgendwie erreichbare Veränderung des sozialen Standpunktes. «Individuen, die den Forderungen ihrer Zeit nicht genügen, sind von geringerer Bedeutung und erleben ihr Schicksal wahrscheinlich als persönliche Krise. Aber Individuen sind in der Lage, ihre Gruppenzugehörigkeit zu ändern, und durch solche Handlungen machen sie Geschichte.»[3]

Solche Aussagen klingen wie eine Fortsetzung der Legende des bekannten Tellerwäschers, der zum Millionär wird. Das Neue bei Riegels Tellerwäscher besteht darin, dass dieser auch noch Geschichte macht. Wenn Meacham Krisen als «Mangel an Koordination oder Synchronie zwischen verschiedenen Ereignisabfolgen» beschreibt, der eine Grundlage für eine

1 Riegel 1980: 174, vgl. 31, 157

2 Riegel 1980: 174

3 Riegel, 1980: 179, vgl. 182

kreative Innovation darstellt, konkretisiert er diese einflussreichen Individuen: «Krisen werden durch einzelne Wissenschaftler gelöst, die ein neues Paradigma oder eine neue Interpretation liefern und auf diese Weise sozialen Wandel bewirken; und diese Individuen ändern sich wiederum unter den neuen sozialen Bedingungen.»[1]

Wenn also diese besonderen Individuen beispielsweise ihr Einkommen verbessern dürfen, stellen sie eine Interpretation zur Verfügung, durch die gesellschaftliche Krisen gelöst werden können. Und wenn in der Dialektischen Psychologie damit der «einzelne Wissenschafler» zum revolutionären Subjekt wird, fällt auch ihre Parteilichkeit dementsprechend aus. Riegels Parteilichkeit erscheint nämlich vor allem als eine spezielle kollegiale, zu der er den berühmten Aufruf von Marx und Engels schrumpfen lässt: «Dialektische Psychologen, vereinigt euch! Ihr habt nichts weiter zu verlieren als die Anerkennung von seiten der Mechanisten und Mentalisten; aber ihr gewinnt eine Welt, eine sich wandelnde Welt, geschaffen von sich fortwährend verändernden Menschen.»[2]

Abgesehen von diesen spezifischen individualistischen Interpretationen gesellschaftlicher Veränderungen ist die grundlegende Annahme einer zufriedenstellenden Lösung einer gesellschaftlichen Krise durch eine Verbesserung in der Synchronisierung und Koordinierung keineswegs neu. Bereits Bernstein, der mit dem Ziel der Stärkung des Idealismus und einer Widerlegung materialistischer Krisentheorien antritt, spekuliert über verschiedene «Möglichkeiten des Ausgleichs von Störungen», durch die eine wirtschaftliche Krise unwahrscheinlicher werden könnte. Wenn beispielsweise die «Produktionsanarchie» und «Überspekulation» eingeschränkt werden, könne eine relativ krisenfreie Entwicklung zu erwarten sein. Kurz vor dem Eintritt in das 20. Jahrhundet meint er noch: «Wenn nicht unvorhergesehene *äußere* Ereignisse eine allgemeine Krise herbeiführen ..., so ist kein zwingender Grund vorhanden, auf ein baldiges Eintreten einer solchen aus rein wirtschaftlichen Gründen zu folgern.»[3]

Nach über einem Jahrhundert, also nach der Erfahrung von Krisen in einem Ausmaß, das alle vorangegangenen Katastrofen der Menschheitsgeschichte in den Schatten stellt, ist an dieser Stelle eine realistische Einschätzung für unzählige Men-

1 Meacham 1980: 15

2 Riegel 1980: 36, vgl. MEW 4: 493

3 Bernstein 1984: 110, vgl. 12, 23, 95–112

schen schlichtweg überlebenswichtig. Eine Beschränkung der Sichtweise auf individuelle Kreativität und Veränderungsmöglichkeiten ist hier offenkundig grundlegend irreführend.

Soweit Riegel eine materialistische Sichtweise zu seinem Bild der menschlichen Entwicklung versucht, werden die Mängel seiner Psychologie keineswegs geringer. So bemüht er sich nämlich beispielsweise um eine Analogie zwischen monetärem und sprachlichem System, in der er Arbeiten und Sprechen sowie Waren mit Worten gleichsetzt. Solche Bemühungen können jedoch nur anregend verstanden werden, solange passende Erscheinungsweisen sich in ein vergleichendes Schema fügen lassen, also das Wesentliche des als ähnlich Begriffenen darin ausgeklammert bleibt.[1]

Die materialistisch inspirierte Komponente der Dialektischen Psychologie gibt sich wiederum mit solchen Analogien nicht zufrieden. In der Gewichtung der verschiedenen Faktoren und Dimensionen bezieht sich Riegel insgesamt gerne auf einen Fachbereich, dem er gegenüber der Psychologie einräumt, dass eine traditionelle Forschung eher ausreichen kann – nämlich die Biologie. Er geht davon aus, dass inner-biologische Faktoren den normalen Lebenslauf von Menschen bestimmen und eine Vorhersagbarkeit in diesem Bereich am besten gelingt. «Inner-biologische Entwicklungen führen dazu, daß sich das Individuum vom Elternhaus löst, Arbeit sucht, heiratet und selbst eine Familie gründet.»[2] Den Einfluss dieser Faktoren sieht er als so bedeutend, dass er beispielsweise in Agrarwirtschaften die kulturell-soziologischen Determinanten offenbar einfach verschwinden lassen kann. «Bei bäuerlichen Gesellschaften mit bis ins einzelne festgelegten Familientraditionen ist ... die Unterteilung der Lebensspanne in umschriebene Perioden nur auf der Grundlage biologischer und keiner anderen Determinanten möglich.»[3]

Mit einer als so bedeutend eingeschätzten Biologie würde jedenfalls eine beträchtliche Menge wissenschaftlicher Errungenschaften in der Erkenntnis menschlicher Entwicklungsprozesse wieder verworfen werden können. Wenn sich also etwa die Arbeitssuche und die Institution der Ehe aus «inner-biologischen Faktoren» erklären lassen, waren die Anstrengungen der Sozialwissenschaften zur Zurückdrängung der Biologismen im Verständnis Riegels offenbar nicht erforderlich.

---

1 Vgl. Riegel 1980: 91

2 Riegel 1980: 27, vgl. 156, 181, 193

3 Riegel 1980: 162

9.3 Dialogische Dialektik

Ein Charakteristikum der Dialektischen Psychologie ist ihre herausragende Konzentration auf die Sprache und dabei vor allem auf die Struktur von Dialogen. Sprachliche Kommunikation wird zwar als ein Sonderfall der allgemeinen dialektischen Entwicklung und Veränderung verstanden, aber mit einem zentralen Stellenwert und in einer für den Menschen existenziellen Bedeutung. Dabei verlangt ein Verständnis kognitiver und sprachlicher Operationen für Riegel die Berücksichtigung ihrer inneren Grundlage, die er als physiologische und biochemische Prozesse beschreibt, und ihrer äußeren materiellen Basis, die ihm als Interaktion mit der kulturhistorischen Umwelt gilt. Damit erfasst er die Funktion der Sprache auch als eine Integration der Nerventätigkeit und kulturhistorischer Aspekte.[1]

Der sprachliche Austausch ist für die Dialektische Psychologie die wichtigste Form einer Interaktionssequenz. Indem sich für sie die Grundlage der individuellen und sozialen Entwicklung aus der Dialektik des Dialoges ergibt, leitet sie letztlich überhaupt die Realität daraus ab. Dialog und Debatte werden als grundlegend für reale Entwicklungsprozesse verstanden und die Gestaltung ihres Verlaufes ist darum von enormer Bedeutung. «Die Synchronisierung oder Koordinierung der offen beobachtbaren Sprechakte und die Synchronisierung der Äußerungen beider Sprecher im dialogischen Wechsel bilden die Grundlage individueller und sozialer Entwicklungen.»[2]

Riegel präsentiert die Dialoge als idealtypische Überwindung der Trennung zwischen Subjekt und Objekt, weil beiden Sprechenden gleichzeitig beide Positionen zukommen und ihre Beziehungen stets reflexiv sind. These, Antithese und Synthese bilden dabei eine dialogische Einheit, die den dialektischen Charakter des Kommunikationsprozesses widerspiegelt. Je nach Bezug ist eine Äußerung jeweils als These, Antithese oder Synthese zu verstehen.[3]

Gesellschaft und Geschichte werden in diesem Modell vom Kind erworben durch den Dialog mit seiner Mutter. Damit soll aber nicht einfach das Aneignungskonzept der Kulturhistorischen Schule durch ein besonderes Unterhaltungskonzept ersetzt werden. Vielmehr überträgt Riegel seine Erfahrungen mit

---

1 Vgl. Riegel 1980: 108, 133

2 Riegel 1980: 121, vgl. 23 f., 116, 119, 121, Meacham 1980: 17

3 Vgl. Riegel 1980: 108–135, 193 f.

dialogischen Interaktionen weiter auf soziale Interaktionsspiele. Dialoge umfassen in der Folge damit neben der Vokalisation auch Verhaltensweisen, soziale Interaktionen und den mit einbezogenen materiellen Kontext.[1]

Die Schwierigkeit in einer solchen inflationären Fassung einer Kommunikationsform liegt einerseits in einer nicht unbedingt weiterführenden Interpretation nichtsprachlicher Interaktionsformen, andererseits aber vor allem in einem Versuch, reale Zusammenhänge auf eine bloße Kommunikationsebene zu reduzieren.

Nach der generalisierten Fassung der Dialektik bei Hegel und Marx wird bei Riegel jedenfalls die Nutzung der Dialektik wieder auf die Dialoge konzentriert, in denen sie ihren ursprünglichen Ausgangspunkt in der griechischen Antike fand. Allerdings grenzte sich diese bereits gegen eine Beliebigkeit in der Setzung von Widersprüchen ab. Die damals höchstentwickelte Form der dialogischen Dialektik bei Platon wendet sich in dieser Weise ausdrücklich gegen den Sophismus, der als bloße Widerspruchskunst, als eine Argumentation ohne sachlichen Bezug kritisiert wird.[2] Eine vergleichbare Abgrenzung hält Riegel offenbar nicht für erforderlich. Ob also ein Widerspruch beispielsweise ein reales Verhältnis zum Ausdruck bringt oder eine bloß fantasierte Konstruktion darstellt, also ein richtiges oder falsches Denken zeigt, bleibt für ihn letztlich gleichgültig. «In wissenschaftlichen und schulischen Diskussionen mag man weiterhin darauf aus sein, Widersprüche in den Behauptungen des Kontrahenten aufzudecken; reifes Denken und Handeln basiert jedoch nicht allein auf solchen akademischen Spielereien. Der reif denkende Mensch kommt zu einem neuen Verständnis von Widersprüchen. Sie werden nicht länger als Unzulänglichkeiten empfunden, die es um jeden Preis aus dem rationalen Denken zu entfernen gilt, sondern sie werden bejaht und als Grundlage für alle Tätigkeiten erkannt.»[3]

Eine solche Toleranz jedweder Widersprüchlichkeit wäre jedenfalls eine Einladung an die Beliebigkeit und würde aus einer Verbesserung der Erkenntnismöglichkeiten durch die Dialektik eine Verunsicherung machen.

Lawler findet zu dieser Problemstellung eine andere Lösung. Er versteht die Dialektik als objektive und beschreibt dement-

1 Vgl. Riegel 1980: 121 f., 124 f., 192
2 Vgl. Platon 1958: 189, 203 f., 220 f., 1959: 49
3 Riegel 1980: 155

sprechend dialektisches Denken als Ergebnis empirischer Erkenntnis. «Die dialektische Theorie orientiert das wissenschaftliche Denken an der Erkenntnis der grundlegenden, wesentlichen Gegensätze, durch die ein bestimmter Bereich der Wirklichkeit sich selbst entwickelt.»[1]

Seine «wissenschaftliche Dialektik» bemüht sich um eine Identifizierung der «notwendigen Widersprüche, in denen ein Gegenstand sich in dialektischer Beziehung zu seinem eigenen Gegensatz verwirklicht». Allerdings schließt er dabei die Möglichkeit formallogischer Widersprüche in der Wirklichkeit aus.[2]

Eine Dialektik, welche die engen Grenzen der elementaren Logik überwindet, die sich an wirklichen Prozessen und Zusammenhängen orientiert und sich nicht in Formalismen verfängt, ist also zwar in Ansätzen in dieser Psychologie vorhanden, aber in der letzten Konsequenz bleibt sie befangen in der Alternative zwischen völliger Beliebigkeit einer prinzipiellen Toleranz gegenüber Widersprüchen und einem Ausschluss realer Inkonsistenzen.

Insgesamt lässt die weltanschauliche Beliebigkeit diese Psychologie inkonsequente Geschichtsbilder konstruieren, die einerseits in einen unbefangen erscheinenden Idealismus münden, andererseits wiederum biologistische Verständnisse integrieren können. Die Wirklichkeit versucht sie im Wesentlichen aus einer dialogischen Dialektik zu entwickeln, wobei sie deren Veränderung vor allem einem Individualismus überantwortet. Dass sie mithilfe willkürlich gesetzter Kategorien eine abstrakte Koordinierungstechnik mit einem formalistischen Bezug zur Dialektik unternimmt, ist ihr eigentliches Markenzeichen. Ihre Ergebnisse bleiben damit notgedrungen beschränkt auf die Möglichkeiten eines solchen schematischen Interaktionismus`.

Von der Kritischen Psychologie erhält die Dialektische Psychologie eine spezifische Kritik an absehbaren Stellen. Für Grüter hält die Dialektische Psychologie einen abstrakten Interaktionszusammenhang für das Ganze, ersetzt damit die Psychologie durch Systemdenken und lässt das menschliche Individuum hinter seiner Funktion verschwinden. Ihr an einer Synchronie orientiertes Gleichgewichtsmodell könne eine reale Entwicklung nicht hinreichend erklären. Ihr Entwicklungsmodell beschränke sich nämlich auf eine Anpassung und bilde nur die reproduktive Tä-

1 Lawler 1978: 28, vgl. 16

2 Vgl. Lawler 1978: 22, 27

tigkeit ab. Und ihr Beziehungssystem sei bloß eine Widerspiegelung gesellschaftlicher Zusammenhänge aus der Zirkulation.[1]

Tatsächlich wirkt der Anspruch der Dialektischen Psychologie auf Konkretheit angesichts ihrer Ausgestaltungen denkbar unpassend. Auch ihre Absicht zur Überwindung grundlegender philosophischer Antinomien, also etwa der Gegensätze zwischen Leib und Seele oder Subjekt und Objekt, kommt nicht über ein spezielles Beschreibungssystem mit dem Anspruch einer neuen Interpretation hinaus. Zu einer umfassenden Psychologie kann sie bereits nicht aufgrund ihrer wesentlichen Einschränkungen gelangen, die aus ihrem Selbstverständnis als kognitive Psychologie resultieren.[2]

Dabei sind ihr die Ansätze der Psychoanalyse auch bekannt. Kvale weist sogar ausdrücklich auf deren dialektische Ansätze hin. Sein Bezug dazu bleibt jedoch in seiner Kritik stecken, dass die Psychoanalyse spezifische gesellschaftliche Auswirkungen zu universalisieren neigt und die Genese von Verhaltensproblemen auf die frühkindliche Entwicklung der Individuen reduziert.[3]

1 Vgl. Grüter 1979: 161–169, 172 f.

2 Vgl. Kvale 1978: 260 f., Wozniak 1978: 49 f.

3 Vgl. Kvale 1978: 248, 253–255

10. Kritische Psychoanalyse

Wenden wir uns zum Abschluss nun wieder der psychoanalytischen Tradition zu, um von hier noch einige Momente für eine kritische Psychologie zu erfahren. Wenn in den allermeisten psychoanalytischen Publikationen die kritischen Ansätze weniger im Vordergrund stehen, dann bedeutet das keineswegs, dass es seit den ersten Bemühungen um eine dialektisch-materialistische Grundlegung der Psychoanalyse keine Fortsetzung gab, die dazu wertvolle Beiträge lieferte. Nachdem das wissenschaftliche Fundament dieser Psychologie auf Freud und auch die ersten gesellschaftskritischen Überlegungen auf ihn zurückgehen, ist dazu auch eine Bestimmung des Verhältnisses zu Freuds Werk richtungsweisend.

Im Rahmen dieser Klärung ist es nun keineswegs so, dass die Psychoanalyse als Wissenschaft mit dem Anspruch einer Erweiterung des Bewusstseins sich selbst umfassend bewusst ist über ihren wissenschaftstheoretischen Standpunkt und die Implikationen ihrer Sichtweise auf gesellschaftliche Prozesse. «Ihr fortwährendes Verkanntsein kennzeichnet die bisherige Rezeptionsgeschichte der Psychoanalyse. Es beruht wesentlich darauf, daß sie sich selbst nicht kennt. Das gilt nicht nur für die Psychoanalyse nach Freud, sondern schon für ihn selbst.»[1]

In der jüngeren Freud-Rezeption gibt es allerdings auch kritische Sichtweisen, die sich für eine Überwindung wesentlicher psychoanalytischer Fehlleistungen einsetzen. So kann etwa verdeutlicht werden, dass Freud im Gegensatz zu seinen genauen Rekonstruktionen der ontogenetischen Entwicklung eine ahistorische Betrachtungsweise in seinen Beiträgen zur Ethnologie und Kulturtheorie zeigt. Wie Reichmayr nachzeichnet, bemüht er sich um eine Erfassung des Zusammenspiels psychischer und gesellschaftlicher Prozesse und sucht eine Verbindung der Psychoanalyse mit der Ethnologie, um zu einem «umfassenden Entwurf einer Kulturtheorie» zu gelangen, aber er vernachlässigt dabei die Bedeutung des jeweiligen gesellschaftlichen Zusammenhanges, geht offenbar davon aus, dass Menschen psychisch einheitlich sind und damit durch ähnliche Erscheinungsweisen einen ähnlichen Ursprung erahnen lassen.

1 Dahmer 1982: 12

Er war Anhänger der Theorie von Lamarck, die eine Vererbbarkeit von Merkmalen annimmt, die sich durch Umwelteinflüsse verändern, sowie der Theorie von Haeckel, dass die individuelle Entwicklung der Lebewesen ihre Stammesgeschichte wiederholt. Und indem er für die Möglichkeit einer kulturellen Überlieferung kein Konzept hat, postuliert er u.a. einen Urvatermord mit phylogenetischen Auswirkungen.[1]

Um Freuds zentrale kulturtheoretische Fehlleistung einer phylogenetischen Interpretation aktueller Erscheinungen zu korrigieren, ist also vor allem ein entsprechendes Verständnis hierzu erforderlich. So kritisiert etwa Schneider an Freud dessen «gigantischen Kurzschluss zwischen psychologischen Imagines und geschichtlicher Realität», dass er also ein Geschichtsbild entwirft, das einer Projektion der Gegenwart auf die Vergangenheit, der Ontogenese auf die Phylogenese entspringt.[2]

Ähnlich stellt Lorenzer zu Freuds «Totem und Tabu» fest: «Die Freudschen Befunde sind ... nicht im Sinne einer Geschichtsrekonstruktion zu lesen, sondern als Aussagen über das, was heute stattfindet. Es ist die gegenwärtige Struktur, die in Vorgeschichte und Geschichte zurückprojeziert wird.»[3]

Auch für Görlich hat Freud seine «Erkenntnisse, die er in der Strukturanalyse des konkreten Individuums gewann, verallgemeinert, in Mythen niedergelegt und die Subjektproblematik, weil er das aktuelle Verhältnis von Individuum und Gesellschaft nicht ins Auge faßte, schließlich doch anthropologisiert.»[4]

Zur geschichtlichen Entwicklung meint Hoevels, dass Freud eine ansatzweise materialistische Geschichtstheorie hatte, obwohl er von Produktivkräften und Produktionsverhältnissen absah. Brückner wiederum geht davon aus, «daß Freud, jedenfalls in der Psychoanalyse, nur selten in einem materialistischen Sinne geschichtlich gedacht hat».[5]

Dahmer sieht die bei Freud entfaltete Dialektik der Kultur als Gegenwartsanalyse und Prognose. Dessen «biologischer Materialismus» tendiert zwar zum historischen, aber in seinem Geschichtsbild bleibt er in seiner prinzipellen Perspektive. «Freud begreift die geschichtliche Selbstkonstituierung der menschli-

1 Vgl. Reichmayr 1995: 41, 171, Dahmer 1982: 382

2 Vgl. Schneider 1977: 86, Lang 1975: 83 f.

3 Die Sozialität der Natur und die Natürlichkeit des Sozialen: 309

4 Die Sozialität der Natur und die Natürlichkeit des Sozialen: 310

5 Brückner 1982: 53, vgl. Hoevels 1983: 204

chen Gattung durch Arbeit als fortschreitenden Triebverzicht, als Geschichte der Seele.»[1]

Schneider findet in Freuds Theorien überhaupt die gesellschaftliche Realität nur in ihrer intrapsychischen Repräsentanz rezipiert und als solche mit der äußeren Realität verwechselt. Indem die Psychoanalyse gewissermaßen «auf einem Auge blind» ist, «mußte sie das, was sie mit dem anderen Auge sah, verabsolutieren, es für das Ganze, also das Wahre (im Hegelschen Sinne) halten».[2]

In einer historischen Dimension verstehen Hartmann und Zepf Freuds Psychoanalyse als eine gedankliche Rekonstruktion des untergehenden bürgerlichen Subjekts. «Das, was die erste Generation der Psychoanalytiker von der Couch zu hören bekam, waren gesellschaftlich abgewürgte, individualpsychologisch ins Unbewußte exkrementierte Lebensentwürfe, Ruinen einer biographischen Vorvergangenheit, die der raschen Expansion der kapitalistischen Okkupation des Einzelnen und der Durchdringung seines Alltags erlegen waren; die daraus entstandenen Krankengeschichten erzählten auch von der gesellschaftlichen Zurichtung des Einzelnen und seiner letzten Flucht, die in die Krankheit.»[3]

Eine Auseinandersetzung mit den philosophischen Fragestellungen des Materialismus` bleibt in der Regel aber eher allgemein gehalten. Schneider würdigt einerseits das materialistische Prinzip bei Freud, das er als eine Rückführung der «höheren» Werte im Menschenkopfe auf «niedere» psychosexuelle Grundlagen versteht. Andererseits kritisiert er an der Freudschen Theorie deren idealistische Tendenz, die äußere soziale Realität gegenüber der intrapsychischen Realität verschwinden zu lassen. Speziell im Zusammenhang mit seinen früheren Theorien zum Bewusstsein wirft Bianchi Freud einen «reduktionistischen Ansatz im Sinne eines physikalisch-physiologischen Materialismus» vor.[4]

In der Frage der Parteilichkeit wird beispielsweise auf das «großbürgerliche Klientel» Freuds und dessen eingeschränkte Form der Erkenntnisgewinnung verwiesen. Zu Freuds Praxis bemerkt Handlbauer: «In der ruhigen Abgeschiedenheit seines Behandlungszimmers wurde der Blick auf die Mechanismen

1 Dahmer 1982: 126, vgl. 69, 141, 384

2 Schneider 1977: 85

3 Hartmann u. Zepf 1997: 224

4 Vgl. Schneider 1977: 78, 134 f., 138, Bianchi 1980: 982

der Neurose durch die Wogen der sozialen Misere nicht getrübt, aber auch nicht irritiert.»[1]

Schneider beschreibt auch Freuds Klientel als der Wiener Ober- und Mittelschicht zugehörig. Aber er meint, dass «der klassenspezifische Charakter des klinischen Materials» für ihn nicht bindend gewesen ist, weshalb er sich darüber hinweg setzen konnte. Für ihn hatte Freud einen «klassenindifferenten Standpunkt – und seine Psychologie versteht er als «unausgesprochene Klassenpsychologie», aber auch als «mehr als bloße Klassenpsychologie». Politisch erscheint ihm Freud als Liberaler, bzw. kleinbürgerlicher Demokrat und allgemein stellt er ihn einerseits als bürgerlich-dekadenten Kulturphilosophen dar, andererseits als einen revolutionären Entdecker. Die in der Psychoanalyse angelegten Möglichkeiten zur Kritik kommen entsprechend der hieraus resultierenden Form zum Ausdruck, wodurch Freud beispielsweise nur zu einer eingeschränkten Positionierung gegenüber dem Stalinismus gelangen konnte.[2]

Erdheim kritisiert an Freuds Parteilichkeit vor allem dessen wiederholte Hoffnungen auf einen «guten Herrscher» und speziell dessen patriotische Einstellung am Beginn des Ersten Weltkrieges: «Freud erlebte aus einer Regression heraus, in die ihn die Ereignisse versetzt hatten, die Weltpolitik als Variation seiner Familiengeschichte.»[3]

10.1 Weitergehende psychoanalytische Ansätze

Die Psychoanalyse ist nun weiterhin keineswegs eine ausgesprochen einheitliche Wissenschaft. So haben sich beispielsweise neben der klassischen Triebpsychologie inzwischen eine Ichpsychologie und eine Objektpsychologie als eigene Strömungen herausgebildet, die inzwischen eine beträchtliche Distanz zueinander aufweisen und eher über praktische Erfahrungen wieder Anknüpfungspunkte aneinander finden.[4]

Selbst innnerhalb der Psychoanalyse mit einem kritischen Anspruch gibt es grundlegende Divergenzen. Während hierin einige ihr Wissenschaftsverständnis scheinbar problemlos dem logischen Empirismus entlehnen, geht für andere der Bezug

---

1 Handlbauer 1990: 166

2 Vgl. Schneider 1977: 27, 38, 49 f.,100, 122 f.

3 Erdheim 1984: 382, vgl. 385

4 Vgl. Eagle 1988: 23, Rost 2001: 124–140

zum Marxismus auf prinzipiellere Erwägungen zurück. So stellt etwa Parin fest: «Nur ein diachrones funktionelles System, wie es im dialektischen Materialismus vorliegt, kann mit dem diachronen Entwicklungsmodell der Psychoanalyse in Einklang gebracht werden und kann die der Sozialordnung zugrunde liegenden Gesetze und Kräfte, die auf den psychischen Apparat wirken, zur Anschauung bringen.»[1]

Für Dahmer weisen die Theorien von Marx und Freud als kritische eine gleichartige Struktur auf. Soweit sich die Psychoanalyse jedoch nicht von ihrem naturwissenschaftlichen Selbstmissverständniss löst, bleibt sie befangen in einer gesellschaftlichen Blindheit.[2]

Als Konfliktpsychologie für eine intrapsychische Dynamik versteht wiederum Schneider die Psychoanalyse als von dialektischen Prinzipien ausgehend – wenn auch nicht explizit. Allerdings verliert sie diese Dialektik, wenn sie ihre unter spezifischen Bedingungen gewonnenen Einsichten anthropologisiert und das Verhältnis zwischen Individuum und Gesellschaft durch eine biologische Auffassung der Triebnatur des Menschen ersetzt.[3]

Einen anderen Zugang zur Psychoanalyse versucht beispielsweise Bauriedl, für die sich die psychoanalytische Methode als «intuitive Empirie» erschließen lässt. «Man kann sich noch so sehr bemühen, dialektische Gegensätze zu finden, auf intellektuellem Weg wird man immer nur logische Gegensätze konstruieren. Dialektische Spannung ist nur fühlbar.»[4]

Die Hervorhebung des Entwicklungsaspektes gehört zum Standard in den allermeisten psychoanalytischen Konzeptionen. Dieser Aspekt bildet gewissermaßen das «Rückgrat der psychoanalytischen Theorie» und betrachtet die Psyche als «Kontinuum von Erfahrungs- und Verarbeitungsprozessen».[5]

Dahmer bemerkt aber trotz der vielfältigen theoretischen Entwicklung in der Psychoanalyse einen gewissen Stillstand gegenüber der historischen Besonderheit pathologischer Erscheinungen. Darum kritisiert er den «psychoanalytischen Platonis-

1 Parin 1983 a: 46, vgl. Reichmayr 1995: 172, Autorenkollektiv des Verlags für Psychoanalyse und Marxismus 1980: 11 f.

2 Vgl. Dahmer 1982: 21, 1989: 295, Die Sozialität der Natur und die Natürlichkeit des Sozialen: 338

3 Vgl. Schneider 1977: 27

4 Bauriedl 1984: 104, vgl. 71, 74 f., 246

5 Vgl. Parin 1983 a: 56, Flournoy 1933: 6 f., Muck 1974: 17, Bauriedl 1984: 234 f.

mus», der anstelle einer Weiterentwicklung der psychologischen Theorien entsprechend der sich verändernden Krankheitsbilder und aus den widersprüchlichen Lebensgeschichten nur «Abziehbilder von schon bekannten Theorien» produziert.[1]

Bezüglich des Totalitätsaspektes betont Caruso, dass die psychoanalytische Behandlungstechnik auf den «konkreten und ganzheitlichen Beziehungen des Analysanden zur Welt» basiert und allgemein streicht Dahmer hierzu heraus, dass der Kampf um die gesellschaftlichen Verhältnisse auch in den Individuen tobt. Allerdings stimmt es auch für die gängige psychoanalytische Praxis, dass die Psychoanalyse weitgehend blind ist für die ökonomischen und sozialen Determinanten der Persönlichkeit. Schneider kritisiert diesbezüglich vor allem, dass die Psychoanalyse, statt gesellschaftliche Ideologie in ihrer Umsetzung in die kindliche Triebstruktur zu zeigen, spezifische Triebe aus Komplexen, Reaktionsbildungen usw. ableitet. Neben Intelligenz und Empathie sollten AnalytikerInnen darum auch solide Kenntnisse über ökonomische Hintergründe haben, um zu erkennen, «welche Einflüsse die Makrosozietät eines Volkes, einer Klasse, einer sozialen Schicht auf einen Analysanden ausgeübt hat und noch ausübt.»[2]

Zu dieser Einforderung theoretischer Ergänzung durch Parin fügt Paramo-Ortega noch eine praktische hinzu: «Wenn das Unbehagen des Psychoanalytikers ... mit seinem Wissen zu tun hat, in ein krankmachendes System eingespannt zu sein, so wird es erforderlich sein, *die psychoanalytische Praxis durch eine soziale und politische zu ergänzen.*»[3]

Die Einheit dieser dialektischen Aspekte in der Psychoanalyse streicht etwa Morgenthaler für die Therapietheorie folgendermaßen heraus: «Wenn aus der dialektischen Erfassung eines Geschehens Methoden entwickelt und angewandt werden, die Fremdes, in sich Geschlossenes, Unverstandenes vertraut, geöffnet und verständlich werden lassen, darf, was sich entwickelt, nicht verlorengehen und zerfließen. Was sich da zeigt, war schon immer da. Es war isoliert, allein, ohne Verbindung zu anderem. Jetzt wird es in Funktionskreisen gehalten, die zunächst auch zum Analytiker gehören, sich dann aber von seiner Person und seinem Einflußbereich lösen und zu den

---

1 Vgl. Dahmer 1982: 372

2 Parin 1983 a: 38, vgl. 36, 44, 52, Caruso 1972: 13, Schneider 1977: 24, 36, 41, 47, 113, 122, 159, Dahmer 1982: 387

3 Paramo-Ortega 1982: 43

Funktionskreisen werden, die dem Analysanden und seinem Einflußbereich entsprechen.»[1]

Und diese Einheit begleitet die Psychoanalyse von den einzelnen Therapien bis zu ihren kulturkritischen Reflexionen. Lorenzer, der die Psychoanalyse als «kritisch-hermeneutisches Verfahren» versteht, fordert von ihr ein, dass sie das Wesen des Individuums als «Ensemble lebensgeschichtlicher Verhältnisse» verstehen und damit als «Ensemble gesellschaftlicher Verhältnisse» begreifen muss. Die faktische Untrennbarkeit der dialektischen Aspekte wird lediglich aus erkenntnistheoretischen Erfordernissen der Analyse in unterschiedlichen Perspektiven erforscht.[2]

Zur Frage des Verhältnisses zum Materialismus ist es gelegentlich auch nötig, die psychoanalytischen Methoden und Erkenntnisse gegen eine materialistisch erscheinende Kritik zu verteidigen. Das ist etwa gegenüber Eysenck angebracht, für den Neurosen im Grunde Störungen des limbischen Systems darstellen und nur eine mangelhafte Korrelation zwischen psychoanalytisch vermittelter Einsicht und Zustandsverbesserung besteht.[3]

Schneider bezweifelt ebenso die therapeutische Wirkung durch bloße Benennung eines verdrängten Sachverhalts und fügt hinzu, dass die kathartische Wirkung erst durch «praktisch-materielle Folgen im Leben eines Patienten» eintritt. Er problematisiert idealistische Züge in der therapeutischen Technik und kritisiert speziell «Ich-Stärke» und «Autonomie» als idealistische Therapieziele, die keine Basis mehr haben.[4]

Von weit reichender Bedeutung ist jedenfalls eine kritische Positionierung gegenüber dem Realitätsprinzip, von dem aus die jeweiligen gesellschaftlichen Verhältnisse als therapeutischer Richtwert einfließen. Dabei ist es für eine psychoanalytische Therapie auch zu kurz gegriffen, wenn lediglich das Individuum in seinen Veränderungen erfassbar, die Gesellschaft aber als stabil impliziert wird. Dahmer betont darum das Realitätsprinzip ausdrücklich als ein historisch variables.[5]

Für Parin ist auch eine «Kritik der verinnerlichten gesellschaftlichen Widersprüche» erforderlich: «Der Mensch ist nicht Meister im eigenen Haus. Die Analyse muß ihm nicht nur bewußt machen, welchen Kräften aus dem Verdrängten er unter-

1 Morgenthaler 1981: 147
2 Vgl. Lorenzer 1980: 33, 41, Parin 1983 a: 46
3 Vgl. Eysenck 1985: 73 ff.
4 Vgl. Schneider 1977: 136–141
5 Vgl. Dahmer 1982: 387

liegt, sondern auch, welche Gewalten seiner Umwelt automatisch über ihn herrschen, weil sein Ich sich, zumeist unbewusst, über diverse Rollenmuster mit ihnen identifiziert hat.»[1]

Ein angepasstes Verhalten ist damit nicht zwangsläufig zu verstehen als ein ausgesöhntes Verhältnis des Individuums mit der Gesellschaft. Vielmehr erweist sich das angepasste Individuum als manipuliert von sozialen Kräften, die sich gegen seinen Willen und seine Interessen durchsetzen. Diese Manipulation stellt sich Parin keineswegs bloß als eine äußerlich bleibende Technik vor. Vielmehr vermutet er, «daß die Klassen-, Berufs- und Machtposition des Individuums ständig in die Besetzungen des Selbst eingreift und das Verhältnis der psychischen Strukturen zueinander bestimmt.»[2]

In der Auseinandersetzung mit den verschiedenen Interpretationen gelangt Parin anlässlich seiner Überlegungen zu den Möglichkeiten einer geschichtskritischen Analyse allerdings zur Auffassung, «daß es sich darum handelt, das Wirken materieller Gegebenheiten (z.B. der Produktionsverhältnisse) auf dem Gebiet der Psychologie zu erkennen, wo sie zwar eine andere Qualität, eben die psychologische, angenommen haben. Dann ist der Schritt zu tun, den Freud längst vor uns getan hat, in ‹psychischen Realitäten› einen materiellen und darum wirksamen Faktor in gesellschaftlichen Konflikten zu erkennen. Die verinnerlichten und die dem Subjekt äußerlichen Konflikte stehen in einem dialektischen Verhältnis zueinander. Es besteht kein Anlaß, die ersten der idealistischen, die zweiten der materialistischen Interpretation zuzuteilen.»[3]

Mit diesem Schritt würde er die Psychoanalyse nicht tatsächlich voranbringen. Psychisches als materiell zu erklären, würde ihm seine wesentlichste qualitative Bestimmung nehmen. Und wenn es als solches nicht materiell ist, muss es keineswegs als unwirksam gelten. Seine Inhalte sind zwar in entscheidender Weise ein Ausdruck eines verinnerlichten Äußeren, eines Niederschlages realer Totalität, sind aber schließlich unmittelbar innerlich und können erst über eine materielle Vermittlung wieder äußerlich werden.

In der Frage der Parteilichkeit wirft Schneider der Psychoanalyse vor, dass sie Bürger und Mensch verwechselt. Und in deutlicher Konsequenz macht Hoevels eine gesellschaftspoliti-

1 Parin 1983 a: 98, vgl. 120

2 Parin 1983 a: 101, vgl. 133

3 Parin 1981: 253 f.

sche Festlegung zu einer existenziellen Frage für die Psychoanalyse: «Nur wenn die Psychoanalyse ihr Schicksal an die Arbeiterbewegung geknüpft hätte statt an den Monopolkapitalismus, hätte sie vielleicht überleben können – da ... nur die Arbeiterklasse ein Interesse an der kompromißlosen Aufdeckung und Verbreitung der Wahrheit haben kann.»[1]

Anstatt der Psychoanalyse den Vorwurf einer Verbürgerlichung zu machen, sieht Parin sie als immer schon im bürgerlichen Mittelstand lokalisiert. Allerdings meint er, dass ihr das ursprünglich liberal Subversive inzwischen zum Konservativen wurde. Im Gegenzug schlägt er anstelle des Abschlusses einer Analyse einen psychologisch adäquat einzuleitenden gesellschaftskritischen Deutungsprozess vor, der die sonst außerhalb der Analyse bleibenden Konflikte bearbeitbar macht und auch für eine Umwandlung der infantilen Abwehrorganisationen in eine altersadäquate und zweckmäßige Funktionsweise des Ichs erforderlich ist. Er ist sich dabei allerdings darüber klar, dass die gesellschaftliche Position der AnalysandInnen für deren politische Positionierung entscheidend ist.[2]

In Anlehnung an Cremerius und Erdheim meint Dahmer, dass ein «blindes Machtinteresse der Lehranalytiker-Kaste» verantwortlich ist für den Verfall der Psychoanalyse. Durch eine neukantianische Reformulierung der Psychoanalyse wurde ihre Ideologiekritik limitiert, eine politische Neutralität angestrebt und durch ihre theoretische Orientierung auf technische Belange wurden die Metapsychologie sowie die Trieb- und Kulturtheorie zurückgedrängt. In der Psychoanalytischen Internationale setzte sich überwiegend eine ärztliche Monopolstellung durch und die angehenden Analytikerinnen wurden mit konformistischen Selektionskriterien und Unterwerfungsritualen aufgenommen. Indem die NachfolgerInnen Freuds die Psychoanalyse damit auf eine «kontextblinde, apolitische Therapie» reduzierten, nahm dessen «psychologistische Blickverengung» eher zu, teilen sie heute in der Regel die verbreitete Bewusstlosigkeit über die Besonderheiten der aktuellen gesellschaftlichen Verhältnisse und gelten sie im politischen Kontext sogar als apathisch. Darum apelliert Dahmer an die PsychoanalytikerInnen, Politik zu machen und ihre Einsichten in die aktuellen gesellschaftlichen Auseinandersetzungen hineinzutragen.[3]

1 Hoevels 1983: 83, vgl. Schneider 1977: 157
2 Vgl. Parin 1983 a: 14, 52 f., 72, 106
3 Vgl. Dahmer 1989: 248–297

Insgesamt ergibt sich für die psychoanalytische Therapie jedenfalls, dass selbstzahlende AnalysandInnen zwar einen weniger eingegrenzten Rahmen für die Analyse erlauben können, aber sie selbst gehören zumindest objektiv eher sozialen Zusammenhängen an, die wenig Interesse an einer allgemeinen Emanzipation haben können. Für die sonst üblichen Therapien, die einen breiteren Querschnitt der Bevölkerung involvieren, gelten wiederum die üblichen Rahmenbedingungen und die können nichts anderes sein als ein Ausdruck der gegebenen gesellschaftlichen Verhältnisse. Zwar verfügt die psychoanalytische Therapie über wesentliche methodische Möglichkeiten für die Entwicklung und Vermittlung kritischer Impulse, aber ihre Nutzung in breiterem Maßstab ist notwendigerweise begrenzt entsprechend der allgemeinen Entfaltungsmöglichkeiten im gesamtgesellschaftlichen Kontext. Hoffnungen auf eine besondere politisierende Wirkungsmöglichkeit durch eine Therapie bewegen sich darum zwangsläufig in einer kaum erweiterbaren Sackgasse. Hier wäre schon viel erreicht, wenn PsychoanalytikerInnen sich die therapeutische Bedeutung ihres Begriffes der gesellschaftlichen Wirklichkeit bewusst machen würden.

Umgekehrt erscheint es effektiver, die aus den psychoanalytischen Prozessen gewonnenen Erkenntnisse in die emanzipatorischen Bewegungen zu tragen. Das ist keineswegs zu verstehen als Aufruf zu einer Psychologisierung der Politik, die ja selbst einer Politisierung bedarf, sondern zu einer Verbesserung des Verständnisses der aktuellen gesellschaftlichen Situation vom Seelenende her. Dadurch soll schließlich auch verhindert werden, dass objektivistische Erfassungen sozialer Wirklichkeit ihre Rechnungen ohne die Subjekte machen.

10.2 Analytische Sozialpsychologie

Bedeutende Möglichkeiten für eine kritische Psychoanalyse ergeben sich jetzt aus den Ansätzen für eine analytische Sozialpsychologie. Um dabei in keine psychologistische Interpretation sozialer Konstellationen zu gelangen, ist es zunächst bedeutend, sich zu vergegenwärtigen, dass die Psychoanalyse die Motivierungen der Menschen zunächst aus den persönlichen Geschichten heraus erforscht und gesellschaftliche Verhältnisse nicht auf diese Betrachtungsweise reduziert werden können. Und umgekehrt ist zu berücksichtigen, dass diese Verhältnisse in bestimmender Weise auf das Individuum einwirken.

Das betonen beispielsweise Hartmann und Zepf und sie stellen dabei eine wesentliche Auswirkung auf psychoanalytische Grundlagen fest: «In dem Maße, wie das bürgerliche Subjekt als autonome wirtschaftliche Institution ökonomisch dysfunktional wurde, verfielen auch seine spezifischen psychischen Eigenarten, wie etwa die relative Autonomie und Innengeleitetheit.»[1]

Diese bestimmende Wirkung sozialer Kräfte auf die Entwicklung des Individuums wird in der Psychoanalyse oftmals in ihrer Bedeutung unterschätzt. «In spezifisch psychoanalytischer Apperzeption verblaßt der gesellschaftliche Kontext, in den die individuelle Lebensgeschichte unauflöslich verwoben ist, den sie monadisch repräsentiert, zur eher gleichgültigen Randbedingung des Falles.»[2]

Anstelle des harmonisierend erscheinenden Aneignungskonzepts der Kulturhistorischen Schule nimmt Dahmer einen grundlegenden Konflikt der Individuen mit der gesellschaftlichen Tradition an. «Die Individuen, ‹gesund› oder ‹krank›, sind widerstrebende Träger gesellschaftlicher Verhältnisse, die, Generationen übergreifend, nicht von ihnen und nicht für sie gemacht wurden. Lebende Symptome eines gesellschaftlichen Zustands, stellen sie die objektiven Verhältnisse und ihren Widerspruch dar, der zuletzt stets einer der Individuen (die verschiedenen Klassen und Schichten, Minoritäten und Majoritäten angehören) gegen tradierte Lebensformen ist.»[3]

Den hierin enthaltenen Widerspruch verdeutlicht Dahmer im Rahmen seiner Kritik des Familialismus in der Psychoanalyse: In der psychoanalytischen Therapie stellt sich die Vermittlung der Individuen mit Gesellschaft nämlich vor allem über familiäre Geschichten und Zusammenhänge her. Indem in den Vergesellschaftungen der gegenwärtigen Epoche die Verwandtschaftsbindungen an Bedeutung verlieren, erscheint die Familie jedoch als «feudales Relikt». Da die Menschen sie dennoch weiterhin als wesentliche Sozialisationsagentur erfahren, bleiben sie «in ihren Affekten Familialisten». Und die von sachlichen Abhängigkeiten geprägte Gesellschaft vermittelt ihre Normen weiterhin über persönliche Abhängigkeiten familiärer Binnenbeziehungen. Aus der «Differenz von Familiengemeinschaft und Tauschgesellschaft» ergibt sich schließlich eine «zweidi-

1 Hartmann u. Zepf 1997: 240, vgl. 242 f., Caruso 1972: 38

2 Dahmer 1982: 371

3 Dahmer 1982: 370

mensionale Struktur» des «bürgerlichen Sozialcharakters». Konkret erlebt er stets nur die persönlichen Beziehungen, während die gesellschaftlichen Verhältnisse abstrakt bleiben. Zwar basieren alle konkreten Verhältnisse auf gesellschaftlichen Verhältnissen, aber die in der Primärgruppe Familie sozialisierten Individuen werden gesellschaftsfremd entlassen. «Ihre Affekte, ihre Wunsch- und Angstphantasien, ihre Moral sind den gesellschaftlichen Verhältnissen, unter denen sie leben müssen, unangemessen. In der Familie waren sie ‹ zu Hause›, in der Gesellschaft sind sie ‹Fremde›. Der Versuch, die abstrakte Gesellschaft durch familialistische Fehlinterpretationen sich vertrauter zu machen, verfängt nicht, steigert die Desorientierung, der es abhelfen soll.»[1]

Eine analytische Sozialpsychologie benötigt folglich eine soziologische Aufklärung über die Gesellschaft in ihrer Entwicklung und Struktur und muss den psychologistischen Interpretationsrahmen sprengen. «Sofern die Psychoanalyse als Theorie und Praxis sich auf das Pseudokonkrete beschränkt, Gesellschaft auf Gemeinschaft zu reduzieren sucht, ist sie dem Erleben der Individuen angemessen, teilt deren (Leidens-)Perspektive und ihre Gesellschaftsblindheit.»[2]

Dahmer grenzt sich ab von den Konzeptionen einer analytischen Sozialpsychologie von Fromm und Reich, denen er vorhält, die spezifische Leistung der Gesellschaftstheorie von Marx und der Psychoanalyse von Freud nicht gesehen zu haben. Allgemein versteht er Soziologie und Psychologie als einander nicht kompatibel, weil die Individuen in der gegenwärtigen Gesellschaft in einem soziologischen Sinn nicht bewusst handeln, ihnen die Effekte ihrer Handlungen als fremd erscheinen. Darum bleibt er orientiert an dem auf Bernfeld zurückgehenden Modell der Kritischen Theorie: «Die Inkompatibilität von Psychologie und Soziologie, von kritischer Theorie der Subjekte und kritischer Theorie der gesellschaftlichen Objektivität, beruht auf dem Widerspruch von Menschennatur und Sozietät, an dem die Individuen lebenslang laborieren. Psychoanalyse und Soziologie erfassen die Wirklichkeit der vergesellschafteten Individuen arbeitsteilig, ergänzen und korrigieren einander, lassen sich aber nicht integrieren. Geschichte ist stets Geschichte der Industrie und Geschichte der Seele. Um die doppelte Niederschrift der sozialen Evolution entziffern zu können, bedarf es einer Gegeneinanderführung der

1 Dahmer 1982: 376 f., vgl. 377, 385
2 Dahmer 1982: 377

Marxschen und der Freudschen Ideologiekritik, ohne daß a priori beider Kompetenzen sich abgrenzen ließen.»[1]

Praktisch stellt er sich dafür PsychoanalytikerInnen mit einem Team von psychoanalytisch interessierten SozialwissenschaftlerInnen vor, denen sie ihre therapeutische Erfahrungen vermitteln. Diese Erfahrungen könnten in eine soziologische Fachsprache übertragen und in dieser als Korrektiv in der Soziologie wirksam werden. Umgekehrt würden in dieser Kooperation auch die PsychoanalytikerInnen ein neues Verständnis für das Wahrgenommene in ihren Therapien entwickeln.[2]

10.3 Natur und Gesellschaft aus psychoanalytischer Sicht

In der Frage des Verhältnisses der Menschen zur Natur stellt Parin zunächst fest, dass die Kultur zweifellos teilweise auf Triebunterdrückung aufgebaut ist und ihrerseits einen Teil der Triebunterdrückung mittels ihrer Institutionen übernimmt. Erst aus dem Zusammenwirken zwischen triebhaften Bedürfnissen und gesellschaftlichen Ansprüchen erhält die menschliche Natur ihre gesellschaftliche Ausformung. So sind beispielsweise spezifische Ausdrucksformen der Aggression stets in ihrem gesellschaftlichen Kontext zu sehen. «Die kulturspezifischen Unterschiede in der endgültigen Ichbildung sind so groß, daß wir mit Sicherheit sagen können, daß Phänomene des Triebschicksals der Aggression als genuine Triebqualitäten beschrieben wurden, die nichts mit der biologischen Triebquelle zu tun haben, sondern nur der Ausformung des Ich in unserer Kultur entsprechen.»[3]

Andererseits ist es für ihn unbestreitbar, «daß unsere Kinder unter den Einflüssen der Erziehung dauerhafte Abwehrstrukturen ausbilden, die ihnen im Erwachsenenalter einen rationalen Umgang mit den in gesellschaftlichen und politischen Formationen wirkenden Aggressionen erschweren und in vielen Fällen unmöglich machen.»[4]

Für Dahmer besteht weitergehend zwischen Natur und Gesellschaft ein unaufhebbarer Widerspruch. Nicht nur die Triebe erfasst er darin als sozial geformt, sondern die Natur des Menschen insgesamt objektiviert sich für ihn in einer historisch spezifischen Weise. In diesem Sinne betont er, «daß in allen Gesell-

---

1 Dahmer 1982: 386, vgl. 1989: 274, Reichmayr 1995: 187

2 Vgl. Dahmer 1989: 274, 296

3 Parin 1983 b: 25, vgl. 1983 a: 102

4 Parin 1983 b: 25

schaften mit ihren jeweiligen historischen Modifikationen von menschlicher Natur die Matrix, die darüber entscheidet, was aus dieser menschlichen Natur wird, eine nicht-psychologische, nicht-naturale, also eine soziale ist. Diese Matrix ist ein Ineinander von Produktivkräften und Produktionsverhältnissen.»[1]

Lorenzer entwickelt diese Verhältnisse in einer Auseinandersetzung mit dem Triebbegriff. Er weist dazu einerseits auf den sozialen Aspekt der über das Individuum hinausgreifenden Bedürfnisbefriedigung hin und andererseits auf die «Leibhaftigkeit» sozialer Zuwendung. «Die Inhalte des Erlebens und die Inhalte des Triebes sind soziale Spielformen, Muster, Entwürfe, Modelle des sozialen Verhaltens – wie immer man den Sachverhalt benennen mag, daß im Trieb nicht nur ein natürlicher Drang gegeben ist, sondern auch die soziale Ausrichtung auf Triebziel und Triebobjekt in einer bestimmten Form. Der Freudsche Triebbegriff muss verstanden werden als immer schon gekennzeichnet durch die Einheit von Natürlichkeit und Sozialität des Bedürfnisses in der Gerichtetheit von Körperprozessen auf die jeweilige Umwelt und auf die Erfahrungsebene von sinnlichen Eingriffen und sinnlichen Äußerungen.»[2]

Während Freud den Trieb als natürlich vorgegeben annehme und damit die konkrete Ontogenese verlasse, versteht ihn Lorenzer als «Gefüge von Interaktionsformen» im Sinne einer «realisierten inneren Natur». Dabei gelten ihm die natürlichen Bedingungen des Organismus` sowohl als Ausgangspunkt als auch als Grenze. Das Verständnis und den Zweck dieser Interaktionsformen gegenüber einem psychoanalytischen Kontext beschreibt Lorenzer folgendermaßen: «Zwar war das gesellschaftlich bestimmte Individuum immer schon Gegenstand der Psychoanalyse – aber sie selbst hat ihren Gegenstand niemals so begriffen, welches Nicht-Begreifen jeden psychoanalytischen Begriff prägt, und eben deshalb muß die Begriffserweiterung in jeden einzelnen Begriff eindringen und aus der psychoanalytischen Erfahrung heraus deren Persönlichkeitstheorie einer konkreten Gesellschaftstheorie vermitteln, die psychoanalytischen Zentralbegriffe aufhebend in einer Theorie, in der psychische Struktur als hergestellt, genauer: als produziert begriffen wird. Dazu dient der Begriff der ‹Interaktionsform›.»[3]

1 Dahmer 1989: 276, vgl. 279, Dahmer 1982: 379, 38

2 Die Sozialität der Natur und die Natürlichkeit des Sozialen: 324

3 Lorenzer 1980: 21, vgl. 1986: 67, Die Sozialität der Natur und die Natürlichkeit des Sozialen: 330–333

Schneider meint dagegen einfach, dass heute die Triebnatur «so denaturiert wie noch nie» ist und wirft Lorenzer einen «Interaktions-Idealismus» vor, der von Interaktionsstrukturen unabhängig von gesellschafts- und klassenspezifischen Verkehrsformen ausgeht.[1]

10.4 Ethnopsychoanalyse

Zwar waren die frühen Beiträge der Psychoanalyse zur Ethnologie in besonderer Weise von methodischen Unsicherheiten und Dilettantismus gekennzeichnet, aber inzwischen zeigen sich gerade in diesem Anwendungsgebiet theoretische Entwicklungen, die für eine kritische Psychologie eine wesentliche Bereicherung darstellen. Die Anregung zu einer Verknüpfung dieser beiden Wissenschaften ergibt sich bereits aus einer analog erscheinenden Ausgangssituation. «Die Arbeit des Psychoanalytikers, das Innenleben seiner Patienten aus intimster Nähe und dennoch als Fremder zu betrachten, entspricht der Herangehensweise des Ethnologen, mit dem «Blick des Fremden» die von ihm betrachteten kulturellen und menschlichen Verhältnisse gleichsam neu wahrzunehmen.»[2]

In der Tradition Freuds bemüht sich die Ethnopsychoanalyse um eine Erfassung des Zusammenwirkens psychischer und gesellschaftlicher Vorgänge mit einem psychoanalytischen Instrumentarium. Dabei übernimmt sie für ihre ethnologischen Fragestellungen die Vorgehensweise gegenüber den gesellschaftlichen Bedingungen aus der Erforschung des Individuums, organisiert ihre Beobachtungen nach Aspekten der Metapsychologie und erhält dabei ein Netzwerk verschiedener Einflüsse und Wirkungen. «Die Vorgehensweise bei der vergleichenden Psychoanalyse ist analog jener der klassischen Psychoanalyse als einem nach allen Seiten hin offenen psychologischen Konfliktmodell, das ohne Annahmen einer psychischen Normalität auskommen muß, mit der psychoanalytischen Methode arbeitet und das Psychische nach verschiedenen metapsychologischen Gesichtspunkten betrachtet.»[3]

Als wesentliches Charakteristikum der Ethnopsychoanalyse erweist sich, dass sie den Prozess und das Resultat der psychischen Entwicklung in ihrem spezifischen gesellschaftlichen

1 Vgl. Schneider 1977: 152, 155, 318

2 Reichmayr 1995: 198

3 Reichmayr 1995: 175, vgl. 28, 171, 178, 197

Kontext beschreibt und die Auswirkungen der im Sozialgefüge wirksamen Widersprüche auf das Individuum mit einbezieht. «Die Ethnopsychoanalyse bietet das theoretische und methodische Instrumentarium, die von der klassischen Psychoanalyse als konstant angesetzte soziale Realität in ihrer Dynamik sehen zu lernen und in der Genese psychischer Konflikte und Konfliktlösungen angemessen zu erfassen.»[1]

Dieser Ansatz versteht sich als eine Fortsetzung der kulturtheoretischen Tradition der Psychoanalyse und zielt ab auf eine Wiederherstellung der Verbindung von «individueller und gesellschaftlicher Unbewußtheit». Allgemein zeigt sich dabei für Reichmayr eine Kultur zwischen der spezifischen Sozialisation als konservativer Kraft und den gesellschaftlichen Verhältnissen als progressivem Faktor.[2]

Besonderes Augenmerk wird in der Ethnopsychoanalyse auf die Involvierung der Subjektivität der Forschenden gelegt. Indem jede forschende Person entsprechend ihrer subjektiven Geschichte eine bestimmte Wahrnehmungsform ausgebildet hat, ist eine entsprechende Verzerrung zu berücksichtigen. Darum muss auch diese Person selbst in den Forschungsprozess einbezogen werden. Da für diese Aufgabe beispielsweise eine Fähigkeit zur Identifizierung mit den Untersuchten erforderlich ist, können Ängste und Bedürfnisse der Forschenden nicht einfach ignoriert werden. Speziell die Übertragungen und Gegenübertragungen erfordern hierbei eine besondere Beachtung. In diesem Sinne benötigen die ethnopsychoanalytisch Forschenden eine besondere Reflektiertheit in ihrer Tätigkeit, wozu etwa ein ausreichender fachlicher und emotionaler Austausch sowie eine psychoanalytische Supervision als Grundausrüstung dienen.[3]

Während die gesellschaftliche Dimension in den üblichen psychoanalytischen Prozessen so wenig berücksichtigt wird, weil die daran Beteiligten in der Regel über einen ähnlichen sozialen Hintergrund verfügen, versucht sich die Ethnopsychoanalyse den dafür erforderlichen Überblick dadurch zu ermöglichen, dass sie den zu erfassenden gesellschaftlichen Prozessen mit einer kritischen Distanz gegenübertritt.[4]

So ergibt sich für die Ethnopsychoanalyse sozusagen ein zweiseitiger Zugang zur Erfassung gesellschaftlicher Totalität:

1 Reichmayr 1995: 173, vgl. 174–179

2 Vgl. Reichmayr 1995: 175, 208

3 Vgl. Reichmayr 1995: 197, 203, 206

4 Vgl. Reichmayr 1995: 168 f., 212

einerseits durch eine distanzierte Außenpositionierung und andererseits durch eine gezielte Einbeziehung innerer Totalität, die ihrerseits auf die äußere verweist. Erkenntnis gesellschaftlicher Prozesse und Selbsterkenntnis verschränken sich hierin. Soweit beispielsweise ein ähnliches psychisches Material in verschiedenen Kulturen auf unterschiedliche Weise verarbeitet wird, werden die ethnopsychoanalytisch Forschenden in ihren Untersuchungen fremder Kulturen oft die Erfahrung machen können, dass sie auf Material stoßen, das sie selbst verdrängen. Eine vergleichbare Erfahrung kann sich auch einstellen bei einer Untersuchung von Personen aus einem anderen gesellschaftlichen Standort.[1]

Aufgrund der inzwischen erreichten Sicherheit im wissenschaftlichen Selbstverständnis werden mittlerweile nicht nur die Ergebnisse der ethnopsychoanalytischen Erkenntnisse für die eigene Kultur ausgewertet, sondern wird diese Kultur selbst auf diese Weise erforscht. Die entsprechenden Untersuchungen gehen dabei nicht mehr von einer Fremdheit aus, sondern von einem «gemeinsamen kulturellen Unbewußten» und «gemeinsamen Abwehrmechanismen».[2]

Indem die Auswirkungen der Entwicklungen in der sozialen Umwelt auf die Funktionen des Ichs damit systematisch erforscht werden, kann insgesamt eine umfassendere Untersuchung des Individuums in der Gesellschaft erreicht werden. So werden beispielsweise verschiedene Rollenmuster und Bewältigungsformen in ihrer gesellschaftlichen Bedingtheit verdeutlicht. Als besondere Schwierigkeit erweist sich hierbei, dass bestimmte psychische Mechanismen in den einen sozialen Verhältnissen entlastend und stabilisierend und in anderen dysfunktional wirken und die erforderliche Flexibilität empfindlich beeinträchtigen können. Auch zeigt sich, dass eine psychische Struktur eine Funktion übernehmen kann, die unabhängig ist von den Bedingungen ihrer Entstehung. Solche Erfahrungen zeigen sich im analytischen Prozess, wenn sich beispielsweise durch Einbeziehung der sozialen Bezüge Symptombildungen verändern und auf bisher nicht vermutete frühe Entwicklungen hinweisen.[3]

Eine bedeutende Verlagerung des Schwergewichtes ergibt sich dadurch etwa für die Entwicklungstheorie. Aus der Ethno-

1 Vgl. Reichmayr 1995: 191

2 Vgl. Reichmayr 1995: 165, 184, 200–206

3 Vgl. Reichmayr 1995: 167 f., 173, 178

psychoanalyse ist nämlich mittlerweile bekannt, dass sich das menschliche Seelenleben nicht nur aus der frühen Kindheit tief gehend bestimmt, sondern dass der Zeit der Adoleszenz und der gesellschaftlichen Einwirkung auf den Erwachsenen eine wesentliche Mitbestimmung zukommt. Dabei stellt sie ausdrücklich fest, dass die Dynamik und die Mechanismen der Adoleszenz nicht einfach aus den familiären Verhältnissen der frühen Kindheit erklärt werden können.[1]

10.4.1 Ethnopsychoanalytische Herrschaftskritik

Da Erdheim aus dem ethnopsychoanalytischen Ansatz zu einer grundlegenden Herrschaftskritik gelangt, sollte diese hier noch Eingang finden. Er vertritt die These, «daß der Legitimationsglaube, woraus der Konsens zwischen Herrscher und Beherrschten erwächst, in Klassengesellschaften auf der Unbewußtmachung kränkender und erniedrigender Aspekte des Lebens der Beherrschten beruht. Der soziale Konsens hätte somit eine bewußte und eine unbewußte Seite; zum Bewußtsein gehören diejenigen Inhalte, die die Vorteile der Herrschaft hervorheben, wie z.B. ihre Schutz- und Ordnungsfunktion, und ins Unbewußte müßten diejenigen Wahrnehmungen verdrängt werden, die – würden sie Teil des Bewußtseins bilden – die Individuen zu einer Veränderung ihrer Situation veranlassen könnten.[2]

Die unbewusste Wirkungsmöglichkeit einer Herrschaft kann beispielsweise über die Identifikation erfolgen: «Entweder man identifiziert sich mit den Herrschenden oder mit den Beherrschten. Im ersteren Fall werden die Größen- und Allmachtsphantasien, im letzteren die Geschichte der Kränkungen, Erniedrigungen und Beleidigungen angesprochen und reaktiviert. Erfährt man das Auftauchen dieser Erinnerungen als quälend und störend, kann es zu einem Austausch der Positionen und zu sekundären Identifikationen kommen, die dann im Dienst der Abwehr und Unbewußtmachung jener ersteren Identifikation stehen.»[3]

Erdheim geht allgemein aus von einer narzisstisch gespeisten Faszination des Menschen von Herrschaft und Macht. «Die Bilder, die sich der Mensch über ‹Herrschaft› macht, stehen unter dem Einfluß von Abkömmlingen des Narzißmus, sollen we-

---

1 Vgl. Erdheim 1984: 273–369, Reichmayr 1995: 167, 211

2 Vgl. Erdheim 1984: 376 f.

3 Erdheim 1984: 374

nigstens die phantasierte Partizipation an der Macht der Mächtigen ermöglichen und den durch die gesellschaftlichen Verhältnisse verletzten Narzißmus wiederherstellen.»[1]

Als entscheidende Funktion der legitimationsstiftenden Bilder der Herrschaft sieht er dementsprechend eine allgemein aggressionshemmende magische Partizipation. Aber mit Bezugnahme auf Eißlers Hinweis auf die gesellschaftliche Problematik einer Aggression in Verbindung mit Narzissmus und Ambivalenz und Bernfelds Hervorhebung der Bedeutung des «sozialen Ortes» für das psychische Geschehen gelangt Erdheim zur Einschätzung, dass sich der Narzissmus in unterschiedlichen sozialen Stellungen und gesellschaftlichen Positionen unterschiedlich auswirkt. Im sozialen Ort der Herrschaft sieht er folglich die destruktivste Wirkungsweise der Aggression und die größten Behandlungsschwierigkeiten, weil hier vor allem der Narzissmus die geringsten Eingrenzungen vorfindet und die Kontrolle über Ambivalenz durch den Zerfall menschlicher Beziehungen schwindet. Diese Konstellation macht für Erdheim «die großen Mengen an Aggression verständlich, die die herrschende Klasse gegen den Rest der Gesellschaft auslebt, und zwar bis zu dem Grade, daß die Grundlagen der jeweiligen Kultur vernichtet werden».[2]

Soweit also ein Glaube an die eigene Allmacht und Unvergänglichkeit durch reale Machtverhältnisse befördert wird, ist eine Einsicht in gesellschaftliche Bereiche und Zusammenhänge, die deutlich in Kontrast dazu stehen, kaum möglich. Eine qualitative Veränderung in der Beziehung zu anderen erscheint damit auch als keineswegs erstrebenswert. Erdheim vermutet, «daß bereits die Zugehörigkeit zur herrschenden Klasse früher oder später die Struktur der Persönlichkeit so umformt, daß die bei jedem Individuum vorhandenen narzißtischen Strebungen unkontrollierbar die Oberhand gewinnen».[3]

In Anlehnung an Burckhardt kommt er in der Folge zur Einschätzung, dass es die Macht als solche ist, die den Narzissmus des Individuums aufbläht: «Die Macht an sich ist böse, weil durch sie alle menschlichen Beziehungen narzißtisch werden und die Größen- und Allmachtsphantasien in die unerfüllbare Gier nach einer alles umfassenden Herrschaft umgeleitet werden.»[4]

---

1 Erdheim 1984: 371

2 Erdheim 1984: 390, vgl. 372, 393, 398

3 Erdheim 1984: 393, vgl. 409–411

4 Erdheim 1984: 394, vgl. 409

Erdheims Überlegungen zu einem wirksamen Regulativ für den Narzissmus an der Macht setzen zunächst an gruppendynamischen Erfahrungen an, d.h. am Dilemma eines herrschenden Individuums in einer Gruppenkonstellation: «Indem das nach Macht strebende Individuum durch die ihm notwendige narzißtische Zufuhr sich an die Gruppe gebunden fühlt, kann es auch von ihr kontrolliert werden. Sein starkes Bedürfnis, geliebt und bewundert zu werden, zwingt es, den Wünschen der Gruppe nachzukommen, und seine Selbstbezogenheit gibt ihm die Sicherheit, um bei den anderen Vertrauen zu wecken.»[1]

Diese Wirksamkeit sozialer Einschränkung narzisstischer Ansprüche kann er auch noch in relativ übersichtlich erscheinenden Gesellschaftsstrukturen zeigen. So kann er in einer Reflexion zu den Untersuchungen des Häuptlingstums bei den Nambikwara von Lèvi-Strauss feststellen: «Die Größen- und Allmachtsphantasien, eingebunden von den Egalität schaffenden Gegenseitigkeitsstrukturen, können vergesellschaftet, in den Dienst der Gemeinschaftsinteressen gestellt werden und neue Aktionsräume eröffnen.»[2]

Wie er allerdings feststellt, verliert dieses Regulativ mit zunehmender Klassenspaltung in einer Gesellschaft und einem vermehrten Narzissmus der Herrschenden an Wirksamkeit. Soweit die gesellschaftliche Kontrolle von Machtpositionen nicht mehr gelingt, verlieren die Herrschenden immer mehr den Kontakt zur Wirklichkeit und ersetzen diese durch eine Fiktion mit sich im Zentrum.[3]

Weitergehende Überlegungen zu einer organisatorischen und gesellschaftlichen Aufhebbarkeit dieser Bosheit der Macht bleiben hierin jedenfalls aus. Dabei erkennt Erdheim durchaus selbst, dass Persönlichkeitsstrukturen und Bedürfnisbildungen sich in unterschiedlichen gesellschaftlichen Entwicklungen als veränderbar erweisen, dass also beispielsweise die Einrichtung einer Zentralgewalt eine «Umstrukturierung des Triebhaushaltes» bewirkt.[4]

So gelangt er damit auch nur zu einer tragischen Beschreibung des Verhältnisses des Menschen zur Natur und zur Kultur: «Das Dilemma der Herrschaft besteht darin, daß sie zwar die Voraussetzungen schafft, um mittels einer besseren Beherr-

1 Erdheim 1984: 405

2 Erdheim 1984: 406, vgl. 405 f.

3 Vgl. Erdheim 1984: 408 f., 413 f.

4 Vgl. Erdheim 1984: 395

schung der Natur die Entfaltung des Menschen zu fördern, gleichzeitig aber durch die Entfesselung des Narzißmus die gesellschaftliche Aneignung dieser Voraussetzungen verhindert und die Zerstörung der Kultur, zu deren Aufbau sie beitrug, vorantreibt.»[1]

Infolge seiner kulturtheoretischen Überlegungen entwirft Erdheim schließlich eine Art psychologischer Kolonialisierungstheorie. Wenn er nämlich die Innenpolitik als eine Kunst zur Neutralisierung der Aggression der Beherrschten gegen die Herrschenden beschreibt, konzentriert er sich speziell auf das «Eindringen der Herrschaft ins Innere des Individuums». Das geschieht etwa bereits durch die Auslösung einer Wiederholung von Grundkonflikten der Persönlichkeit durch politische Konflikte. Aber vor allem soweit das Individuum mit seinen damit aktivierten inneren Konflikten überfordert wird, kann der Machtbereich der Herrschaft auf die Psyche des Individuums übergreifen, wodurch eine «Kolonialisierung der inneren Natur des Menschen» stattfindet. So kommt es, dass sich dieser Machtbereich trotz einer anwachsenden Auflehnung dagegen noch ausdehnen kann, solange ein Gefühl der Ohnmacht gegenüber den Herrschaftsverhältnissen besteht.[2]

«Je größer und intensiver die Gewaltausübung der Herrschaft ist, und das heißt, je größer die Aggressionen sind, die die Beherrschten verspüren, aber nicht äußern dürfen, desto ‹primitivere›, ontogenetisch frühere Abwehrformen müssen eingesetzt werden und desto tiefer kann die Herrschaft in deren Unbewußtes eindringen. In der für die Festsetzung der Herrschaft im Inneren des Individuums notwendige Unbewußtmachung der Aggression liegt die treibende Kraft zur gesellschaftlichen Produktion von Unbewußtheit; der Preis, den die Herrschaft für die Expansion auf die Psyche bezahlen muß, ist allerdings ein zunehmender Realitätsverlust bei den Beherrschten, der z.B. die Rationalität, aufgrund derer sich die Herrschaft entwickeln kann, untergräbt, das gesellschaftliche Handeln immer irrationaler werden läßt und eine Kultur früher oder später zum Zusammenbruch bringt.»[3]

Mit dieser psychologischen Zusammenbruchstheorie analysiert er «gesellschaftliche Prozesse der Unbewusstmachung» als letztlich so inflationär, dass der kulturelle Untergang daraus

---

1 Erdheim 1984: 411

2 Vgl. Erdheim 1984: 417 f., 424–432

3 Erdheim 1984: 418

resultiert. «Die Explosion des Narzißmus in der herrschenden Klasse läßt sie immer öfter, wie suchtartig, zur Gewalt greifen, und die Beherrschten, falls sie sich ihrer nicht erwehren können, müssen immer primitivere Abwehrmechanismen zur Unbewußtmachung ihrer Aggression benützen. Was die Gewalt nicht zerstört, wird von der Irrationalität, in die die Beherrschten verfallen, zersetzt.»[1]

Den hierbei sich vollziehenden psychischen Prozess stellt er in Anlehnung an Moser dar: Soweit eine Austragung von Aggression verhindert wird und Angstsignale ausgelöst werden, wird eine erste Abwehrorganisation genutzt, welche eine Verdrängung und eine Suche nach einer Ersatzbefriedigung darstellt. Soweit es zu einer Abnützung dieser Abwehr kommt, muss das Individuum Konflikte vermeiden und das Ich seine Fähigkeiten selbst einschränken, indem es etwa den Alltag entpolitisiert. Wenn sich das als nicht ausreichend herausstellt, wird eine zweite Abwehrfunktion aktiviert und diese umfasst Abwehrformen von der Isolierung und Reaktionsbildung bis zur Rationalisierung und Intellektualisierung. Indem sie den Verzicht auf eine äußere Auseinandersetzung mit Herrschaftsverhältnissen durchsetzen und auf den Charakter zugreift, stellt sie einen weiteren Schritt in der Verinnerlichung von Herrschaft und dadurch deren Festigung dar. Und in einem weiteren Schritt werden mithilfe einer dritten Abwehrformation frühere Mechanismen durch eine Ich-Regression aktiviert, also die Projektion, Introjektion, Identifizierung und Verleugnung. Die dadurch verunmöglichte Lokalisierbarkeit von Aggression und damit ermöglichte Umwandlung erlaubt zwar deren Befriedigung, aber zum Preis des Abbaus von Ich-Strukturen und Umweltbeziehungen. Innere und äußere Realität verlieren ihre Unterscheidbarkeit und die Macht wird zum alles kontrollieren wollenden Introjekt. «Die Verleugnung der Realität durch die Beherrschten ist zugleich auch das letzte Stadium der Herrschaft. Ihre Macht ist dann zwar am größten, da der Widerstand zusammengebrochen und die Anstrengung, einen Konsens zu finden, weggefallen ist, gleichzeitig ist aber mit der Realitätskontrolle auch die Einsichtsfähigkeit verlorengegangen, die die Reproduktion der Gesellschaft ermöglicht.»[2]

Insgesamt scheint Erdheim also auszugehen von der Annahme eines guten Individuums in einer bösen Welt, die ihre Verin-

1 Erdheim 1984: 418, vgl. Reichmayr 1995: 206

2 Erdheim 1984: 435, vgl. 419–435

nerlichung erzwingt. Die herrschenden Gewaltverhältnisse produzieren gesellschaftlich Unbewusstes und die Ideologien der Menschen im Sinne eines verkehrten Bewusstseins, das ihnen die Hinnahme der Herrschaft von innen her ermöglicht, resultieren aus einer narzisstischen Aggression der Herrschenden.

Was sich in diesem Ansatz gut verdeutlicht, ist der Einfluss der sozialen Position auf die Bedürfnisstruktur und Wahrnehmungsinteressen, aber an entscheidenden Fragestellungen bleibt er in sozialpsychologischen Reflexionen befangen. Die Bilder der Herrschaft bleiben wesentlich persönlich gefasst und lassen beispielsweise ökonomische Gesetzmäßigkeiten als treibende Quelle für die Aggression der Herrschenden ausgespart. Offenbar inspiriert aus einer Analyse feudaler Verhältnisse, entwirft Erdheim eine überhistorische Machttheorie, in der wesentliche Unterschiede aus dem Lauf der Geschichte völlig vernachlässigt werden. Gerade für die aktuelle gesellschaftliche Situation wirkt dieser Ansatz somit als einer, dessen Stärke in der Analyse einer längst vergangenen Epoche liegt.

Ein wesentliches Charakteristikum der gegenwärtigen Herrschaftsverhältnisse ist nämlich, dass sie eher funktionell als über eine persönliche Repräsentanz in Erscheinung treten und sich allgemein in verdinglichter Form durchsetzen. Unpersönlich erscheinende Sachzwänge haben in ihrer gesellschaftlichen Bedeutung längst die persönlichen Herrschaftsverhältnisse abgelöst. Die in der bürgerlichen Gesellschaft lebenden Individuen erleben sich vor allem als den jeweiligen ökonomischen Bedingungen ausgeliefert. «Die Klassenkonstellation, das Ausbeutungsverhältnis, erscheint ihnen nicht als gesellschaftliche Bedingung ihres Lebens, sondern (verdinglicht) als sachliche Abhängigkeit von den Wechsellagen des Markts.»[1]

Dies hat für die Entwicklung des Bewusstseins in gesellschaftlichem Maßstab entscheidende Bedeutung. Wie sich einst die Kirche um die Vermittlung religiöser Werte bemühte, dann verschiedene Parteien um politische Anschauungen, ist inzwischen der Markt als sinnstiftende Einrichtung in den Kampf um die Köpfe der Menschen eingetreten. Die Abnahme des Einflusses traditioneller Vermittler von Weltbildern geht so einher mit der Zunahme direkt ökonomischer Einflüsse. Die immer funktionsloser werdenden traditionellen ideologischen Überbauten werden zurückgedrängt durch neue Kreationen

1 Dahmer 1982: 375

aus dem unmittelbar wirtschaftlichen Kontext. Die Erscheinungswelt des Marketings ersetzt in wachsendem Maße die ideologiebildenden gesellschaftlichen Einrichtungen.

Die Fetischisierung des Konsums etwa kann als Beispiel für die Wirkungsweise einer sachlich inszenierten Herrschaft dienen. Der Konsum von bestimmten Waren wird über allgegenwärtige Massenmedien als erlösende Befriedigung vermittelt. Dabei werden Bedürfnisse gereizt, einer Art ästhetischen Befriedigung zugeführt und der hinterlassene unbefriedigte Anteil sorgt für den Weiterbestand dieser Bedürfnisse. Die Sehnsüchte der Menschen nehmen hierin Zuflucht in einer aufgeblähten Illusion einer Wunscherfüllung, wodurch «privatisierte öffentliche Utopien» entstehen.[1]

Der Erfolg dieser Entwicklung ist nur möglich durch die gezielte Anknüpfung an unerfüllte Wünsche, an das Bedürfnis nach Illusionen in einer sonst frustrierend erlebten gesellschaftlichen Wirklichkeit. Die innerhalb der sozialen Bezüge nicht zu befriedigenden Bedürfnisse, sollen damit durch einen sachlichen Bezug in den Konsum bestimmter Waren münden. Je stärker allerdings diese Verdinglichung wirkt, desto größer wird das Bestreben nach einer zumindest scheinbaren Befriedigung durch Surrogate und desto mehr verringern sich die sozialen Bezüge. Und je weiter diese Entwicklung voranschreitet, desto mehr wird den Kompensationen durch virtuelle Befriedigungen zugemutet.

Während sich religiöse Illusionen noch um eine direkte Bestimmung der Bewusstseinsbildung bemühten, beziehen sich die Illusionen aus dem Konsum lediglich auf eine in einem Image ausgedrückte Sehnsucht. Die durch den fortschreitenden Zerfall religiöser Anschauungssysteme unausgefüllte gesellschaftliche Funktion sucht sich einen Ersatz und findet ihn in den ökonomisch bedingten Fetischisierungen. Die Erwartung des himmlischen Glücks nach dem Leben wird so gewissermaßen ersetzt durch die Erwartung eines realen Glücks nach dem Warenkauf.

Die Begrenzung dieser Kompensationsmechanismen über den Konsum werden allerdings umso deutlicher, je mehr die Krisenhaftigkeit im Bereich der gesellschaftlichen Produktion zunimmt. Dann schwindet die Kaufkraft für die käuflichen Illusionen und die Interessen suchen sich besser geeignete Ausdrucksformen. Aber erst wenn die Macht der in bewusstloser

1 Vgl. Haug 1980: 16, 182, Werner u. Weiss 2001: 39, Klein 2002: 170

Praxis selbst erzeugten Fetische mit Bewusstsein überwunden wird, können die Menschen ihre Geschichte tatsächlich bestimmen.[1]

Indem sich die Politik in ihrer aktuellen Form allgemein als die Magd der Ökonomie benimmt, übernimmt auch sie von dieser nicht nur ihre Anweisungen, sondern auch ihre Methoden. So sind gängige politische Präsentationen keineswegs geprägt von programmatischen Auseinandersetzungen und es geht ihnen auch nicht um die Schaffung eines massenhaften politischen Bewusstseins in einem engeren Sinne. Hier geht es vor allem um das zumindest kurzfristig wirksame Hineintragen eines erfolgversprechenden Images in die WählerInnen.

10.5 Perspektive einer kritischen Psychoanalyse

Zum Schluss stellt sich freilich noch die Frage, welche Existenzmöglichkeiten für eine kritische Psychologie bestehen. Um sie zu entfalten, kann eine theoretische Grundlegung zwar ein erforderlicher Ausgangspunkt sein, aber ihre Weiterentwicklung kann nicht nur als eine Frage der Theorie verstanden werden. Vielmehr stellt sich hierzu die Frage der möglichen Praxis und nicht zuletzt nach der organisatorischen Formierung.

Indem hier letztendlich die Psychoanalyse als die am besten geeignete Ausgangsbasis für eine kritische Psychologie begriffen wird, sollen sich die entsprechenden Überlegungen auch auf diese konzentrieren. Soweit eine Änderungsfähigkeit der psychoanalytischen Institute besteht, plädiert Dahmer für eine offenere Rekrutierung, eine Wiederaufnahme der kritischen Kulturtheorie Freuds, eine Einführung in Geistes- und Sozialwissenschaften im Rahmen der Ausbildung und tatsächliche interdisziplinäre Kooperationen. Zusätzlich hofft er auf die exemplarische Wirkung des öffentlichen politischen Engagements einzelner PsychoanalytikerInnen.[2]

Eine Reform der bürokratischen Verwaltung und hierarchischen Organisation der psychoanalytischen Vereinigungen erscheint ihm allerdings schwierig. Ausgehend von seiner Einschätzung, dass «anti-konventionelle» Ziele nicht mit konventionellen Mitteln erreicht werden können und die kritische Tradition der Psychoanalyse ohnehin von «outsidern» fortgeführt

1 Vgl. Dahmer 1982: 380

2 Vgl. Dahmer 1982: 387, 1989: 292–296

wird, empfiehlt er die Bildung von Gruppen psychoanalytisch Interessierter unabhängig von den offiziellen psychoanalytischen Vereinen und die Gründung von «Akademien für Laienanalyse» mit eigenen Ausbildungsformen.[1]

Für die Wiederaneignung psychoanalytischer Kulturkritik hält er vor allem private Clubs und Institute mit eigener Verfassung und notfalls auch ohne formale Anerkennung durch die psychoanalytischen Vereinigungen für geeignet. Dabei geht er aus von einer zunächst unverbundenen Existenz «nicht-technisch, nicht-szientistisch orientierten Gruppen und Bewegungen» nebeneinander, zu denen er Intellektuelle, die künstlerische Avantgarde und MarxistInnen zählt.[2]

«Die Geschichte der Psychoanalyse in unserem Jahrhundert lehrt, daß weder die zentralistische Internationale, noch das geheime Komitee, weder das staatliche Institut, noch der bürgerliche Verein Organisationsformen sind, in denen die Psychoanalyse unverkürzt überleben kann. Ihrem anarchisch-kritischen Wesen entsprechen am besten informelle, private Intellektuellen-Klubs, Vereinigungen von Individuen ohne Massenbindung, die auch in Zeiten staatlicher Verfolgung noch eine Überlebenschance haben. Als theoretische und therapeutische Kulturkritik kann die Psychoanalyse nur wiedererstehen, wenn ihre Träger sich von Organisationsformen emanzipieren, die den Stillstand der Psychoanalytischen Bewegung verewigen.»[3]

Die Bildung informeller Klubs von sich kritisch verstehenden Individuen mag zwar ein notwendiger Anfang sein, aber die hier ausgedrückte Einigelung erscheint mir nicht als geeignete Maßnahme, um aus der Defensive zu kommen. Dahmer begründet allerdings diese eher notdürftige Form und erklärt sie sozusagen noch zu einer organisatorischen Tugend: «Das Produzieren und Verstehen freier Assoziationen ist mit keiner anderen Organisationsform verträglich als mit der einer offenen Verbindung selbständiger Individuen, die in ihrem Denken wie in ihrer Lebensweise das unter den obwaltenden Sozialverhältnissen jeweils erreichbare Höchstmaß von Freiheit zu realisieren suchen.»[4]

Das Streben nach Freiheit soll sich also realisieren lassen durch eine individualistische Unverbindlichkeit. Was in diesem

1 Vgl. Dahmer 1982: 369, 1989: 245–247, 252, 297

2 Vgl. Dahmer 1989: 292, 297

3 Dahmer 1989: 253, vgl. 296 f.

4 Dahmer 1989: 253

Ansatz vor allem fehlt, ist ein Bezug zu realen gesellschaftlichen Bewegungen. Das mag vor allem auch daran liegen, dass Dahmer von einer gesellschaftlichen Situation mit wenig praktischen Interventionsmöglichkeiten ausgeht und sich eher in der Rolle eines äußerlich bleibenden interpretierenden Kommentators, statt als einen integrierten Bestandteil gesellschaftlicher Veränderung begreift. Er meint, «man kann nur die gesellschaftliche Entwicklung in ihrer Widersprüchlichkeit empirisch beobachten und theoretisch ausdrücken, Kampferfahrungen sammeln, sie in Erinnerung rufen, wenn sie gebraucht werden, und den Kräften beistehen, die tauglich sind, den status quo zum Besseren zu ändern.»[1]

Um mit dem Anspruch einer kritischen Psychologie in die Offensive kommen zu können, wird es aber weder genügen, ein theoretisches Fundament dafür zu schaffen, noch, sich mit kritischen Intellektuellen zu vernetzen, noch, sich als wissenschaftlicher Beistand anzubieten. Erforderlich ist vielmehr die Ausbildung eines durchaus verbindlichen organisatorischen Rahmens, der sich von vornherein als aktiver Bestandteil innerhalb der fortschrittlichen Bewegungen versteht. Erst dadurch wird es möglich werden, dass ein kritisches Bewusstsein aus der Psychologie zu einer wirksamen Kraft zur gesellschaftlichen Veränderung wird.

1 Dahmer 1989: 291, vgl. 281, 289–291

Ausblick

Seitdem diese Einführung erschienen ist, hat sich an der Verfasstheit der organisierten Linken wenig verändert, aber die gesellschaftliche Situation hat sich insgesamt dramatisch gewandelt. Eine global synchronisierte Wirtschaftskrise in einer bisher für viele kaum vorstellbaren historischen Dimension stellt nicht nur die neoliberalen Dogmen prinzipiell in Frage, sondern verlangt in kürzester Zeit weitestreichende politische Entscheidungen. Dabei erscheint Politik zunehmend als ein verzweifelter Versuch zur Begrenzung des Schadens und Verhinderung eines Widerstandes gegen den jetzt erfolgenden rigorosen Rückbau sozialer Sicherungssysteme.

Die Krise zeigt sich nicht nur wirtschaftlich, sondern bezieht inzwischen alle zentralen Momente des gesamten menschlichen Lebens mit ein. Und mit der Verknappung der natürlichen Ressourcen und der begonnenen Klimaveränderung zeigt die Natur in eindringlicher Weise die Macht ihrer Voraussetzungen. Anhand der völlig unzureichenden Versuche, international koordinierte wirksame Maßnahmen dagegen zu setzen, treten die in den gesellschaftlichen Verhältnissen gesetzten Grenzen drastisch hervor.

Die Psychologie erhält hierbei auch einen prominenten Platz: weil die gegebenen gesellschaftlichen Verhältnisse als verwirklichte Vernunft verstanden werden sollen, kann die bedrohliche Krise nämlich scheinbar nur als Resultat des verantwortungslosen Wirkens einiger Unvernünftiger erklärt werden. Und weil die objektive Krise nur als Ausdruck subjektiver Eigenschaften präsentiert wird, soll die Psychologie eben helfen, die entscheidend Handelnden wieder zur Vernunft zu bringen. Die Zuspitzungen der aktuellen Weltwirtschaftskrise drängen die Psychologie zwangsläufig zu einer gesellschaftlichen Positionierung. Das ökonomische Dilemma verlangt auch von ihr eine Reflexion über den sozialen Standort und eine klare politische Positionierung. Das Privileg einer Rolle äußerlicher Beobachtung gesellschaftlicher Entwicklungen wird durch die offensichtlicher werdende eigene Involvierung darin zunehmend schwierig aufrecht zu erhalten.

Politik als Ausdruck gegensätzlicher Interessen stellt sich inzwischen auf bürgerlicher Seite als zutiefst verunsicherte Improvisation dar und auf der Gegenseite großteils als besonders um die Wahrung sozialer Ruhe und Stabilisierung der bedrängten Verhältnisse bemüht. Während diese Politik auf Zeitgewinn spielt, löst die Entwicklung nicht die ökonomischen Probleme, sondern vergrößert sie noch. Letztlich wird von ihr dann doch die Vernichtung von Kapital mit allen ihren sozialen Konsequenzen akzeptiert werden.

Angesichts dieser Perspektive zeigen sich verschiedene theoretische Bemühungen, die dem praktischen Fatalismus, der überzeugt ist, dass alles unabhängig funktioniert und nichts beeinflussbar ist, die aufklärerische Überzeugung entgegenhalten, dass allein mit dem richtigen Bewusstsein die sich falsch entwickelnde Wirklichkeit korrigierbar ist. Aber je weniger sich diese Theorien einem Praxistest unterziehen oder sich in der praktischen Umsetzung als tauglich erweisen, desto mehr greifen wieder alte ideologische Reflexe um sich. Besonders hartnäckig erscheint hierbei die Hoffnung, dass sich letztlich alles bessern muss, wenn es allzu vielen schlechter geht. Aus der Unerträglichkeit einer verallgemeinerten Not müsse demnach zwangsläufig eine Initiative zur allgemeinen Verbesserung entstehen. Dabei sei es lediglich eine Frage der Zeit, bis der Kapitalismus kollapiert.

Die geschichtliche Erfahrung zeigt allerdings, dass sich während wirtschaftlicher Depressionen das erhöhte objektive Konfliktpotential nicht notwendigerweise in die erwartete subjektive Konfliktbereitschaft umsetzen muss, sondern dass auf unerfüllte Erwartungen und uneingelöste Ansprüche auch in regressiver Weise reagiert werden kann, woraus sich soziale Erscheinungen ergeben, die von einer Apathie bis zum reaktionären Aktionismus reichen.

Um uns die sich anbahnende gesellschaftliche Situation zu veranschaulichen, lohnt sich ein Blick in die Erfahrungen mit den Folgen der Weltwirtschaftskrise vor acht Jahrzehnten. Immerhin kann ein solcher Rückblick die Sicht auf die zu erwartende Perspektive besser vorbereiten und mögliche Gefahren vorzeitig registrieren.

Jahoda, Lazarsfeld und Zeisel veröffentlichen 1933 ihre Untersuchungen zu den Auswirkungen langandauernder Arbeitslosigkeit. Ihre eindrucksvollen Darstellungen können in einigen Aspekten sicherlich noch heute ansatzweise nachempfunden werden.

Als wesentliche Auffälligkeit bemerken sie, dass für die Arbeitslosen die Zeit besonders langsam zu vergehen scheint. Deren Perspektivlosigkeit mündet gewissermaßen in einer Bewegungslosigkeit. «Losgelöst von ihrer Arbeit und ohne Kontakt mit der Außenwelt, haben die Arbeiter die materiellen und moralischen Möglichkeiten eingebüßt, die Zeit zu verwenden. Sie, die sich nicht mehr beeilen müssen, beginnen auch nichts mehr und gleiten allmählich ab aus einer geregelten Existenz ins Ungebundene und Leere.»[1]

Indem die Menschen verlernen, sich zu beeilen, die Pünktlichkeit ihren Sinn verliert, zerfällt zunehmend auch das «Zeitbewusstsein» und geht allgemein die Wertvorstellung für Zeit verloren. «Es werden nicht die neuen Verhältnisse in das neue Zeitschema eingeordnet, sondern es beginnt der ärmer gewordene Ereignis- und Anforderungswelt allmählich eine ärmere Zeitordnung zu entsprechen.»[2]

Es kommt zu einer allgemeinen Einschränkung des Horizonts mit einem «Einschrumpfen der Lebensäußerungen». Individuelle und unmittelbare Interessen mit einer Konzentration auf entsprechende Rettungsversuche treten gegenüber einer politischen Gesamtperspektive in den Vordergrund. Während politische Kämpfe abnehmen, nehmen persönliche Gehässigkeit zu. «Der Rückfall von der höheren kulturellen Stufe der politischen Auseinandersetzung auf die primitivere der individuellen gegenseitigen Gehässigkeit ist fast aktenmäßig zu belegen.»[3]

Die Zurückbildung der gesellschaftlichen Perspektive im Zuge der Arbeitslosigkeit wirkt insgesamt entpolitisierend. Dabei findet weniger ein Gesinnungswandel statt als ein Rückgang des Interesses und der Aktionsbereitschaft. «Die Gesinnung wird nicht geändert, sie verliert nur, gegenüber den Sorgen des Alltags, an gestaltender Kraft. Es ist, als ob die kulturellen Werte, die im politischen Kampf stecken, erstarrt wären oder sogar wieder primitiveren Formen des Kampfes Platz machten.»[4]

Nach vielfältigen ergebnislosen Anstrengungen werden die Menschen schließlich erwartungs- und hoffnungslos, reduzieren ihre Bedürfnisse und nehmen den sozialen Verfall einfach hin. Ihre gleichgültig erscheinende Passivität unterhöhlt schließlich sogar ihre körperliche Widerstandskraft. Und es

---

1 Jahoda u.a. 1975: 83, vgl. 55 f.

2 Jahoda u.a. 1975: 92, vgl. 83–101

3 Jahoda u.a. 1975: 61, vgl. 57–61, 70 f., 98–103

4 Jahoda u.a. 1975: 61, vgl. 59

wäre irrig, angesichts einer anhaltenden Arbeitslosigkeit in jenen Teilen der Bevölkerung, die nichts mehr zu verlieren haben, angesichts eines erfolgten Verlustes mehr Widerständigkeit und ein geringeres Ausmaß an Apathie anzunehmen. «Die Menschen ..., denen es früher gutging und die heute besonders schlecht durchhalten, sind vor allem auffallend durch ihren großen Mangel an Elastizität. Es sind die Absturzexistenzen, die einfach den großen Unterschied von früher zu jetzt nicht erfassen und nicht ertragen können.»[1]

Was sich in der zunehmend apathischen Existenz jedenfalls ausdrückt, ist eine Verarmung des Zeitbezuges und eine Schrumpfung der gesellschaftlichen Teilhabe. Mit zunehmender Ausbreitung und Dauerhaftigkeit der Arbeitslosigkeit und eines Rückbaus gesellschaftlicher Errungenschaften ist mit einer Konzentration auf die gegebene Unmittelbarkeit zu rechnen. In der Hoffnungslosigkeit der sozialen Verelendung zerfallen damit dialektische Kompetenzen und verstärken sich simplifizierende Sichtweisen und infantile Bewältigungsformen. Unter den Bedingungen einer scheinbar nicht möglichen aktiven, produktiven Beteiligung am gesellschaftlichen Leben bleibt offenbar nur noch eine passive, konsumierende Rolle. Die Apathie setzt sich auch darum so umfassend durch, weil sie schlichtweg an der ursprünglich erlebten Passivität anknüpft, mit der wir uns einst als Kinder den übermächtigen Bedingungen gegenüber ausgeliefert fanden. Nur ist inzwischen der fürsorgliche und beschützende familiäre Bezugsrahmen in seiner Bedeutung gegenüber einem gesellschaftlichen Rahmen zurückgetreten, der in Zeiten der Not sich nicht vorrangig zur Beseitigung sozialen Elends verpflichtet sieht.

Diese Schilderungen sollen veranschaulichen, dass für die Zusammenbruchstheorie keine empirische Basis besteht, sondern anstelle einer automatischen sozialen Unruhe sogar eine lähmende Ruhe eintreten kann, die keine gemütliche Biedermeieridylle entstehen lässt, sondern in der regressive Prozesse eine schleichende Barbarisierung einleiten. Eine objektive Verelendung bewirkt nämlich auch eine subjektive Verarmung und diese setzt das Elend nicht nur fort, sondern kann es auch noch verfestigen.

Im Bemühen, den sozialen Absturz rückgängig zu machen oder zumindest zu bremsen, ergeben sich sogar noch beschleunigende Effekte, indem der scheinbaren Unmöglichkeit

1 Jahoda u.a. 1975: 110, vgl. 65–73, 97

einer äußeren Veränderung noch besondere Versuche einer spürbaren inneren Veränderung entgegengehalten werden. Angesichts der weitestgehend auf den Konsum reduzierten Betätigungsmöglichkeiten bei gleichzeitiger Reduzierung der Konsummöglichkeiten, steigert sich nämlich beispielsweise das Bedürfnis, mit geringem Konsum eine größtmögliche Befriedigungswirkung zu erzeugen. Und hierfür sollen etwa verschiedene Suchtmittel dienen. Im Bestreben, damit eine frustrierende Situation zu erleichtern oder innerlich überwindbar erscheinen zu lassen, vertieft und vervielfacht sie sich damit letztlich.

Zur Veranschaulichung des Zusammenhangs zwischen sozialer Situation und Abhängigkeit möchte ich kurz auf den entsprechenden Kontext des Alkoholkonsums hinweisen. Gegenwärtig betreiben rund 5% der Bevölkerung in Deutschland einen riskanten Alkoholkonsum und etwa die Hälfte davon gilt als alkoholabhängig. Die Behandlung der Alkoholabhängigkeit und deren Folgeerkrankungen kosten aktuell ohne Berücksichtigung weiterer indirekter Ausgaben etwa so viel, wie die Behandlung aller anderen psychischen Erkrankungen zusammen.[1]

In den Erklärungen zu dieser Erkrankung kursieren immer wieder Bemühungen, die Umwelteinflüsse bei der Entwicklung einer Alkoholabhängigkeit als geringfügig und die erblichen Einflüsse als besonders groß darzustellen.[2] Eine Berücksichtigung der Korrelationen zwischen Arbeitslosigkeit und Alkoholkonsum zeigt allerdings deutlich in eine andere Richtung. Während beispielsweise von 1975 bis 2003 die allgemeine Arbeitslosenquote von 4,7 auf 11,6% stieg, erreichte sie bei den alkoholabhängigen RehabilitandInnen ein Wachstum von 7,2 auf 36,7%.[3]

In einer großen Klinik außerhalb Berlins ergab eine entsprechende Erhebung, dass weniger als ein Drittel der PatientInnen, die eine Entwöhnungsbehandlung absolvierten, berufstätig waren und die anderen fast ausschließlich arbeitslos. Und der größere Teil der Arbeitslosen war bereits länger als zwei Jahre nicht mehr erwerbstätig. Innerhalb eines Jahres wurden zwar 37,5% der berufstätigen PatientInnen rückfällig, aber bei den arbeitslosen PatientInnen ergab dies eine Quote von 92,5%.

1 Vgl. Hein u.a. 2007: 105, 112, Deutsche Hauptstelle für Suchtfragen e.V. 2003: 16–18, Lindenmeyer 2001: 36

2 Vgl. Hein u.a. 2007: 106–114, Henkel 1998: 35–53

3 Henkel u. Zemlin 2006: 49

Allgemein zeigt sich, dass Arbeitslose häufiger, früher und gravierender rückfällig werden.[1]

Speziell der Zusammenhang zwischen Alkoholkonsum und sozialer Not war eigentlich schon in der Antike und im Mittelalter deutlich. Engels beschreibt auch eindrucksvoll die Trunksucht als unvermeidliche Folge der Lebensbedingungen der arbeitenden Klasse im 19. Jahrhundert.[2]

Nachdem durch die Verbreitung der Destillation, die Verbesserung der Haltbarkeit alkoholischer Getränke und den Ausbau der Handelswege der Alkohol zum dauerhaften und massenhaften Konsummittel wurde, erfolgte ein wesentlicher Anstieg des Alkoholkonsums dann mit der einsetzenden Industrialisierung. Infolge der Kapitalisierung von Grund und Boden verloren unzählige Menschen in der Landwirtschaft ihre Existenzgrundlage, strömten vom Land in die Städte und lebten dort unter widrigsten Bedingungen in den Elendsvierteln. Bereits in der ersten Hälfte des 19. Jahrhunderts zeigte sich in Deutschland der Zusammenhang zwischen Armut und Alkoholismus. Der sogenannte «Elendsalkoholismus» nahm so zu, dass etwa 1900 durchschnittlich rund 20% des Arbeitslohnes für Alkohol ausgegeben wurde. In der Weimarer Republik kam es zu weiteren Verdeutlichungen dieses Zusammenhangs im Zuge der Bemühungen zur Lösung der Wirtschaftskrise zu Lasten der Arbeiterklasse und der in Armut lebenden Massen. Und auch noch in den vergangenen Jahrzehnten zeigen sich niedrigere Alkoholismusraten in der wohlhabenden Bevölkerung und höhere mit Zunahme einer sozialen Desintegration. «Die Arbeitslosigkeit eskaliert die Probleme: Sie dequalifiziert, setzt das Selbstwertgefühl herab, verletzt die Identität, verstärkt die soziale Isolation, mindert die Selbsthiferessourcen und beschleunigt damit den Prozeß in die Abhängigkeit vom Alkohol ...»[3]

Die Funktion des Trinkens in diesem Zusammenhang fasst Henkel bereits in den früh sich ausbreitenden Erscheinungsformen treffend zusammen: «Der fundamentalen Lebensunsicherheit der Armen, ihrer Fixiertheit auf das Hier und Jetzt, ihren existentiell brennenden Problemen entsprach ein Trinkmuster, das nicht auf aufgeschobene und geplante sondern sofortige und exzessive Bedürfnisbefriedigung abzielte.»[4]

---

1 Vgl. Lindenmeyer u. Kolling 2004: 14, 17, 53, Henkel u. Zemlin 2006: 53

2 Vgl. MEW 2: 322–332, Lindenmeyer 2001: 13 f., 23–39

3 Henkel 1998: 68, vgl. 13–15, 25, 47 f., 55 f., 62–69, Lindenmeyer 2001: 26–30)

4 Henkel 1998: 19 f.

Der Wirklichkeitsbezug wird durch den Alkoholkonsum ganz allgemein merklich unreifer. Indem der Alkohl als solcher den Menschen ja keine neuen Eigenschaften oder Fähigkeiten hinzufügen kann, sondern vorhandene nur verringern, kann sich etwa eine Gehemmtheit als gewissermaßen alkohollöslich erweisen. Als positive Veränderung erscheint dann eine verbesserte Kontaktfreude auf der einen und eine gesteigerte Konfliktbereitschaft auf der anderen Seite. Einem im sozialen Kontext vermittelten Erleben einer Erniedrigung mit seinen entsprechenden Auswirkungen auf das Selbstwertgefühl kann damit ein toxisch vermitteltes Gefühl einer Grandiosität entgegengehalten werden. Letztlich tritt dann vermehrt die Funktion der Entspannung und Beruhigung in den Vordergrund, wobei der Alkohol auch als Schlafmittel dienen kann. Manchmal noch wird durch den Alkoholkonsum das innere Kräfteverhältnis so verschoben, dass eine ansonsten noch unterdrückte depressive Stimmung dominiert oder infolge einer besonderen Gewissenhaftigkeit eine Neigung zur Selbstbestrafung auftaucht.

So multifunktionell der Alkoholkonsum auch wirkt, seine Grundfunktion besteht in einer Bedienung regressiver Prozesse zur Umsetzung infantiler psychischer Mechanismen. Soweit damit die Illusion einer verbesserten sozialen Situation unterhalten werden soll, erweist sich regelmäßig, dass die bestehenden Probleme verschärft werden und ihre Lösung systematisch verhindert wird. Das Erleben einer sozialen Verelendung und die Erfahrung einer gesellschaftlichen Perspektivlosigkeit wird mithilfe des Alkohols sozusagen in persönlicher Weise fortgesetzt und vertieft, wodurch sich die Resignation endgültig verankert.

Die Passivität, die aus solchem Bemühen um eine innere Veränderung resultiert, ist allerdings keineswegs die einzige zu erwartende Reaktion auf die Auswirkungen der Wirtschaftskrise. Es gibt bereits deutliche Anzeichen auf die Formen von Aktivität, die sich dann vorzugsweise ausbreiten können. Es werden praktische Aktivitäten sein, die kaum einen Anspruch auf theoretische Begleitung erheben, die eine Berücksichtigung längerfristiger und übergreifender Ursachen und Wirkungen einer aktuellen Erfolgserwartung opfern, kurz: die sich aus der Perspektive einer Unmittelbarkeit ergeben.

So werden sich etwa bestimmte gewalttätige Aktionsformen wesentlich häufiger zeigen. Indem nach jahrzehntelanger Entpolitisierung und Hinnahme verdinglichter Verhältnisse die weitergehende Verringerung sozialer Sicherheiten beispielsweise ein tiefgehendes Isolations- und Ohnmachtsgefühl spürbarer machen wird, wird sich auch ein Verlangen nach Allmachtsbeweisen ergeben. Ein gering strukturiertes Bedürfnis nach Aggressionsausdruck sucht sich dann eine Personalisierung und entlädt sich bei Gelegenheit als spontane Gewalt.[1]

Für eine weitere Zunahme solcher Aggressionsformen wird auch das Einfrieren jeglicher gewerkschaftlicher Militanz angesichts einer hohen Langzeitarbeitslosigkeit sorgen. Soweit dann noch die sozialpartnerschaftlich eingeübten Konfliktregelungen ihre Durchsetzungskraft verlieren, wird aber die Krise zwangsläufig auch politisch akut. Die Großparteien werden massive Verluste verzeichnen, sich in Flügelkämpfen aufreiben und die politische Landschaft wird sich insgesamt differenzieren.[2]

In dieser Entwicklung wird sich keineswegs zwangsläufig eine fortschrittliche Perspektive durchsetzen. Vielmehr muss sogar eine teilweise verbesserte Voraussetzung für das Erstarken chauvinistischer und faschistischer Bewegungen berücksichtigt werden. Indem die Wirtschaftskrise nämlich für unzählige Menschen keine Realisierbarkeit der erwünschten sozialen Entwicklung zulässt und die davon besonders schwer Betroffenen dazu tendieren, ihre Persönlichkeitsstrukturen einer Regression auszusetzen, bildet sich wieder eine breitere subjektive Basis für politische Sichtweisen, die einem reaktionären Heimweh mit xenophoben Reflexen zum Anspruch eines führenden Weltbildes verhelfen wollen.

Typisches Kennzeichen entsprechender Anschauungen ist eine Idealisierung des Unmittelbaren, eine Ausblendung von realen Zusammenhängen und eine dominante Nutzung unreifer psychischer Mechanismen. Aus vereinfachenden Anschauungsweisen aus dem unübersichtlich gewordenen Lebensumfeld wird dann eine gesellschaftliche Gesamtsicht. Das Vertraute und Ähnliche wird dann in völkischen Größenfantasien untergebracht und das fremd Erscheinende und Verschiedene abgewertet. Der Mangel im Selbstwertgefühl wird äußerlich zu kompensieren versucht in karikaturhaft überhöhten Idealisierungen und die Angst vor sozialer Isolierung durch die Herstellung eines Zusammenhalts mittels gemeinsamer Aggression mit Gleichgesinnten. Was als Hintergrund eines Minderwertigkeitsgefühls wirksam ist oder innerlich bedrohlich wirkt, wird

1 Vgl. Horn 1972: 63–69, 76 f.

2 Vgl. Botz 1987: 336–342, 350–352

dann abgespalten, an anderen wahrgenommen und bekämpft. Für eine reife Auseinandersetzung mit inneren Konflikten und äußeren Problemstellungen bleibt angesichts solcher Bewältigungsversuche wenig Raum.

Die heutigen gesellschaftlichen Bedingungen erlauben nun keine einfache Kopie aus der faschistischen Vergangenheit. Selbst angesichts rückläufiger Momente der Globalisierung ist der gesamtgesellschaftliche Spielraum für nationalbornierte Konzepte heute wesentlich geringer. Nachdem inzwischen nicht nur Handelswege in globalem Maßstab üblich sind und damit eine Beschränkung auf einen Binnenmarkt unhaltbar wäre, sondern auch die Produktionsketten weltweit verteilt sind und durch diese globale Arbeitsteilung vielfältige internationale Kooperationen befördert wurden, die Größenordnung gesamtwirtschaftlicher Regularien einen transnationalen Bezugsrahmen einfordert und die weltweite mediale Vernetzung vielfältige neue Perspektiven und Bezugsmöglichkeiten eröffnet wäre ein nationaler Alleingang kein realisierbarer Weg mehr. Selbst die Einbeziehung der Gefahr, dass die aktuelle Weltwirtschaftskrise eine chauvinistische Standortlogik und einen Protektionismus wiederbeleben, eine Zuspitzung der weltweiten Konkurrenz um Rohstoffe und Marktanteile bewirken und letztlich abermals zu militärischen Lösungen drängen wird, erlaubt dem Nationalismus nicht mehr seine einstige tragende Rolle. Vielmehr scheint sich nur noch in massenmedial stilisierten sportlichen Wettkämpfen ein Reservat für nationalistische Mythenbildungen erhalten zu haben, in denen sich die Eindrücke, im eigenen Leben verloren zu haben, vom Wunsch, Teil eines Sieges zu sein, übertönen lassen.

Die objektiven Schranken schlicht nationalistischer Auswege werden jedenfalls für entsprechend ausgerichtete faschistische Organisationen wenig zusätzliche Entfaltungsmöglichkeiten bieten. Hingegen kann sich durchaus vermehrt eine Entsolidarisierung entlang ethnischer Unterschiede einstellen oder die Gefahr spontaner rassistischer Übergriffe sowie der Herausbildung einer reaktionären Massenbewegung vergrößern, die reflexhaft erzeugte Ziele eines sich ansonsten eher unpolitisch verstehenden Bewusstseins in politische Aktion bis hin zu pogromartigen Ausschreitungen umsetzen möchte.[1]

Angesichts einer bevorstehenden Entwicklung, zu der ich hier nur wenige Gefahren kurz angedeutet habe, stellt sich

1 Vgl. Stöss 2000: 149 ff., 178–181

jetzt natürlich die Frage, wie positive Beiträge von einem kritisch-psychologischen Blickwinkel aus zu erreichen sind. Der dargestellte parteiliche Ansatz mit einer materialistischen Dialektik als grundlegender Methode soll ja nicht nur eine Skepsis gegenüber der Vernunft des gesellschaftlich Bestehenden befördern, sondern auch ein Vertrauen in die realisierbaren gesellschaftlichen Möglichkeiten bestärken. Anstatt einer zwangsläufigen Akzeptanz aktueller Verhältnisse mit notwendig erscheinenden Einschränkungen und Leiden kann damit eine Orientierung auf deren reale Veränderbarkeit und Überwindbarkeit eine bedeutende Unterstützung bilden. Bernfeld fasst diesen Ansatz in seiner Betonung des «sozialen Orts» zusammen, der sich auf den historischen Aspekt und die Milieuprägung eines seelischen Vorganges bezieht und damit die dialektische Perspektive unterstreicht.[1]

In der hiermit erreichbaren Unterstützung einer Ausbildung dialektischer Kompetenzen wird sich eine kritische Psychologie auch bewähren müssen in einer Behauptung des materialistischen Realitätsbezuges gegenüber idealistischen Kompensationsversuchen. Immerhin war die Psychologie seit ihrer Entstehung ein bevorzugter Bereich zur Konstruktion idealistischer Kreationen. Und sie wird einen sich vergrößernden Aufgabenbereich finden gegenüber den Tendenzen zur Individualisierung und Entsolidarisierung, die drohen zum Verlust der Fähigkeiten zu einem politisch organisierten gemeinsamen Handeln im gesellschaftlichen Kontext zu führen. Die Wirtschaftskrise wird nämlich einen Vorgang bestärken, den Freud beim Zerfall einer Masse beschreibt: Bei einem Anwachsen äußerer Gefahr und einer Lockerung der gemeinsamen affektiven Bindungen mit anderen, steigert sich die Angst und reduzieren sich die Handlungsmöglichkeiten auf individualistische Reaktionsweisen.[2]

Eine alternative Perspektive dazu beschreibt Federn bereits 1919 aus einer relativ orthodoxen psychoanalytischen Betrachtungsweise. Er versteht die gesellschaftliche Einordnung als Folge der ursprünglich familiären, den Autoritätsrespekt und letztlich auch die politische Parteinahme als aus der Stellung des Kindes zum Vater gebildet. Eine bewusste soziale Parteinahme der Arbeiterschaft, die Einsicht in die Zusammenhänge der wirtschaftlichen und politischen Strukturen musste erst den

1 Bernfeld 1969 a: 199, vgl. 201–206

2 Vgl. Freud GW XIII: 105 f.

unbewusst festgehaltenen Autoritäten abgerungen werden. Soweit aber alte unbewusste Wünsche, welche die unbewussten Bindungen geschaffen haben, keine ausreichende Erfüllung erfahren, erfolgt eine Entbindung. «Mit dem Sturz des Kaisers mußte alles kraftlos werden, was von der ideellen Vatergemeinschaft getragen war.»[1]

Abgesehen von dem hier enthaltenen Kurzschluss von familiären zu gesellschaftlichen Verhältnissen und den in der Folge sich ergebenden Anschein einer feudalen Kritik an bürgerlichen Verhältnissen, kann sich daraus eine Vorstellung inspirieren lassen, welche Veränderungsmöglichkeiten entstehen, wenn weitere sich gegenwärtig ausbildende Spekulationsblasen platzen, zentrale Wirkungsmechanismen des Wirtschaftsgefüges offensichtlich dysfunktional werden, das bürgerliche Inventar zur Abschwächung der ökonomischen Krise und politischen Regulierung zum Notprogramm mit drastischen sozialen Folgen wird und sich die Legitimierungsformeln kapitalistischer Verwertungslogik als unhaltbar erweisen. Bei Federn werden im Zuge der gestürzten Monarchie «vaterlose Gesellen» zur Schaffung einer «vaterlosen Gesellschaft» gezwungen. Aus der Masse als einer «Bruderschaft Gleichberechtigter» werden dazu Räteorganisationen als Wirkungsform der aufbauenden revolutionären Kräfte erwachsen.[2]

Solche Entwicklungen geschehen aber keineswegs einfach spontan und verlangen zu ihrem Verständnis sicherlich noch die Einbeziehung sehr vieler anderer Aspekte. Aber selbst zu dem skizzierten Blickwinkel gibt es noch Weiterführendes. So beschreibt etwa Parin seine Beobachtungen mithilfe des Begriffs des «Gruppen-Ich» von Federn und bestimmt diesen dabei neu: es entsteht für ihn aus relativ spannungsfreien identifikatorischen Prozessen Gleichaltriger in der Kindheit und Jugend im Sinne geschwisterlicher Identifikation und kann eine gesellschaftliche Gemeinschaftsstruktur bilden. Es formiert sich auf der Grundlage einer emotionalen Bereitschaft und Fähigkeit zur Übernahme bestimmter Rollen. Soweit sie gelingt, erfährt das Ich der Beteiligten als ganzes eine Stärkung.[3]

Sofern Organisationen hervorgebracht werden können, die ein Gruppen-Ich bilden, entsteht anstelle des von Freud in Massen beschriebenen Regressionsprozesses eine wesentliche Pro-

1 Federn 1980: 74, vgl. 68–74, 82–84
2 Vgl. Federn 1980: 67, 73, 76 f., 80–84
3 Parin 1983 a 86–90

gressionsmöglichkeit. Und damit verdeutlicht sich, dass es nicht schicksalhaft zu einem Überhandnehmen der beispielhaft beschriebenen gesellschaftlichen Rückschritte kommen muss, sondern dass sich auch aus psychologischer Sicht ein Potential zeigen lässt, das als subjektive Grundlage für einen gesellschaftlichen Fortschritt dienen kann.

An solchen Vermittlungsstellen zwischen subjektiven und objektiven Verhältnissen ist eine kritische Psychologie gefordert, ein psychologisches Instrumentarium zu erarbeiten, das diese Vermittlung bewusst gestaltbar macht. Indem sich die Erfassbarkeit der Totalität dieser Verhältnisse kaum spontan bilden kann, ist hierfür eine reflexive Auseinandersetzung in einer theoretischen Infrastruktur erforderlich.

Besonders angesichts der aktuellen Situation, in der sich der gesellschaftliche Veränderungsbedarf in unübersehbarer Deutlichkeit zeigt, in der sich entscheidet, ob die gesellschaftliche Entwicklung nach hinten stolpern wird oder einen Sprung nach vorne in eine bewusste Gestaltung der Geschichte wagt und in der eine Selbstbeschränkung auf eine Rolle bloßer Interpretationen keineswegs ausreichend sein kann, muss eine kritische Psychologie aber auch aktiver Bestandteil in den sozialen Bewegungen sein und als solcher dem praktischen Interventionismus darin die erforderlichen Reflexionsmöglichkeiten vermitteln.

Die ursprüngliche materielle Basis der Kritischen Psychologie ist kaum mehr vorhanden, die praktische Grundlage für die vorgestellte kritische Psychologie besteht noch nicht, sondern gilt es erst zu schaffen. Um sie herzustellen, ist jetzt ein kombinierter Prozess aus kritischer Aufklärung, solidarischer Unterstützung in gesellschaftlichen Auseinandersetzungen und der Schaffung organisatorischer Strukturen zur Sicherung der Erfahrungen und Entwicklung weiterführender Perspektiven erforderlich.

Gerald Abl, Berlin, Juli 2010

Bibliografie

Abl, Gerald (1993): Die Dialektik bei Freud. Naturwiss. Fak. Diss., Salzburg.

Adorno, Theodor W. (1981 a): Zum Verhältnis von Soziologie und Psychologie. In: Ders.: Gesellschaftstheorie und Kulturkritik. 2. Aufl., Suhrkamp, Frankfurt am Main. S. 95–136.

Ders. (1981 b): Zur Metakritik der Erkenntnistheorie. Studien über Husserl und die phänomenologischen Antinomien. 2. Aufl., Suhrkamp, Frankfurt am Main.

Ders. (1982 a): Einleitung. In: Der Positivismusstreit in der deutschen Soziologie. Beitr. v. Th. W. Adorno u. a. 10. Aufl., Luchterhand, Darmstadt. S. 7–80.

Ders. (1982 b): Negative Dialektik. 3. Aufl., Suhrkamp, F. am Main.

Ders. (1982 c): Soziologie und empirische Forschung. In: Der Positivismusstreit in der deutschen Soziologie. Beitr. v. Th. W. Adorno u. a. 10. Aufl., Luchterhand, Darmstadt. S. 81–102.

Autorenkollektiv des Verlags für Psychoanalyse und Marxismus (1980): Der Ödipuskomplex und seine politischen Folgen. 4. Aufl., Materialis, Frankfurt am Main.

Autorenkollektiv: Götz Redlow u.a. (1972): Einführung in den dialektischen und historischen Materialismus. 2. Aufl., Dietz, Berlin.

Autorenkollektiv: Hans Steußloff u.a. (1989): Dialektischer und historischer Materialismus. Lehrbuch für das marxistisch-leninistische Grundlagenstudium. 16. Aufl., Dietz, Berlin.

Bartsch, Gerhard u. Günter Klimaszewsky (1973): Materialistische Dialektik – ihre Grundgesetze und Kategorien. W. Eichhorn u. a. (Hrsg.), Dietz, Berlin.

Bauriedl, Thea (1984): Beziehungsanalyse. Das dialektisch-emanzipatorische Prinzip der Psychoanalyse und seine Konsequenzen für die psychoanalytische Familientherapie. Suhrkamp, Frankfurt am Main.

Ders. (1969 a): Der soziale Ort und seine Bedeutung für Neurose, Verwahrlosung und Pädagogik. In: Ders.: Antiautoritäre Erziehung und Psychoanalyse. Ausgewählte Schriften Bd. 1. L. v. Werder u. R. Wolff (Hrsg.), März, Darmstadt. S. 192–212.

Bernfeld, Siegfried (1969): Die Psychologie in der Arbeiterbewegung. In: Ders.: Antiautoritäre Erziehung und Psychoanalyse. Ausgewählte Schriften Bd. 2. L. v. Werder u. R. Wolff (Hrsg.), März, Darmstadt. S. 497–507.

Ders. (1972): Sozialismus und Psychoanalyse. Grundgedanken eines Vortrages, gehalten im «Verein Sozialistischer Ärzte». Mit Diskussionsbemerkungen von O. Kaus u.a. In: Marxismus, Psychoanalyse, Sexpol. 1. Bd. Dokumentation. Beitr. v. S. Bernfeld u.a. H.-P. Gente (Hrsg.), Fischer, Frankfurt am Main. S. 11–30.

Bernstein, Eduard (1984): Die Voraussetzungen des Sozialismus und die Aufgaben der Sozialdemokratie. 8. Aufl., Dietz, Berlin.

Bianchi, Reinhold (1980): Zur Dialektik in Freuds Bewußtseinsauffassung. In: Psyche. Zeitschrift für Psychoanalyse und ihre Anwendungen. A. Mitscherlich (Hrsg.), Klett-Cotta, Stuttgart, 34. Jg., Nr. 11. S. 977–997.

Bolldorf, Heiko (2007): Eine oberflächliche Einführung: «Kritische Psychologie». Aus: Marxistische Blätter. Nr. 6-07. Essen. S. 111 f..

Botz, Gerhard (1987): Krisenzonen einer Demokratie. Gewalt, Streik und Konfliktunterdrückung in Österreich seit 1918. Campus, Frankfurt am Main.

Braverman, Harry (1980): Die Arbeit im modernen Produktionsprozeß. Übers. aus d. Amerikan. Campus, Frankfurt am Main.

Brückner, Peter (1982): Psychologie und Geschichte. Vorlesungen im «Club Voltaire» 1980/81. A.-R. Oestmann (Hrsg.), Wagenbach, Berlin.

Bucharin, Nikolai (1969): Theorie des historischen Materialismus [Auszüge]. In: Deborin, Abram u. Nikolai Bucharin: Kontroversen über dialektischen und mechanistischen Materialismus. Suhrkamp, Frankfurt am Main. S. 223–260.

Busch, Thomas u. Werner Engelhardt (1979): Arbeit, Bedeutung und Wahrnehmung. In: Zur Kritik der Kritischen Psychologie. Psychologie, Erkenntnistheorie und Marxismus. Oberbaumverlag, Berlin. S. 105–150.

Caruso, Igor A. (1972): Soziale Aspekte der Psychoanalyse. Rowohlt, Reinbek bei Hamburg.

Chruschtschow, Nikita S. (1991): Über den Personenkult und seine Folgen. Rede auf dem XX. Parteitag der Kommunistischen Partei der Sowjetunion, 25. Februar 1956. In: Spät, aber doch. Materialien zum «Stalinismus». Bildungsreferat der KPÖ (Hrsg.), Globus, Wien. S. 33–97.

Colletti, Lucio (1977): Marxismus und Dialektik. Übers. aus d. Ital. Ullstein, Frankfurt am Main.

Dahmer, Helmut (1982): Libido und Gesellschaft. Studien über Freud und die Freudsche Linke. 2., erw. Aufl., Suhrkamp, Frankfurt am Main.

Ders. (1989): Psychoanalyse ohne Grenzen. Kore, Freiburg (Breisgau).

Deborin, Abram (1969 a): Hegel und der dialektische Materialismus. In: Deborin, Abram u. Nikolai Bucharin: Kontroversen über dialektischen und mechanistischen Materialismus. Suhrkamp, Frankfurt am Main. S. 172–189.

Ders. (1969 b): Lukács und seine Kritik des Marxismus. In: Deborin, Abram u. Nikolai Bucharin: Kontroversen über dialektischen und mechanistischen Materialismus. Suhrkamp, Frankfurt am Main. S. 189–220.

Ders. (1969 c): Materialistische Dialektik und Naturwissenschaft. In: Deborin, Abram u. Nikolai Bucharin: Kontroversen über dialektischen und mechanistischen Materialismus. Suhrkamp, Frankfurt am Main. S. 93–135.

Ders. (1969 d): Unsere Meinungsverschiedenheiten. Schlußwort zur Diskussion im Institut für Wissenschaftliche Philosophie am 18. Mai 1926. In: Deborin, Abram u. Nikolai Bucharin: Kontroversen über dialektischen und mechanistischen Materialismus. Suhrkamp, Frankfurt am Main. S. 147–172.

Deutsche Hauptstelle für Suchtfragen e.V. (2003): Alkoholabhängigkeit. Suchtmedizinische Reihe, Bd. 1. Wissenschaftliches Kuratorium der Deutschen Hauptstelle für Suchtfragen e.V. (Hrsg.), Hamm.

Dick, Franz (1981 a): Das Bewußtsein, die Lehre Pawlows und die Entwicklung der Psychologie. Auseinandersetzung mit der Serie «Psychologie im 20. Jahrhundert» und mit ihrer Kritik. In: Kontroverse um Pawlow. Arbeitsseminar am 24./25.1.1981 in Frankfurt am Main. R. Adamaszek u.a. (Hrsg.), Sendler, Frankfurt am Main. S. 21–35.

Ders. (1981 b): Iwan Petrowitsch Pawlow. In: Kontroverse um Pawlow. Arbeitsseminar am 24./25.1.1981 in Frankfurt am Main. R. Adamaszek u.a. (Hrsg.), Sendler, Frankfurt am Main. S. 13–21.

Ders. (1981 c): Zum Idealismus der Psychoanalyse. Verallgemeinerungen zur Kritik der Wissenschaft. In: Kontroverse um Pawlow. Arbeitsseminar am 24./25.1.1981 in Frankfurt am Main. R. Adamaszek u.a. (Hrsg.), Sendler, Frankfurt am Main. S. 110–113.

Die Sozialität der Natur und die Natürlichkeit des Sozialen. Zur Interpretation der psychoanalytischen Erfahrung jenseits von Biologismus und Soziologismus. Ein Gespräch zw. Alfred Lorenzer und Bernhard Görlich. In: Görlich, Bernhard u.a.: Der Stachel Freud. Beiträge und Dokumente zur Kulturismus-Kritik. Mit Texten v. Otto Fenichel u.a. B. Görlich (Hrsg.), Suhrkamp, Frankfurt am Main, 1980. S. 297–350.

Eagle, Morris, N. (1988): Neuere Entwicklungen in der Psychoanalyse. Eine kritische Würdigung. Übers. aus d. Amerikan. Internationale Psychoanalyse, München.

Egger, Andreas (1987): Psyche als Widerspiegelung. Zur Rezeption der Widerspiegelungstheorie durch die Psychologie. Naturwiss. Fak. Diss., Salzburg.

Engelhardt, Werner (1979): Die dialektisch-materialistische Methode des Marxismus und ihre Revision durch K. Holzkamp. In: Zur Kritik der Kritischen Psychologie. Psychologie, Erkenntnistheorie und Marxismus. Oberbaumverlag, Berlin. S. 29–73.

Erdheim, Mario (1984): Die gesellschaftliche Produktion von Unbewußtheit. Eine Einführung in den psychoanalytischen Prozeß. Suhrkamp, Frankfurt am Main.

Eysenck, Hans Jürgen (1985): Sigmund Freud: Niedergang und Ende der Psychoanalyse. Übers. d. engl. Ausg. List, München.

Fallend, Karl (1997): Otto Fenichel und Wilhelm Reich. Wege einer politischen und wissenschaftlichen Freundschaft zweier «Linksfreudianer». In: Der «Fall» Wilhelm Reich. Beiträge zum Verhältnis von Psychoanalyse und Politik. Beitr. v. K. Fallend u. a. K. Fallend u. B. Nitzschke (Hrsg.), Suhrkamp, Frankfurt am Main. S. 13–68.

Federn, Paul (1980): Zur Psychologie der Revolution: Die vaterlose Gesellschaft. In: Analytische Sozialpsychologie. 1. Bd.. Beitr. v. H. Dahmer u.a.. H. Dahmer (Hrsg.), Suhrkamp, Frankfurt am Main. S. 65–88.

Fenichel, Otto (1972 b): Rezension: Wilhelm Reich, Dialektischer Materialismus und Psychoanalyse. In: Marxismus, Psychoanalyse, Sexpol. 1. Bd. Dokumentation. Beitr. v. S. Bernfeld u.a. H.-P. Gente (Hrsg.), Fischer, Frankfurt am Main. S. 31–37.

Ders. (1972 a): Über die Psychoanalyse als Keim einer zukünftigen dialektisch-materialistischen Psychologie. In: Marxismus, Psychoanalyse, Sexpol. 1. Bd. Dokumentation. Beitr. v. S. Bernfeld u.a. H.-P. Gente (Hrsg.), Fischer, Frankfurt am Main. S. 229–250.

Ders. (1998 a): 119 Rundbriefe. Bd. I. Europa (1934–1938). J. Reichmayr u. E. Mühlleitner (Hrsg.), Stroemfeld, Frankfurt am Main.

Ders. (1998 b): 119 Rundbriefe. Bd. II. Europa (1934–1938). E. Mühlleitner u. J. Reichmayr (Hrsg.), Stroemfeld, Frankfurt am Main.

Ders. (1998 c): Gegenwärtige Richtungen innerhalb der Psychoanalyse. In: Ders.: 119 Rundbriefe. Bd. I. Europa (1934–1938). J. Reichmayr u. E. Mühlleitner (Hrsg.), Stroemfeld, Frankfurt am Main. S. 767–811.

Ders. (1998 d): Über einige Differenzen zwischen mir und Reich in analytischen Auffassungen. Nur für den Hausgebrauch. In: Ders.: 119 Rundbriefe. Bd. I. Europa (1934–1938). J. Reichmayr u. E. Mühlleitner (Hrsg.), Stroemfeld, Frankfurt am Main. S. 811–842.

Ders. (1998 e): Über Lasswell: «Psychopathology and Politics». In: Ders.: 119 Rundbriefe. Bd. I. Europa (1934–1938). J. Reichmayr u. E. Mühlleitner (Hrsg.), Stroemfeld, Frankfurt am Main. S. 843–864.

Feuerbach, Ludwig (1985 a): Aus den «Nachgelassenen Aphorismen». In: Ders.: Anthropologischer Materialismus. Ausgewählte Schriften, Bd. I. A. Schmidt (Hrsg.), Ullstein, Frankfurt am Main. S. 222–255.

Ders. (1985 b): Grundsätze der Philosophie der Zukunft. In: Ders.: Anthropologischer Materialismus. Ausgewählte Schriften, Bd. I. A. Schmidt (Hrsg.), Ullstein, Frankfurt am Main. S. 100–158.

Ders. (1985 c): Notwendigkeit einer Reform der Philosophie. In: Ders.: Anthropologischer Materialismus. Ausgewählte Schriften, Bd. I. A. Schmidt (Hrsg.), Ullstein, Frankfurt am Main. S. 75–82.

Ders. (1985 d): Vorläufige Thesen zur Reform der Philosophie. In: Ders.: Anthropologischer Materialismus. Ausgewählte Schriften, Bd. I. A. Schmidt (Hrsg.), Ullstein, Frankfurt am Main. S. 82–100.

Ders. (1985 e): Kritische Bemerkungen zu den Grundsätzen der Philosophie. In: Ders.: Anthropologischer Materialismus. Ausgewählte Schriften, Bd. I. A. Schmidt (Hrsg.), Ullstein, Frankfurt am Main. S. 158–163.

Flournoy, Henri (1933): Der wissenschaftliche Charakter der Psychoanalyse. Übers. aus d. Franz. In: Psychoanalytische Bewegung. E. Hitschmann (Red.), Internationaler Psychoanalytischer Verlag, Wien, 5. Jg., Nr. 1. S. 5–19.

Fogarasi, Bela (1954): Dialektische Logik – mit einer Darstellung erkenntnistheoretischer Grundbegriffe. Übers. d. 2., erw. ungar. Aufl. Rotdruck, Berlin.

Freud im Gespräch mit seinen Mitarbeitern. Aus den Protokollen der Wiener Psychoanalytischen Vereinigung. E. Federn (Hrsg.), Fischer, Frankfurt am Main, 1984.

Freud, Sigmund und Carl Gustav Jung (1984): Briefwechsel. W. Mc Guire u. W. Sauerländer (Hrsg.), gek. Ausg., Fischer, Frankfurt am Main.

Freud, Sigmund: Gesammelte Werke. (GW) A. Freud u. a. (Hrsg.), 2.–5. Aufl., Fischer, Frankfurt am Main. 1961–1972.

Fromm, Erich (1980 a): Anatomie der menschlichen Destruktivität. Übers. d. amerikan. Ausg., Rowohlt, Reinbek bei Hamburg.

Ders. (1980 b): Freuds Modell des Menschen und seine gesellschaftlichen Determinanten. In: Ders.: Analytische Sozialpsychologie. 6. Aufl., Suhrkamp, Frankfurt am Main. S. 174–193.

Ders. (1980 c): Über Methode und Aufgabe einer analytischen Sozialpsychologie: Bemerkungen über Psychoanalyse und historischen Materialismus. In: Ders.: Analytische Sozialpsychologie. 6. Aufl., Suhrkamp, Frankfurt am Main. S. 9–41.

Ders. (1981 a): Jenseits der Illusionen. Die Bedeutung von Marx und Freud. Übers. d. amerikan. Ausg., Rowohlt, Reinbek bei Hamburg.

Ders. (1981 b): Sigmund Freud. Seine Persönlichkeit und seine Wirkung. Übers. d. amerikan. Ausg., Ullstein, Frankfurt am Main.

Gertzen, Heiner (1981): Kritische Theorie. In: Handbuch psychologischer Grundbegriffe. Mensch und Gesellschaft in der Psychologie. G. Rexilius u. S. Grubitzsch (Hrsg.), Rowohlt, Reinbek bei Hamburg. S. 593–600.

Geuter, Ulfried (1981): Psychologiegeschichte. In: Handbuch psychologischer Grundbegriffe. Mensch und Gesellschaft in der Psychologie. G. Rexilius u. S. Grubitzsch (Hrsg.), Rowohlt, Reinbek bei Hamburg. S. 824–838.

Gropp, R. O. (1970): Grundlagen des dialektischen Materialismus. 2. Aufl., VEB Deutscher Verlag der Wissenschaften, Berlin.

Grüter, Barbara (1979): «Dialektische Psychologie» – eine amerikanische Variante kritischer Psychologie? In: Forrum kritische Psychologie, Bd. 5. Beitr. v. K. Holzkamp u.a. K. Holzkamp (Hrsg.), Argument, Berlin. S. 157–176.

Habermas, Jürgen (1982): Analytische Wissenschaftstheorie und Dialektik. In: Der Positivismusstreit in der deutschen Soziologie. Beitr. v. Th. W. Adorno u. a. 10. Aufl., Luchterhand, Darmstadt. S. 155–192.

Handlbauer, Bernhard (1990): Die Adler-Freud-Kontroverse. Fischer, Frankfurt am Main.

Hartmann, Sebastian u. Siegfried Zepf (1997): Sankt Wilhelm oder die wahre Wahrheit eines «wahren Sozialisten». In: Der «Fall» Wilhelm Reich. Beiträge zum Verhältnis von Psychoanalyse und Politik. Beitr. v. K. Fallend u.a. K. Fallend u. B. Nitzschke (Hrsg.), Suhrkamp, Frankfurt am Main. S. 223–249.

Haug, Wolfgang Fritz (1980): Warenästhetik und kapitalistische Massenkultur (I). «Werbung» und «Konsum». Systematische Einführung in die Warenästhetik. Argument, Berlin.

Hegel, Georg Wilhelm Friedrich (1971): Vorlesungen über die Geschichte der Philosophie II. In: Ders.: Werke, Bd. 19. Suhrkamp, Frankfurt am Main.

Ders. (1973): Phänomenologie des Geistes. Suhrkamp, Frankfurt am Main.

Ders. (1983 a): Wissenschaft der Logik. Bd. I. In: Ders.: Werke, Bd. 5. Suhrkamp, Frankfurt am Main.

Ders. (1983 b): Wissenschaft der Logik. Bd. II. In: Ders.: Werke, Bd. 6. Suhrkamp, Frankfurt am Main.

Hein, Jakob, Jana Wrase, Andreas Heinz (2007): Neurobiologie alkoholbedingten Suchtverhaltens. Aus: Psychiatrie und Psychotherapie up2date 1. Thieme, Stuttgart. S. 105–117.

Heinrich, Michael (2004): Kritik der politischen Ökonomie. Eine Einführung. Schmetterling, Stuttgart.

Henkel, Dieter (1998): «Die Trunksucht ist die Mutter der Armut» – zum immer wieder fehlgedeuteten Zusammenhang von Alkohol und Armut in Deutschland vom Beginn des 19. Jahrhunderts bis zur Gegenwart. In: Sucht und Armut. Alkohol, Tabak, illegale Drogen. Beitr. v. D. Henkel u. a.. Leske + Budrich, Opladen. S. 13–80.

Henkel, Dieter und Uwe Zemlin (2006): Arbeitslosigkeit und Suchtbehandlung: Neue empirische Ergebnisse und Schlussfolgerungen für die Praxis der medizinischen Rehabilitation. Aus: Sucht Aktuell. Zeitschrift des Fachverbandes Sucht e.V..Nr. 1-06. Bonn. S. 49–58.

Henning, Günther (1987): Sigmund Freud. Eine Bildbiografie. Benedikt, Köln.

Hoevels, Fritz Erik (1983): Marxismus, Psychoanalyse, Politik. Ahriman, Freiburg.

Holz, Hans Heinz (1983): Dialektik und Widerspiegelung. Pahl-Rugenstein, Köln.

Holzkamp, Klaus (1971): Wissenschaftstheoretische Voraussetzungen kritisch-emanzipatorischer Psychologie. AG Methodenkritik der Fachschaft Psychologie, Hamburg (Hrsg.), Arbeitstexte Verlag O, Hamburg.

Ders. (1978): Sinnliche Erkenntnis. Historischer Ursprung und gesellschaftliche Funktion der Wahrnehmung. 4. Aufl., Athenäum, Königstein / Ts.

Ders. (1985): Zur Stellung der Psychoanalyse in der Geschichte der Psychologie. In: Geschichte und Kritik der Psychoanalyse. Strv. Päd. u. Psych. d. Univ. Graz, Innsbruck, Salzburg u. Wien (Hrsg.), Verlag Arbeiterbewegung und Gesellschaftswissenschaft, Graz. S. 13–70.

Horkheimer, Max (1980 a): Ernst Simmel und die Freudsche Philosophie. Übers. a. d. Engl. In: Görlich, Bernhard u.a.: Der Stachel Freud. Beiträge und Dokumente zur Kulturismus-Kritik. Mit Texten v. Otto Fenichel u.a. B. Görlich (Hrsg.), Suhrkamp, Frankfurt am Main. S. 139–149.

Ders. (1980 b): Geschichte und Psychologie. In: Analytische Sozialpsychologie. 1. Bd. Beitr. v. H. Dahmer u.a. H. Dahmer (Hrsg.), Suhrkamp, Frankfurt am Main. S. 158–179.

Horn, Klaus (1972): Über den Zusammenhang zwischen Angst und politischer Apathie. In: Aggression und Anpassung in der Industriegesellschaft. Beitr. v. H. Marcuse u. a.. 6. Aufl., Suhrkamp, Frankfurt am Main. S. 59–80.

Imhoff, Roland (2007): Die Psychologie als Instrument. In: KILBY2. Phase 2 Literaturbeilage. Sommer 2007. S. 3 f.. Aus: Phase 2. Zeitschrift gegen die Realität. Nr. 2-24. Leipzig.

Institutsgruppe Psychologie Salzburg (1984): Annalen: Geschichte der Psychoanalyse von unten. In: Jenseits der Couch. Psychoanalyse und Sozialkritik. Beitr. v. I. A. Caruso u.a. Institutsgruppe Psychologie der Universität Salzburg (Hrsg.), Fischer, Frankfurt am Main. S. 275–298.

Jahoda, Marie (1985): Freud und das Dilemma der Psychologie. Übers. aus d. Engl. Fischer, Frankfurt am Main.

Jahoda, Marie, Paul F. Lazarsfeld, Hans Zeisel (1975): Die Arbeitslosen von Marienthal. Ein soziographischer Versuch über die Wirkungen langandauernder Arbeitslosigkeit. Mit einem Anhang zur Geschichte der Soziographie. Suhrkamp, Frankfurt am Main.

Kautsky, Karl (1988): Die materialistische Geschichtsauffassung. Gek. Ausg., J. H. Kautsky (Hrsg.), J. H. W. Dietz Nachf., Berlin.

Klein, Naomi (2002): No Logo! Der Kampf der Global Players um Markenmacht. Ein Spiel mit vielen Verlierern und wenigen Gewinnern. Übers. d. amerikan. Ausg., Sonderausg., Riemann, München.

Krefting, Axel (1984): In Erinnerung an Igor A. Caruso (1914–1981). In: Jenseits der Couch. Psychoanalyse und Sozialkritik. Institutsgruppe Psychologie der

Universität Salzburg (Hrsg.), Fischer, Frankfurt am Main. S. 7–10.

Kvale, Steinar (1978): Gedächtnis und Dialektik: Einige Überlegungen zu Ebbinghaus und Mao Tse-tung. In: Zur Ontogenese dialektischer Operationen. Sonderausg. v. Beitr. aus d. Zeitschr. Human Development, Bd. 18, 1975. Beitr. v. J. Lawler u.a. Übers. d. amerikan. Ausg., K. F. Riegel (Hrsg.), Suhrkamp, Frankfurt am Main. S. 239–265.

Lang, Eva Maria (1975): Herbert Marcuses kritischer Beitrag zur Psychoanalyse. Phil. Fak. Diss., Salzburg.

Lawler, James (1978): Dialektische Philosophie und Entwicklungspsychologie: Hegel und Piaget über Widerspruch. In: Zur Ontogenese dialektischer Operationen. Sonderausg. v. Beitr. aus d. Zeitschr. Human Development, Bd. 18, 1975. Beitr. v. J. Lawler u.a.. Übers. d. amerikan. Ausg., K. F. Riegel (Hrsg.), Suhrkamp, F. am Main. S. 7–30.

Leistikow, Gunnar (1972): Ein Rufer in der Wüste und sein Ruf. In: Marxismus, Psychoanalyse, Sexpol. 1. Bd.. Dokumentation. Beitr. v. S. Bernfeld u.a. H.-P. Gente (Hrsg.), Fischer, Frankfurt am Main. S. 189–203.

Lenin, Wladimir I. (1977): Materialismus und Empiriokritizismus. Kritische Bemerkungen über eine reaktionäre Philosophie. In: Ders.: Werke, Bd. 14. Übers. d. 4. russ. Ausg., Dietz, Berlin. S. 7–526.

Ders. (1981 a): Konspekt zu Hegels «Vorlesungen über die Geschichte der Philosophie». In: Ders.: Werke, Bd. 38. Übers. d. 4. russ. Ausg., Dietz, Berlin. S. 231–295.

Ders. (1981 b): Konspekt zu Hegels «Wissenschaft der Logik». In: Ders.: Werke, Bd. 38. Übers. d. 4. russ. Ausg., Dietz, Berlin. S. 77–230.

Ders. (1981 c): Zur Frage der Dialektik. In: Ders.: Werke, Bd. 38. Übers. d. 4. russ. Ausg., Dietz, Berlin. S. 338–345.

Leontjew, A. Nikolajewitsch (1980): Probleme der Entwicklung des Psychischen. 3. Aufl., Athenäum, Königstein / Ts.

Lindenmeyer, Johannes (2001): Lieber schlau als blau. Entstehung und Behandlung von Alkohol- und Medikamentenabhängigkeit. 6., vollst. überarb. Aufl., Beltz, Weinheim.

Lindenmeyer, Johannes und Rita Kolling (2004): Jahresbericht 2003 der salus klinik Lindow. Lindow.

Lorenzer, Alfred (1980): Zur Dialektik von Individuum und Gesellschaft. In: Produktion, Arbeit, Sozialisation. Beitr. v. A. Lorenzer u.a. 2. Aufl., Suhrkamp, Frankfurt am Main. S. 13–48.

Ders. (1986): Die Kontroverse Bloch–Freud. Eine versäumte Auseinandersetzung zwischen Psychoanalyse und Historischem Materialismus. In: Die Psychoanalyse auf der Couch. Beitr. v. H.-M. Lohmann u.a.. H.-M. Lohmann (Hrsg.), Fischer, Frankfurt am Main. S. 60–75.

Lukács, Georg (1969): N. Bucharin: Theorie des historischen Materialismus (Rezension). In: Deborin, Abram u. Nikolai Bucharin: Kontroversen über dialektischen und mechanistischen Materialismus. Suhrkamp, Frankfurt am Main. S. 283–292.

Ders. (1983): Geschichte und Klassenbewußtsein. Studien über marxistische Dialektik. Sonderausg., 8. Aufl., Luchterhand, Darmstadt.

Marcuse, Herbert (1980 a): Der Sieg über das unglückliche Bewußtsein: repressive Entsublimierung. In: Analytische Sozialpsychologie. 2. Bd. Beitr. v. Th. W. Adorno u.a. H. Dahmer (Hrsg.), Suhrkamp, Frankfurt am Main. S. 441–452.

Ders. (1980 b): Versuch über die Befreiung. Übers. a. d. Amerikan., 5. Aufl., Suhrkamp, Frankfurt am Main.

Ders. (1982): Vernunft und Revolution. Hegel und die Entstehung der Gesellschaftstheorie. Übers. d. amerikan. Ausg., 6. Aufl., Luchterhand, Darmstadt, 1982.

Marx, Karl u. Friedrich Engels: Werke. (MEW) Dietz, Berlin, 1977–1983.

Mattes, Peter (1979): Der Akademismus der Kritischen Psychologie. Hinweise auf ihre Entstehungsgeschichte. In: Zur Kritik der Kritischen Psychologie. Psychologie, Erkenntnistheorie und Marxismus. Oberbaumverlag, Berlin. S. 11–29.

Ders. (1981): Kritische Psychologie. In: Handbuch psychologischer Grundbegriffe. Mensch und Gesellschaft in der Psychologie. G. Rexilius u. S. Grubitzsch (Hrsg.), Rowohlt, Reinbek bei Hbg. S. 588–593.

Meacham, John A. (1980): Einleitung. In: Riegel, Klaus F.: Grundlagen der dialektischen Psychologie. Übers. d. amerikan. Ausg. J. A. Meacham (Hrsg.), Klett-Cotta, Stuttgart. S. 11–19.

Mitin, M. (1969): Über die Ergebnisse der philosophischen Diskussion. In: Deborin, Abram u. Nikolai Bucharin: Kontroversen über dialektischen und mechanistischen Materialismus. Suhrkamp, Frankfurt am Main. S. 330–392.

Morgenthaler, Fritz (1981): Technik. Zur Dialektik der psychoanalytischen Praxis. 2. Aufl., Syndikat, Frankfurt am Main.

Muck, Mario (1974): Krankheit, Konflikt und Konzept der Psychoanalyse. Therapeutische, theoretische und interdisziplinäre Aspekte. Beitr. v. M. Muck u. a. Suhrkamp, Frankfurt am Main. S. 10–37.

Negt, Oskar (1969): Marxismus als Legitimationswissenschaft. Zur Genese der stalinistischen Philosophie. In: Deborin, Abram u. Nikolai Bucharin: Kontroversen über dialektischen und mechanistischen Materialismus. Suhrkamp, Frankfurt am Main. S. 7–49.

Paramo-Ortega, Raul (1982): Von der Unmöglichkeit, Psychoanalytiker zu sein. Übers. aus d. Span. In: Psychoanalyse. Praxisbezogen–kontrovers–interdisziplinär. E. H. Englert (Hrsg.), Bonz, Fellbach-Oeffingen, 3. JG., Nr. 1. S. 34–48.

Parin, Paul (1981): Ders.: Die Psychoanalyse und die kritische Interpretation der Geschichte. In: Psychoanalyse. Praxisbezogen – kontrovers – interdisziplinär. E. H. Englert (Hrsg.), Bonz, Fellbach-Oeffingen, 2. Jg., Nr. 3. S. 249–256.

Ders. (1983 a): Der Widerspruch im Subjekt. Ethnopsychoanalytische Studien. Syndikat, Frankfurt am Main.

Ders. (1983 b): Die therapeutische Aufgabe und die Verleugnung der Gefahr. In: Krieg und Frieden aus psychoanalytischer Sicht. Beitr. v. P. Parin u.a. P. Passett u. E. Modena (Hrsg.), Stroemfeld / Roter Stern, Frankfurt am Main. S. 22–36.

Platon (1958): Sämtliche Werke, Bd. 4. Phaidros, Parmenides, Theaitetos, Sophistes. Übers. v. F. Schleiermacher. W. F. Otta u.a. (Hrsg.), Rowohlt, Hamburg.

Ders. (1959): Sämtliche Werke, Bd. 5. Politikos, Philebos, Timeios, Kritias. Übers. v. F. Schleiermacher. W. F. Otta u.a. (Hrsg.), Rowohlt, Hamburg.

Plechanow, G. W. (1957): Beiträge zur Geschichte des Materialismus. Holbach, Helvetius, Marx. 2., durchges. Aufl., Dietz, Berlin.

Ders. (1976): Über materialistische Geschichtsauffassung. In: Ders.: Über die Rolle der Persönlichkeit in der Geschichte. Über materialistische Geschichtsauffassung. Verlag Marxistische Blätter, F. am Main.

Popper, Karl R. u. John C. Eccles (1982): Das Ich und sein Gehirn. Übers. d. engl. Ausg., 2. Aufl., Piper u. Co., München.

Redaktionskollektiv der Institutsgruppe Psychologie der Universität Salzburg (1984): Über die Entstehung dieses Buches und als Einleitung. In: Jenseits der Couch. Psychoanalyse und Sozialkritik. Institutsgruppe Psychologie der Universität Salzburg (Hrsg.), Fischer, Frankfurt am Main. S. 20–23.

Reich, Wilhelm (1975): Dialektischer Materialismus und Psychoanalyse. Verlag O, Graz.

Ders. (1976): Was ist Klassenbewußtsein? Ein Beitrag zur Diskussion über die Neuformierung der Arbeiterbewegung. Verlag O, Graz.

Ders. (1977): Die Massenpsychologie des Faschismus. Fischer, Hamburg.

Reichmayr, Johannes (1995): Einführung in die Ethnopsychoanalyse. Geschichte, Theorien und Methoden. Fischer, Frankfurt am Main.

Reichmayr, Johannes u. Elke Mühlleitner (1998): Einleitung. In: Fenichel, Otto:

119 Rundbriefe. Bd. I. Europa (1934–1938). J. Reichmayr u. E. Mühlleitner (Hrsg.), Stroemfeld, Frankfurt am Main. S. 9–27.

Riegel, Klaus F. (1980): Grundlagen der dialektischen Psychologie. Übers. d. amerikan. Ausg. J. A. Meacham (Hrsg.), Klett-Cotta, Stuttgart.

Rost, Wolf-Detlef (2001): Psychoanalyse des Alkoholismus. Theorie, Diagnostik, Behandlung. 6. Aufl., Klett-Cotta, Stuttgart.

Ruben, Peter (1974): Aktuelle theoretische Probleme der materialistischen Naturdialektik. In: Marxismus Digest. Theoretische Beiträge aus marxistischen und antiimperialistischen Zeitschriften. Inst. f. Marxist. Stud. u. Forschg. (Hrsg.), Frankfurt am Main, Nr. 2. S. 3–27.

Rubinstein, Sergej L. (1983): Sein und Bewußtsein. Die Stellung des Psychischen im allgemeinen Zusammenhang der Erscheinungen in der materiellen Welt. Übers. aus d. Russ. 9., durchges. Aufl., H. Hiebsch (Hrsg.), Akademie-Verlag, Berlin.

Ders. (1984): Grundlagen der allgemeinen Psychologie. Übers. aus d. Russ. 10. Aufl., Volk und Wissen, Berlin.

Sapir, I. (1972): Freudismus, Soziologie, Psychologie. Zu dem Aufsatz von Wilhelm Reich, Dialektischer Materialismus und Psychoanalyse. In: Marxismus, Psychoanalyse, Sexpol. 1. Bd. Dokumentation. Beitr. v. S. Bernfeld u.a. H.-P. Gente (Hrsg.), Fischer, Frankfurt am Main. S. 37–80.

Schneider, Michael (1977): Neurose und Klassenkampf. Materialistische Kritik und Versuch einer emanzipativen Neubegründung der Psychoanalyse. Rowohlt, Reinbek bei Hamburg.

Schulte, Detlef (1979): Das Ideologieproblem in der sinnlichen Erkenntnis. In: Zur Kritik der Kritischen Psychologie. Psychologie, Erkenntnistheorie und Marxismus. Oberbaumverlag, Berlin. S. 151–157.

Stalin, Josef W. (1945): Über dialektischen und historischen Materialismus. Verlag Neuer Weg, Berlin.

Ders. (1969): Über die Entwicklung des Sozialismus in einem Lande. In: Deborin, Abram u. Nikolai Bucharin: Kontroversen über dialektischen und mechanistischen Materialismus. Suhrkamp, Frankfurt am Main. S. 397–401.

Sternberg, Fritz (1972): Marxismus und Verdrängung. In: Marxismus, Psychoanalyse, Sexpol. 1. Bd. Dokumentation. Beitr. v. S. Bernfeld u.a. H.-P. Gente (Hrsg.), Fischer, Frankfurt am Main. S. 115–129.

Stöss, Richard: Rechtsextremismus im vereinten Deutschland. Friedrich-Ebert-Stiftung (Hrsg.), 3., überarb. Aufl., Berlin.

Stropahl, Fritz (1981): Pawlow und Freud, Bemerkungen zu einigen Punkten der Diskussion. In: Kontroverse um Pawlow. Arbeitsseminar am 24./25.1.1981 in Frankfurt am Main. R. Adamaszek u.a. (Hrsg.), Sendler, Frankfurt am Main. S. 115–120.

Thielen, Manfred (1981): Kulturhistorische Schule. In: Handbuch psychologischer Grundbegriffe. Mensch und Gesellschaft in der Psychologie. G. Rexilius u. S. Grubitzsch (Hrsg.), Rowohlt, Reinbek bei Hamburg. S. 600–610.

Trotzki, Leo (1975): China. Die erwürgte Revolution. Bd. 2. Sammelbuch Leo Trotzki Bd. 8. Neuer Kurs, Berlin.

Ders. (1981 a): Das Gesetz der ungleichmäßigen und kombinierten Entwicklung. In: Ders.: Denkzettel. Politische Erfahrungen im Zeitalter der permanenten Revolution. Übers. aus d. Engl. I. Deutscher u.a. (Hrsg.), Suhrkamp, Frankfurt am Main. S. 88–99.

Ders. (1981 b): Der sowjetische Thermidor. In: Ders.: Denkzettel. Politische Erfahrungen im Zeitalter der permanenten Revolution. Übers. aus d. Engl. I. Deutscher u.a. (Hrsg.), Suhrkamp, Frankfurt am Main. S. 173–189.

Ders. (1981 c): Dialektischer Materialismus und Wissenschaft. In: Ders.: Denkzettel. Politische Erfahrungen im Zeitalter der permanenten Revolution. Übers. aus d. Engl. I. Deutscher u.a. (Hrsg.), Suhrkamp, Frankfurt am Main. S. 398–408.

Ders. (1981 d): Die permanente Revolution. Übers. aus d. Russ. Fischer, Frankfurt am Main.

Ders.(1981 e): Eine Vision der Zukunft. In: Ders.: Denkzettel. Politische Erfahrungen im Zeitalter der permanenten Revolution. Übers. aus d. Engl. I. Deutscher u.a. (Hrsg.), Suhrkamp, Frankfurt am Main. S. 420–424.

Ders. (1981 f): Kritik der Ideologie des «Sozialismus in einem Lande». In: Ders.: Denkzettel. Politische Erfahrungen im Zeitalter der permanenten Revolution. Übers. aus d. Engl. I. Deutscher u.a. (Hrsg.), Suhrkamp, Frankfurt am Main. S. 167–173.

Ders. (1981 g): Kultur und Sozialismus. In: Ders.: Denkzettel. Politische Erfahrungen im Zeitalter der permanenten Revolution. Übers. aus d. Engl. I. Deutscher u.a. (Hrsg.), Suhrkamp, Frankfurt am Main. S. 350–360.

Ders. (1981 h): Literatur und Revolution. In: Ders.: Denkzettel. Politische Erfahrungen im Zeitalter der permanenten Revolution. Übers. aus d. Engl. I. Deutscher u.a. (Hrsg.), Suhrkamp, Frankfurt am Main. S. 360–373.

Ders. (1981 i): Radioaktivität und Materialismus. In: Ders.: Denkzettel. Politische Erfahrungen im Zeitalter der permanenten Revolution. Übers. aus d. Engl. I. Deutscher u.a. (Hrsg.), Suhrkamp, Frankfurt am Main. S. 408–412.

Ders. (1993): Die Dritte Internationale nach Lenin. Das Programm der internationalen Revolution und die Ideologie vom Sozialismus in einem Land. Arbeiterpresse, Essen.

Wacker, Ali (1977): Überlegungen zum Begriff der Aneignung bei Leontjew. In: Psychologie und Gesellschaft. Zeitschrift zur Kritik bürgerlicher Psychologie. S. Grubitzsch u. G. Rexilius (Hrsg.), Focus, Gießen, 1. Jg., H. 1. S. 63–79.

Wells, Harry K. (1974): Psychoanalyse. Weder materialistisch noch dialektisch. In : Widerspruch. C. Storm-Knirsch (Hrsg.), Verlag zur Förderung der wissenschaftlichen Weltanschauung, Berlin, Nr. 2. S. 183–193.

Werner, Klaus u. Hans Weiss (2001): Schwarzbuch Markenfirmen. Die Machenschaften der Weltkonzerne. 4. Aufl., Deuticke, Wien.

Wiesenhütter, Eckart: Freud und seine Kritiker (1974). Wissenschaftliche Buchgesellschaft, Darmstadt.

Wittgenstein, Ludwig (1963): Tractatus logico-philosophicus. Logisch-philosophische Abhandlung. Suhrkamp, Frankfurt am Main.

Wozniak, Robert H. (1978): Ein dialektisches Paradigma für die psychologische Forschung: Implikationen der Geschichte der Psychologie in der Sowjetunion. In: Zur Ontogenese dialektischer Operationen. Sonderausg. v. Beitr. aus d. Zeitschr. Human Development, Bd. 18, 1975. Beitr. v. J. Lawler u.a.. Übers. d. amerikan. Ausg., K. F. Riegel (Hrsg.), Suhrkamp, Frankfurt am Main. S. 30–53.

ivotić, Miladin (o.J.): Die Dialektik der Natur und die Authentizität der Dialektik. In: Entfremdung, Dialektik, Kulturrevolution. Beitr. v. M. Vajda u.a. O. O., S. 38–54.

Zweig, Stefan (1991): Über Sigmund Freud. Porträt, Briefwechsel, Gedenkworte. Fischer, Frankfurt am Main.

Marvin Chlada

Dialektik des Dekolletés

Zur kritischen Theorie der Oberweite

ISBN 3-86569-019-X, 118 Seiten, kartoniert, Euro 12.-

Marvin Chlada wirft einen Blick auf die Geschichte der Brust und ihre Instrumentalisierung zwischen Glaube, Kommerz und Utopie.

Christoph Antweiler / Christoph Lammers / Nicole Thies (Hrsg.)

Die unerschöpfte Theorie

Evolution und Kreationismus in Wissenschaft und Gesellschaft

ISBN 3-86569-078-5, 224 Seiten, Fotos, kartoniert, Euro 15.-

Der Sammelband stellt zunächst die Auseinandersetzung um Evolution und Schöpfung als gesellschaftlichen Konflikt dar. Anschließend wird die Frage erörtert, inwieweit ein naturalistisches, auf den Theoremen der Evolution aufbauendes Weltbild auch auf Fragestellungen des sozialen Lebens eine Antwort geben kann – ohne dem Ziel gesellschaftlicher Emanzipation entgegenzulaufen.

Sarah Diehl (Hrsg.)

Deproduktion

Schwangerschaftsabbruch im internationalen Kontext

ISBN 3-86569-016-5, 256 Seiten, Illustrationen, Euro 17.-

In über 30 Texten wird die Situation in den verschiedensten Staaten beleuchtet, kommen betroffene Frauen ebenso zu Wort wie Frauenrechtlerinnen oder Wissenschaftlerinnen. Das Buch ist parteiisch; die Entscheidungsfreiheit der Frau wird ohne Abstriche anerkannt.

Andreas Kilian

Egoismus, Macht und Strategien

Soziobiologie im Alltag

ISBN 978-3-86569-047-0, 212 Seiten, kartoniert, Euro 16.-

Das Buch stellt archaische Verhaltensstrategien des Menschen im heutigen Alltag dar. Dabei zeigt sich: Was in der letzten Eiszeit unser Überleben sicherte, macht heute meist keinen Sinn mehr, sondern kann uns im Gegenteil sogar in eine globale Katastrophe führen.

Birgit Schmidt

Freundliche Frauen

Eine Kritik an der Juden- und Frauenfeindlichkeit des esoterischen Feminismus

ISBN 3-86569-020-3, 131 Seiten, kartoniert, Euro 12.-

Birgit Schmidt hat die „Große Göttin-Szene" kritisch unter die Lupe genommen. Sie analysiert die Verkürzungen und Denkfehler, die den esoterischen Öko-Feminismus prägen; sie verweist auf die Anschlussfähigkeit vieler Auffassungen zu rechtem Gedankengut und warnt vor den immer wieder zutage tretenden antisemitischen Untertönen.